Macht, Ratio und Emotion: Diskurse im digitalen Zeitalter /
Pouvoir, raison et émotion: les discours à l'ère du numérique

# Linguistic Insights

Studies in Language and Communication

Edited by Maurizio Gotti,
University of Bergamo

Volume 275

ADVISORY BOARD

Vijay Bhatia (Hong Kong)
David Crystal (Bangor)
Konrad Ehlich (Berlin / München)
Jan Engberg (Aarhus)
Norman Fairclough (Lancaster)
John Flowerdew (Hong Kong)
Ken Hyland (East Anglia)
Roger Lass (Cape Town)
Françoise Salager-Meyer (Mérida, V enezuela)
Srikant Sarangi (Cardiff)
Susan Šarčević (Rijeka)
Lawrence Solan (New York)

PETER LANG
Bern · Berlin · Bruxelles · New York · Oxford

Gabriella Carobbio, Cécile Desoutter, Aurora Fragonara (eds.)

# Macht, Ratio und Emotion: Diskurse im digitalen Zeitalter / Pouvoir, raison et émotion: les discours à l'ère du numérique

PETER LANG
Bern · Berlin · Bruxelles · New York · Oxford

**Bibliographic information published by die Deutsche Nationalbibliothek**
Die Deutsche Nationalbibliothek lists this publication in the Deutsche National-
bibliografie; detailed bibliographic data is available on the Internet
at ‹http://dnb.d-nb.de›.

Der Band wurde im Rahmen des Projekts *Dipartimento di Eccellenza* mit der Unterstüt-
zung des *Dipartimento di Lingue, Letterature e Culture straniere* der Universität Bergamo
(Italien) veröffentlicht.

L'ouvrage a été réalisé dans le cadre du projet *Dipartimento di Eccellenza* avec le concours
du *Dipartimento di Lingue, Letterature e Culture straniere* de l'Université de Bergame
(Italie).

ISSN 1424-8689  ISBN 978-3-0343-4184-4 (Print)
E-ISBN 978-3-0343-4216-2 (E-PDF)  E-ISBN 978-3-0343-4217-9 (EPUB)
E-ISBN 978-3-0343-4218-6 (MOBI)  DOI 10.3726/b17780

© Peter Lang AG, International Academic Publishers, Bern 2020
Wabernstrasse 40, CH-3007 Bern, Switzerland
bern@peterlang.com, www.peterlang.com

All rights reserved.
All parts of this publication are protected by copyright.
Any utilisation outside the strict limits of the copyright law, without
the permission of the publisher, is forbidden and liable to prosecution.
This applies in particular to reproductions, translations, microfilming,
and storage and processing in electronic retrieval systems.

# Inhalt/Sommaire

Einleitung ............................................................................................. 7
GABRIELLA CAROBBIO/CÉCILE DESOUTTER/AURORA FRAGONARA

Introduction ......................................................................................... 15
GABRIELLA CAROBBIO/CÉCILE DESOUTTER/AURORA FRAGONARA

**Erster Teil/Première partie**

Die sprachliche Konstruktion öffentlich-politisch relevanter
Emotionen: Eine korpusgestützte Exploration .................................. 23
MELANI SCHRÖTER

Contredire avec « en même temps » : de la conciliation au cheval
de Troie discursif ............................................................................... 45
GRISELDA DROUET

Prosodische Realisierungen expressiver Prozeduren am Beispiel
einer politischen Rede ....................................................................... 63
GABRIELLA CAROBBIO

Pronoms personnels et relations de pouvoir dans le débat
parlementaire ..................................................................................... 83
CLAUDIA CAGNINELLI

Übertragung von Zeichen der Intensität in der politischen
Sprache am Beispiel deutsch-italienischer Untertitelung eines
Redebeitrags im Bundestag ............................................................... 103
ANTONELLA NARDI

**Zweiter Teil/Deuxième partie**

Quand les décisions de justice rendent compte d'un état
émotionnel à partir de smileys, émoticônes ou émojis ................... 123
CÉCILE DESOUTTER

Rationale und emotionale Synergien in deutschen Energiewende-
Diskursstrategien: Das Beispiel RWE ............................................. 143
IRIS JAMMERNEGG

Le médecin locuteur en ligne : l'empathie à l'épreuve de
l'objectivité scientifique ................................................................. 163
AURORA FRAGONARA

Anredeformen als Waffen. Ein pragmatischer Ansatz zu der an
Angela Merkel gerichteten Hassrede in den *Social Networks* ........ 183
MARIA FRANCESCA PONZI

Les « influenceurs » : construction d'une légitimité en ligne à
travers le discours. Le cas des élections européennes 2019 en
Roumanie ...................................................................................... 205
CAMELIA CUSNIR

Die Autorinnen/Les auteures .......................................................... 221

# Einleitung

Gabriella Carobbio/Cécile Desoutter/Aurora Fragonara

Die Analyse sprachlicher Praktiken *in situ* ermöglicht es, soziale Beziehungen präziser zu konturieren, insbesondere die Etablierung von Macht- bzw. Hierarchieverhältnissen. Beim Umgang mit Macht innerhalb von Beziehungen spielen Überlegungen und Emotionen eine wichtige Rolle. Ratio – verstanden als die Fähigkeit zu denken, Ideen miteinander zu verbinden, logische Gespräche zu führen – ermöglicht dem Menschen, nach Prinzipien zu verstehen und zu agieren, die an seine Reflexion gebunden sind. Emotionen hingegen sind für die Wahrnehmung von sich selbst, den anderen Menschen, der Umgebung und den Alltagsgegenständen relevant. Jahrhundertelang wurden Emotionen als Erscheinungen mit negativer Auswirkung auf den Menschen und sein Handeln dargestellt. Ratio wurde als Zeichen der Perfektion, Emotionen als Manifestation von Irrationalität und Chaos betrachtet. Neurologische und psychologische Studien der letzten Jahrzehnte legen jedoch andere Vorstellungen von Ratio und Emotionen zugrunde und kommen zu neuen wissenschaftlichen Erkenntnissen über den Zusammenhang zwischen ihnen. Es stellt sich u.a. heraus, dass Emotionen uns tatsächlich dabei helfen, zu denken und Entscheidungen zu treffen.

Im digitalen Zeitalter nimmt der sprachliche Ausdruck von Macht, Ratio und Emotionen neue Formen an, die Gegenstand von Analysen werden und methodische Reflexionen anregen. Der Einfluss digitaler Technologien auf die Diskursanalyse ist auf verschiedenen Ebenen erkennbar. In diesem Band werden zwei herausgearbeitet:

- digitale Instrumente zur Erforschung und Analyse diskursiver Produktionen
- native digitale Texte/Diskurse als Untersuchungsobjekt

Bezüglich des Beitrags der digitalen Technologien zur Sprachanalyse ist zunächst auf Instrumente hinzuweisen, die ermöglichen, große

Korpora zu erstellen bzw. zu untersuchen (z.B. Sketch Engine, Wordsmith, NVivo und Iramuteq) oder mündliche Daten zu verarbeiten (z.B. Transkriptionssoftware wie EXMARaLDA und Elan oder Tools zur Visualisierung/Messung akustischer Parameter wie Praat). Darüber hinaus hat die Digitalisierung die Erstellung von Datenbanken (wie Frantext für das Französische oder DeREKo für das Deutsche) gefördert, die den Zugang zu großen Korpora erleichtern. In dieser Hinsicht wurde es im Zusammenhang mit den Digital Humanities möglich, nicht nur neue Korpora zu erstellen, sondern auch neuen Fragen nachzugehen, die durch eine manuelle Datenverarbeitung schwer zu beantworten gewesen wären.

Die Phänomene, die mit der Digitalisierung zusammenhängen, sind jedoch nicht nur bei der Verwendung digitaler Datenbanken oder Tools nachweisbar. Das Aufkommen des Internets und der sozialen Netzwerke hat auch zu neuen Text- und Diskursarten geführt. In dieser Hinsicht bieten native Online-Korpora zwei interessante Aspekte für die Forschung. Einerseits stimulieren sie eine nicht-logozentrische Analyse, die den technologischen Kontext berücksichtigt, in dem Texte und Diskurse produziert werden. Zum anderen kann man durch native digitale Korpora überprüfen, ob traditionelle theoretische und methodische Ansätze auf solche neuen Korpora anwendbar sind oder ob letztere die Entwicklung neuer Forschungsparadigmen erfordern.

Es können verschiedene Überlegungen zum Verhältnis zwischen digitaler Technologien und Gesellschaft bzw. deren Auswirkungen auf diskursive und textuelle Produktionen angestellt werden. Es lässt sich zunächst feststellen, dass die digitale Wende heutzutage die meisten Lebensbereiche einer Gesellschaft betrifft: von der Verwaltung bis zu zwischenmenschlichen Beziehungen, von der Schule oder dem Beruf bis zur Freizeit. Die allgegenwärtige Präsenz digitaler Technologien in unserem Alltag hat Konsequenzen für den kommunikativen Austausch und damit für die Art und Weise, wie Texte und Diskurse produziert, organisiert, vermittelt und rezipiert werden. Die Medienökologie kann die Produktion der Botschaft in ihren verschiedenen Aspekten beeinflussen. Betrachtet man z.B. die eingeschränkte Anzahl von Zeichen, die Tweet-Texte enthalten können, oder selbst das Lesen auf dem Bildschirm, das für das Sehen und die Aufmerksamkeit anstrengender ist, dann lässt sich verstehen, warum digitale Texte häufig kürzer sind. Ein

*Einleitung* 9

weiterer Aspekt betrifft die Verwendung von konventionellen Zeichen wie Emoticons in Interaktionen auf Distanz in sozialen Netzwerken oder in Chats, um den Mangel an bestimmten paralinguistischen Elementen (wie etwa suprasegmentalen Merkmalen und Proxemik) zum Teil zu kompensieren. Die neuen Kommunikationsbedingungen in digitalen Kontexten beeinflussen aber nicht nur die Strukturierung von Texten/Diskursen, sondern auch die Modalitäten der Wissensvermittlung.

Die in diesem Band zusammengeführten Beiträge stellen Forschungsergebnisse von Studien im Bereich deutscher und französischer Linguistik und Diskursanalyse vor, wobei die Tatsache, dass alle Autoren Frauen sind, völlig zufällig ist. Die Entscheidung, einen zweisprachigen Band zu schaffen, geht dem Anliegen der Herausgeberinnen nach, einen deutsch-französischen Raum für den Austausch von Methoden und Forschungserfahrungen anzubieten. Die Aufsätze spiegeln die Vielfalt der von der digitalen Revolution geprägten Umgebungen sozialen Lebens insofern wider, als dabei u.a. Beispiele aus politischer, rechtlicher und medizinischer Kommunikation im digitalen Zeitalter analysiert werden. Facettenreich ist auch das Spektrum der länderspezifischen Aktualitätsthemen, die durch die Analysen der jeweiligen Korpora dargestellt werden. Gemeinsam ist allen Beiträgen die Erforschung des sprachlichen Ausdrucks von Ratio und Emotion auf Deutsch oder Französisch auf der Grundlage von Korpora bzw. digitalen Sprachproduktionen. Einige Studien zeigen zum Beispiel, dass Facebook mehr als andere soziale Netzwerke die emotionale Komponente fördert. Andere fokussieren auf der Darstellung von Emotionen in suprasegmentalen Merkmalen der Sprache oder mittels Emoticons im elektronischen Schreiben. In anderen Beiträgen wird Ratio als Basiselement von Argumentationsstrategien in politischen Debatten vorgestellt, in denen sich Machtverhältnisse niederschlagen. Da Ratio und Emotion eng miteinander verbunden sind, können sie auch zusammen vorkommen, z.B. wenn es darum geht, eine Entscheidung zu treffen bzw. die eigene Verhaltensweise zu orientieren oder anzupassen. Empathie ist ein gutes Beispiel dafür, da die Fähigkeit, sich in die Lage eines anderen zu versetzen, zum einen aus der Aktivierung von rationalen Denkfähigkeiten hervorgeht, die z.B. zur Formulierung von Präsuppositionen und Hypothesen führen. Zum anderen wird Empathie auch von Vorstellungskraft und emotionalen Einfühlungsvermögen bestimmt, die ermöglichen, die Perspektive und die Stimmung des anderen zu verstehen.

Die erste Gruppe von Beiträgen bietet methodische Überlegungen zur Umsetzung digitaler Instrumente bzw. zu der Nutzung großer digitalisierter Korpora bei der Untersuchung von Ratio und Emotion im Diskurs.

Im Beitrag von Melani Schröter wird der Frage nachgegangen, welche Emotionen als mehr oder weniger relevant für den öffentlich-politischen Diskurs betrachtet werden können und wie ein linguistischer Ansatz ermöglicht, relevante Indikatoren zu ermitteln. Zu diesem Zweck stellt die Autorin eine korpusgestützte, mithilfe von Sketch Engine durchgeführte Studie vor – mit methodischen Anregungen zur Verwendung unterschiedlicher Tools aus dem Bereich der Korpuslinguistik.

Wie Ratio und Emotion verbunden sind, untersucht Griselda Drouet in ihrer Analyse des Diskursmarkers *en même temps* in authentischen Belegen gesprochener und geschriebener Interaktionen. Durch die Befragung der Korpora Clapi und Frantext wird die diskursive Einbettung des Diskursmarkers in Gesprächen analysiert. Dabei zeigt die Autorin, wie *en même temps* dazu eingesetzt wird, um eine Gegenmeinung auf subtile Weise zu äußern und somit die Argumentation des Sprechers nachvollziehbarer zu machen.

Mündliche Interaktion steht auch im Zentrum der Beiträge von Carobbio, Cagninelli und Nardi, wobei die parlamentarische Kommunikation als empirische Grundlage der jeweiligen Untersuchungen dient. Gabriella Carobbio beschäftigt sich mit prosodischen Verfahren, die mit dem Ausdruck von Emotionen zusammenhängen. Die Analyse fokussiert auf den Ausdruck von Empörung in einer politischen Rede. Dabei werden die Möglichkeiten der Annotation suprasegmentaler Merkmale durch den EXMARaLDA Partitur-Editor unter Berücksichtigung der HIAT-Transkriptionskonventionen gezeigt.

Die Studie von Claudia Cagninelli stellt Ergebnisse einer korpusbasierten, pragma-diskursiven Untersuchung von Subjektpronomen als Mitteln zur Selbst- und Fremdreferenz in parlamentarischen Diskussionen vor. Der quantitativen Auswertung durch Iramuteq des zusammengestellten Korpus folgt eine qualitative Analyse der Pronomen

*Einleitung* 11

*nous* und *vous*, die im Zusammenspiel mit anderen sprachlichen Mitteln einen wichtigen Beitrag zum Argumentationsaufbau leisten.

Eine pragmatische Perspektive nimmt auch Antonella Nardi in ihrer Studie zur interlingualen Untertitelung einer Bundestagsrede ein, indem sie Strategien der Transposition von Intensitätsausdrücken von der Originalsprache Deutsch in die Zielsprache Italienisch untersucht. Die Analyse bietet methodische Überlegungen zu Formulierungsstrategien interlingualer Untertitelung und zeigt, wie neben Phänomenen der Sprachreduktion auch der Ausdruck von Emotionen zu berücksichtigen ist.

In den Beiträgen des zweiten Teils wird das Digitale als Umfeld für die Produktion von Diskursen verstanden. Die Autoren entwickeln ihre Reflexionen entlang zweier sich überschneidender Linien: Zum einen wird die Entstehung von Diskursen im digitalen Kontext thematisiert, zum anderen wird die Anwendbarkeit traditioneller, für nicht digitale Korpora konzipierter Vorgehen auf den Prüfstand gestellt.

In den Arbeiten von Desoutter und Jammernegg wird auf den Zusammenhang zwischen dem Ikonischen und dem Verbalen aus unterschiedlicher Perspektive eingegangen. Cécile Desoutter untersucht die Verwendung von Emoticons im Rechtsdiskurs. Der Einsatz solcher Piktogramme in sprachliche Äußerungen ist eine der Möglichkeiten, die digitale diskursive Praktiken eingeführt haben, um Emotionen auszudrücken. Ihre Verwendung ermöglicht, die Bedeutungskonstruktion auf den ikonischen und den verbalen Code zu verteilen. Diese ikonischen, indexikalischen Zeichen tragen somit zur Interpretation der Botschaften bei. Auf der Grundlage dieser Beobachtungen geht die Autorin der Frage nach, wie solche plurisemiotischen Ausdrücke in Gerichtsentscheidungen rezipiert werden. Die Studie zeigt, dass die Anwesenheit von Emoticons in Gerichtsentscheidungen, wenngleich noch relativ gering, an Bedeutung gewinnt. Es wird dabei auch dargestellt, welche Schwierigkeiten die Berücksichtigung und die Interpretation solcher digitalen Marker den Richtern bereiten.

Im Mittelpunkt der Arbeit von Iris Jammernegg stehen rational oder emotional ausgerichtete Diskursstrategien und damit verbundene semiotische Muster im Webauftritt des Stromerzeugers RWE, durch die sich der Konzern als verantwortungsvoller, an Transparenz und Nachhaltigkeit orientierter Partner auf dem Energiemarkt profiliert.

Die korpusbasierte Studie beruht auf einem zyklischen Verfahren, bei dem computergestützte Konkordanzanalyse und qualitative Text- bzw. Bildanalyse ineinandergreifen. Durch diese Methode wird das Persuasionspotential von Sprache-Bild-Konstrukten ausgelotet und damit die Komplexität der Bedeutungskonstruktion im Energiediskurs deutlich gemacht.

Der Beitrag von Aurora Fragonara befasst sich mit dem Ausdruck von Empathie in der Arzt-Patienten-Kommunikation. Auf der Grundlage eines Korpus medizinischer Online-Konsultationen identifiziert die Autorin drei Arten von Reaktionen von Spezialisten auf Patientenanfragen und geht der Frage nach, ob und inwieweit Marker empathischer Dezentrierung das berufliche und wissenschaftliche Ethos des Arztes beeinflussen. Da es sich von Interaktionen auf Distanz handelt, sind dabei typische Realisierungsmittel der Empathie wie etwa Prosodie und Proxemik nicht relevant. Vielmehr werden empathische Manifestationen durch spezifische Mittel der Schriftsprache vermittelt.

In den Arbeiten von Maria Francesca Ponzi und Camelia Cusnir werden verschiedene Fragen zum Zusammenhang zwischen Politik und digitalem Diskurs erörtert, wobei Ponzi sich auf verbale Angriffe gegen Angela Merkel über soziale Netzwerke konzentriert, während Cusnir politische Influencers und deren Kommunikationsstrategien im Wahlkampf untersucht.

Ponzi untersucht beleidigende und gewalttätige Anredeformen, die an die Bundeskanzlerin Angela Merkel in Facebook- und Instagram-Kommentaren gerichtet werden. Zu diesem Zweck bedient sie sich pragmatischer Parameter, nach denen der hassvolle bzw. verletzende Wert der Anreden klassifiziert wird. Aus der Analyse ergibt sich, dass solche verbalen Angriffe durch den spezifischen kommunikativen Kontext der *Social Networks* stark beeinflusst werden.

Schließlich befasst sich Camelia Cusnir in ihrem Beitrag mit der Konstruktion von Legitimation durch Online-Diskurse. Die Autorin analysiert ein Korpus von Facebook- und Twitter-Texten von Persönlichkeiten aus der rumänischen politischen Szene (darunter ein Philosoph, zwei Journalisten und ein Schauspieler) und geht der Frage nach, wie bestimmte argumentative Strategien zum Zweck der

Meinungslenkung verwendet werden. Diese Strategien, die sprachliche Merkmale der allegorischen Narration und der journalistischen Berichterstattung aufweisen und z.T. auf die Rechtfertigung des eigenen Engagements abzielen, sind hauptsächlich in der emotionalen Dimension verankert.

# Introduction

Gabriella Carobbio/Cécile Desoutter/Aurora Fragonara

L'analyse des pratiques linguistiques *in situ* est un révélateur des relations sociales, en particulier de l'instauration de rapports de force et de hiérarchie. Dans la gestion du pouvoir à l'intérieur de ces relations, le raisonnement et les émotions jouent un rôle important. La raison – entendue comme capacité de penser, de combiner des idées, de tenir des discours logiques – permet à l'homme de comprendre et d'agir selon les principes qu'il tire de sa réflexion. Les émotions constituent en revanche une composante importante dans la perception de soi, des personnes qui nous entourent, de l'environnement, des objets du quotidien. Pendant des siècles, les émotions ont été considérées à travers le prisme de leur influence négative sur l'homme et sur ses actions. Alors que la raison était perçue comme un signe de perfection, les émotions étaient considérées comme la manifestation de l'irrationalité et du chaos. Toutefois, les recherches en neurologie et en psychologie des dernières décennies ont marqué un tournant décisif dans la représentation du fonctionnement des émotions et de la raison en forgeant les bases scientifiques d'un lien entre les deux concepts. De fait, les émotions nous aident à penser et à prendre des décisions.

A l'ère numérique, l'expression linguistique du pouvoir, de la raison et des émotions prend des formes inédites, qui deviennent objet d'analyse et stimulent des réflexions de type méthodologique. L'influence du numérique peut concerner l'analyse du discours à divers niveaux. Dans cet ouvrage, nous en identifions deux :

- les instruments numériques utiles à l'exploration et à l'analyse des productions discursives,
- les discours numériques natifs comme objet d'étude.

En ce qui concerne les apports du numérique à l'analyse linguistique, on peut citer en premier lieu les instruments qui permettent de créer, explorer et analyser les grands corpus (par ex. Sketch Engine, Wordsmith, NVivo, Iramuteq) ou de traiter des discours oraux (par ex. les logiciels de transcription comme EXMARalDA et Elan ou de visualisation/mesure de paramètres acoustiques). Par ailleurs, le numérique a favorisé la création de banques de données (comme Frantext pour le français ou DeREKo pour l'allemand), qui facilitent l'accès à des corpus de grande taille. De ce point de vue, les humanités numériques ont permis non seulement de construire de nouveaux corpus mais aussi de répondre à des questions nouvelles ou à des problèmes qui auraient été de résolution difficile par un traitement manuel des données.

Toutefois, les phénomènes liés au numérique ou à la numérisation ne se limitent pas au recours aux banques de données informatisées ou aux instruments d'analyse. L'avènement d'Internet et des réseaux sociaux a en effet produit de nouvelles typologies de discours. A cet égard, les corpus natifs en ligne présentent deux aspects intéressants pour la recherche. D'un côté, ils stimulent une analyse non logocentrée, c'est-à-dire qui prend en compte le contexte technologique dans lequel les discours sont produits. D'un autre côté, ils permettent de vérifier si les cadres théoriques et méthodologiques traditionnels sont applicables à ces nouveaux corpus ou si ces derniers exigent le développement de nouveaux paradigmes de recherche.

Diverses considérations peuvent être avancées, qui concernent le rapport entre numérique et société ou les retombées sur les productions discursives et textuelles. En premier lieu, il importe de souligner que le passage au numérique concerne aujourd'hui la plupart des secteurs de la vie d'une société : de l'administration aux relations interpersonnelles, de la vie scolaire ou professionnelle aux loisirs. La présence capillaire du numérique dans notre quotidien a des conséquences sur les échanges communicatifs et donc sur la façon dont textes et discours sont produits, organisés, transmis et reçus. L'écologie médiatique peut influencer la production du message dans ses divers aspects. Par exemple, au-delà de la restriction du nombre de caractères imposée par les tweets, la lecture à l'écran – plus fatigante pour la vue et pour l'attention – dans de nombreux cas a pour conséquence la réduction de la longueur des textes. De même, les interactions à distance sur les réseaux sociaux ou dans les tchats adoptent des conventions particulières, comme par exemple les émoticônes, en partie pour compenser l'absence de communication

*Introduction*                                                                 17

d'éléments paralinguistiques (les traits suprasegmentaux et la proxémie). La communication dans de tels contextes sous-tend en outre que l'écologie médiatique joue un rôle non seulement dans la structuration mais aussi dans la circulation des énoncés.

Les contributions réunies dans cet ouvrage présentent les résultats de recherches menées par des linguistes et analystes du discours germanisantes et francisantes, le fait qu'il s'agisse uniquement de femmes étant totalement fortuit. Le choix de proposer un ouvrage bilingue reflète le souci des coordinatrices d'offrir un espace franco-allemand de partage de méthodologies et de pratiques de recherche. Les textes illustrent la variété des environnements de la vie sociale investis par la révolution numérique (discours politique, juridique, médical entre autres) mais aussi l'actualité des pays dans lesquels les auteures ont recueilli leur corpus. L'unité est cependant réalisée par le questionnement sur l'expression linguistique de la raison et de l'émotion, en allemand ou en français, autour duquel s'articulent la prise en compte et l'analyse des corpus. Certaines études montrent par exemple que Facebook, plus que d'autres réseaux sociaux, favorise la composante émotive. D'autres se penchent sur le rendu de l'émotion dans les traits suprasegmentaux de l'oral ou bien au moyen d'émoticônes dans les écrits électroniques. D'autres encore considèrent la raison comme la base des stratégies de l'argumentation dans les débats politiques où se jouent des relations de pouvoir. Toutefois, raison et émotion sont liées et elles peuvent aussi intervenir conjointement, par exemple, au moment de prendre une décision, d'orienter ou d'adapter son comportement. L'empathie est une bonne illustration de ceci puisque la capacité de se mettre à la place d'autrui découle à la fois de l'activation de la capacité intellectuelle et de raisonnement (par exemple la présupposition, l'hypothèse), de l'imagination et de la dimension émotionnelle, qui permettent de comprendre la perspective et les états d'âme de l'autre.

La première partie de l'ouvrage rassemble des études qui présentent une réflexion sur l'application méthodologique d'instruments numériques et/ou qui recourent à de grands corpus informatisés pour analyser l'expression de la raison et de l'émotion.

Dans sa contribution, Melani Schröter cherche à mettre en évidence quelles émotions peuvent se révéler les plus pertinentes pour l'analyse du discours politique et comment une approche linguistique peut aider à déterminer les indicateurs d'une telle pertinence. A cet égard, l'auteure présente une étude de corpus outillée (Sketch Engine) qui offre une base à des suggestions méthodologiques pour l'utilisation d'outils d'analyse linguistique de corpus.

Griselda Drouet part de l'observation qu'entre raison et émotion, il existe une faille logique, selon elle, véritable creuset de la contradiction. En interrogeant des interactions authentiques essentiellement à partir des corpus informatisés Frantext et Clapi, elle analyse le comportement du marqueur argumentatif *en même temps* et son aptitude à exprimer, de manière subtile, un avis contraire. Elle montre ainsi que ce marqueur discursif permet de construire une conciliation piégée qui joue sur la confusion suscitée par la contradiction et permet au locuteur de mieux réfuter l'opinion de son interlocuteur.

Les interactions sont aussi au cœur des analyses proposées par G. Carobbio, C. Cagninelli et A. Nardi, le discours parlementaire constituant la base empirique de leurs explorations. Gabriella Carobbio s'intéresse aux procédés prosodiques liés à l'expression des émotions et, dans l'étude qu'elle présente ici, plus particulièrement à celle de l'indignation. Elle illustre à cet égard les possibilités d'annotation de caractéristiques suprasegmentales permises par le logiciel EXMARaLDA à partir des conventions de transcription HIAT.

Partant d'une approche pragmadiscursive, Claudia Cagninelli aborde l'usage des pronoms sujets dans la gestion de la relation énonciative à l'adversaire à partir d'un corpus de comptes rendus de débats parlementaires. Par une exploration informatisée de ce corpus, elle retrace la distribution des pronoms sujets ainsi que leurs cooccurrences les plus significatives. L'étude qualitative lui permet par ailleurs de montrer la portée argumentative des stratégies de référenciation à soi et à la contrepartie par le biais des pronoms *nous* et *vous* en association avec d'autres ressources linguistiques.

L'étude d'Antonella Nardi sur le sous-titrage interlinguistique d'un discours au Bundestag part également d'un point de vue pragmatique pour examiner les stratégies de transposition des expressions d'intensité de l'allemand langue source à l'italien langue cible. Sur le plan méthodologique, l'analyse propose des stratégies de formulation pour le sous-titrage qui permettent de prendre en compte à la fois la réduction nécessaire des énoncés et l'expression de l'émotion.

Dans les contributions de la seconde partie, le numérique est conçu en tant qu'environnement de production des discours. Les auteures développent leurs réflexions selon deux pistes, qui s'entrecroisent : la première consiste en une prise en compte de l'origine numérique des discours, la seconde s'appuie sur des cadres théoriques traditionnels, normalement appliqués à des corpus non numériques.

Les travaux de C. Desoutter et d'I. Jammernegg se focalisent sur différents aspects et implications des interactions entre l'iconique et le verbal. Cécile Desoutter interroge le traitement des émoticônes dans le discours jurisprudentiel. L'ajout de ces pictogrammes aux énoncés est une des possibilités d'expression de l'émotion introduite par les pratiques discursives numériques. Leur emploi permet de distribuer la production du sens sur deux codes, iconique et verbal. Ces signes, iconiques et indexicaux à la fois, contribuent ainsi à l'interprétation des messages. Compte tenu de ce constat, l'auteure s'intéresse à la réception de ces énoncés plurisémiotiques dans les décisions de justice. L'étude révèle que la référence aux émoticônes y est encore relativement faible, mais croissante. Elle présente également les difficultés de prise en compte et d'interprétation de ces marqueurs numériques de la part des juges.

Iris Jammernegg explore la construction de l'argumentation autour de la transition énergétique à partir d'un corpus de sites Internet d'un fournisseur d'électricité (RWE). Les analyses montrent les interactions entre raison et émotion dans le processus de persuasion. La méthode d'analyse adoptée est circulaire : à partir d'un premier repérage des lexèmes, l'étude procède à l'analyse des photos pour revenir enfin au texte. Cette méthode permet d'étudier les interactions entre parole et image et de rendre ainsi compte de la complexité de la construction du sens dans ces environnements médiatiques.

La contribution d'Aurora Fragonara explore les rapports entre l'expression de l'empathie et le discours médical, dans le cadre des consultations en ligne. L'auteure analyse trois typologies de réponse de la part des spécialistes afin de voir si et dans quelle mesure *l'ethos* professionnel et scientifique du médecin intègre des marqueurs de décentrement empathique. S'agissant d'interaction réalisée par le biais d'un écran, les manifestations empathiques ne sont véhiculées que par l'expression verbale écrite, l'écologie médiatique ne permettant pas ici la réalisation des traits suprasegmentaux ou de l'expression proxémique.

Les travaux de M. Ponzi et C. Cusnir abordent des thèmes liés aux rapports entre politique et discours numérique. M. Ponzi se focalise sur les agressions verbales envers Angela Merkel, via les réseaux sociaux. C. Cusnir aborde le sujet des influenceurs politiques et de leurs stratégies de communication en période électorale.

Maria Ponzi classifie les insultes et les expressions injurieuses envers la chancelière allemande dans une perspective pragmatique. Les paramètres qu'elle mobilise au cours de son étude (le type de relation entre l'agresseur et l'agressé, le caractère public de l'agression, la présence ou l'absence de nomination de l'agressée, l'attaque directe à l'individu ou à un groupe d'appartenance supposé, l'itération de l'agression) montrent également le rapport entre les effets pragmatiques de ces énoncés et l'écologie médiatique : la diffusion de ces injures est effectivement amplifiée par le médium choisi.

Enfin, Camelia Cusnir se penche sur la construction de la légitimation à travers les discours en ligne. L'auteure analyse un corpus qui réunit les productions numériques, tirées de Facebook et Twitter des personnalités publiques de la scène politique roumaine, dont un philosophe, deux journalistes et un acteur. Cusnir interroge les dynamiques argumentatives dont ces personnalités se servent afin de faire circuler leurs idées. Les stratégies adoptées relèvent de la narration allégorique, du récit journalistique ou de la description des preuves d'un engagement personnel. Elles font majoritairement appel à la dimension émotive.

*Erster Teil/Première partie*

# Die sprachliche Konstruktion öffentlich-politisch relevanter Emotionen: Eine korpusgestützte Exploration

Melani Schröter

## 1 Einführung

Emotionen führen ein paradoxes Dasein in der öffentlich-politischen Sphäre. Einerseits ist es erstens offensichtlich, dass sie in der öffentlich-politischen Sphäre existieren; derzeit etwa in Gestalt der sogenannten ‚Wutbürger', die verächtlich auf die ‚Empörungsrituale' der sogenannten Gutmenschen blicken. Zweitens ist offensichtlich, dass Emotionen in der öffentlich-politischen Sphäre eine Rolle spielen – soziale Gruppen können danach trachten, in der Öffentlichkeit Emotionen zu säen, zu schüren oder zu entfesseln, um politische Ziele zu erreichen. Drittens scheint es möglich, dass Emotionen kollektiv erlebt werden, d.h. von einer mehr oder weniger großen sozialen Gruppierung geteilt werden, man erinnere z.B. an die Rede von der Euphorie der Wendezeit und die darauffolgende Ernüchterung bzw. Enttäuschung. Andererseits werden Emotionen in der öffentlich-politischen Sphäre erstens mit großer Skepsis betrachtet. Emotionalität erscheint als Beeinträchtigung von Rationalität. Da Rationalität – wie von Habermas (2011 [1981]) ausführlich dargelegt und begründet – weithin als Grundpfeiler demokratischer Deliberation, d.h. als normativ-ideale Basis öffentlich-politischen Diskurses betrachtet wird, erscheinen Emotionen in der öffentlich-politischen Sphäre als potenziell destruktiv. Emotionalität im öffentlich-politischen Diskurs wird demnach zweitens auch eher mit radikalen politischen Positionen assoziiert. Mouffe (2005) betont allerdings, dass Emotionalität und eine auf ‚leidenschaftlich' verfochtenen Ansichten beruhende politische Auseinandersetzung als existenziell wichtig für ein demokratisches Gemeinwesen betrachtet werden müssen:

> Many liberal theorists refuse to acknowledge the antagonistic dimension of politics and the role of affects in the construction of political identities because they believe that it would endanger the realization of consensus, which they see as the aim of democracy. What they do not realize is that, far from jeopardizing democracy, agonistic confrontation is the very condition of its existence. [...] A well functioning democracy calls for a clash of legitimate democratic political positions. This is what the confrontation between left and right needs to be about. Such a confrontation should provide collective forms of identification strong enough to mobilize political passions. (Mouffe 2005: 29f.)

Emotionalität wird in ihrem Ansatz also als produktives, nicht als destruktives Element der öffentlich-politischen Auseinandersetzung verstanden. In die gleiche Richtung bewegen sich etwa auch Protevi (2014) und Tong (2015), die betonen, dass Emotionen als Katalysatoren für politischen Wandel und für die Rekonfiguration von Hegemoniekonstellationen gesehen werden sollten. Diekmannshenke (2012: 332) charakterisiert Emotionen und Emotionalisierung ebenfalls als „konstituierende Größen im Prozess politisch-kommunikativen Handelns". Im Lichte von Entwicklungen der vergangenen etwa drei Jahrzehnte ergibt sich aus dem auf Rationalität begründeten Ansatz der Anspruch auf Teilhabe am öffentlich-politischen Diskurs, zumal in diesem Ansatz die Chancengleichheit was Zugänglichkeit und Teilhabe betrifft – solange das Rationalitätskriterium erfüllt wird – besonders betont wird. Allerdings hat vor allem die Digitalisierung nicht zuletzt der öffentlich-politischen Sphäre auch zu Bedenken gegenüber Partikularisierung von ‚Öffentlichkeit', der Bildung von affektbasierten online Gegenöffentlichkeiten (Papacharissi 2014) und bezüglich Grenzen der Akzeptanz z.B. von Hassrede und diskriminierendem Sprachgebrauch geführt.

Auch wenn man akzeptiert, dass Emotionalität in der öffentlichen Sphäre ohnehin eine Rolle spielt und ein Ausschluss von Emotionen aus dem öffentlich-politischen Diskurs unrealistisch wäre oder sogar zugesteht, dass Emotionen dort einen berechtigten Platz einnehmen, stellt sich die Frage, welche Emotionen als mehr oder weniger akzeptabel gelten und wie mit ihnen umgegangen werden sollte. Die Vorstellung einer von Emotionalität geprägten öffentlichen Sphäre (Richards 2018) ruft Überlegungen hervor bezüglich des Managements kollektiver Emotionen (z.b. Halperin/Pliskin/Saguy/Liberman/Gross 2014), Konfliktvermeidung und Konfliktlösung (z.b. Halperin 2014) und der Moderation und Vermittlung zwischen emotional begründeten Positionierungen (z.b. Capelos/Exadaktylos/Chrona/Poulopoulou 2018).

Vor diesem Hintergrund stellt sich für den vorliegenden Artikel die Frage, welchen Beitrag die Beschreibung der sprachlich-diskursiven Konstruktion von Emotionen im öffentlichen Diskurs leisten könnte. Könnte sich aus einer solchen Fragestellung etwa ergeben, ob es sich bei Thematisierungen von Emotionen im öffentlichen Diskurs vorwiegend um negative Emotionen handelt, ob es, nicht zuletzt im Zuge der Digitalisierung, zu weiteren Veränderungen in der Unterscheidung zwischen eher öffentlich und eher privat relevanten Emotionen kommt (s. Stearns/Stearns 1985)? Ob Emotionen mit politischen Strategien verbunden werden (indem etwa Emotionen bestimmten Gruppen zugeschrieben werden und indem etwa die Authentizität oder Legitimität von Emotionen in Frage gestellt wird)? Ob der Akt des Äußerns von Emotionen in der öffentlich-politischen Sphäre als besonders signifikant angesehen wird, weil Emotionalität eher mit der privaten Sphäre assoziiert wird, und ob das Schüren oder Verfliegen von öffentlichen oder kollektiven Emotionen besonders thematisiert wird?

Der vorliegende Beitrag wird sich vor allem den beiden letztgenannten Aspekten widmen, indem der Frage nachgegangen wird, wie Emotionen im öffentlichen Diskurs sprachlich konstruiert werden. Dabei soll auch auf Hochschild's (1979) grundlegenden Aufsatz zurückgegriffen werden, der Emotionen – nicht nur, aber auch in der öffentlichen Sphäre – als Konstrukte versteht, die nicht zuletzt durch soziale Kontexte und implizite ‚Gefühlsregeln' determiniert sind. Demzufolge managen Menschen ihre Emotionen vor dem Hintergrund wahrgenommener Gefühlsregeln – dabei wird in Erwägung gezogen, wie man sich in bestimmten Situationen fühlen sollte, welche Emotionen mehr oder weniger erwünscht sind, und wie stark sie auszudrücken wären. Gefühlsregeln sind nicht statisch – sie können je nach ideologischer Positionierung variieren (z.B. ob man beim Verlust seines Arbeitsplatzes Wut gegenüber dem Arbeitgeber empfindet oder

Verzweiflung über eigenes Versagen) und sich auch im Laufe der Zeit verändern (z.B. Schuldgefühle bei der Unterbringung von Kindern in Betreuungsinstitutionen zum Zwecke der Erwerbstätigkeit). Ein Blick auf die sprachliche Konstruktion von Gefühlen im öffentlichen Diskurs könnte Aufschluss über solche auf abstrakt-impliziten ‚Gefühlsregeln' basierenden Konzeptualisierungen bieten, z.B. in der Thematisierung der (Un-)Angemessenheit von Emotionen, oder bestimmter Emotionen, in der Öffentlichkeit.

Um relevanten sprachlichen Konstruktionen von Emotionen in der Öffentlichkeit nachzugehen, erscheint ein korpusbasiertes Vorgehen besonders geeignet, da auf der Grundlage großer Textkorpora Rekurrenz und somit Musterhaftigkeit besonders gut ermittelt werden können (Bubenhofer 2008). Daher werden für die folgenden Analysen zwei große, thematisch allgemeine Textkorpora mehr oder weniger öffentlichen Sprachgebrauchs herangezogen; erstens das durch die Korpusanalyseplattform Sketch Engine bereitgestellte deTenTen13 (16,526,335,416 Wörter), das mit dem Sketch Engine Korpusanalysetool (vgl. Kilgarriff *et al.* 2014) analysiert werden kann, und zweitens das durch das Institut für Deutsche Sprache bereitgestellte Deutsche Referenzkorpus (DeREKo 2019-I W; Archiv der geschriebenen Sprache mit Neuakquisitionen, rd. 43 Milliarden Wörter mit Stand Juni 2019), das mit dem Korpusanalysetool COSMAS II befragt werden kann (vgl. Kupietz *et al.* 2018). Der Nachteil von denTenTen13 besteht darin, dass es durch ein automatisiertes web trawling Verfahren aus dem Internet zusammengestellt wurde und nicht klar ersichtlich ist, um welche Textsorten und Quellen es sich insgesamt vorranging handelt. Zwar handelt es sich um öffentlich zugängliches Material – und damit um eher der öffentlichen und weniger der privaten Sphäre zuzuordnende Äußerungen – aber es ist unklar, inwieweit sich dieses Korpus als eine gute Repräsentation dessen darstellt, was sich als öffentlich-politischer Diskurs verstehen lässt. Der große Vorteil bei diesem Korpus liegt allerdings darin, dass sich durch Sketch Engine einige der Analyseschritte besonders gut durchführen lassen, die bei der Ermittlung potenziell öffentlich-politisch relevanter Emotionen und deren sprachlicher Konstruktion hilfreich sind. Das Archiv der geschriebenen Sprache des Deutschen Referenzkorpus besteht dagegen vor allem aus Material aus der österreichischen, deutschsprachigen schweizerischen und deutschen regionalen und überregionalen Presse sowie der Plenarprotokolle von Landtagen und Bundestag, allerdings auch aus Inhalten aus Wikipedia. Es eignet sich daher besser als Textgrundlage zur Exploration des öffentlich-politischen Diskurses, aber weniger für den ersten Arbeitsschritt, nämlich die Ermittlung potenziell öffentlich-politisch relevanter Emotionen: Welche Emotionen sind für den öffentlich-politischen Diskurs (und gegebenenfalls weniger in der privaten Sphäre) besonders relevant und werden dort besonders thematisiert, so dass ein Blick auf deren sprachliche Konstruktion Rückschlüsse über die Rolle oder Relevanz von Emotionen in der Öffentlichkeit erlaubt?

Meines Wissens liegt dazu keine systematische Untersuchung vor, die eine Art Auflistung öffentlich-politisch relevanter Emotionen bietet, deren Thematisierung und sprachliche Konstruktion man untersuchen könnte. Meines Erachtens liegt auch kein semantisch annotiertes Korpus öffentlich-politischen Sprachgebrauchs vor, aus dem man die in diesem Diskurs enthaltenen Emotionen systematisch ermitteln könnte. Die Frage ist aber von großem Interesse, daher soll ihr zumindest explorativ nachgegangen werden. Um einen Anhaltspunkt zu finden, nehme ich die aus meiner Beschäftigung mit dem Anti-political-correctness Diskurs (Schröter 2019a, 2019b) resultierende Beobachtung zum Ausgangspunkt, dass es sich bei Empörung um ein für die öffentliche Sphäre relevantes Gefühl zu handeln scheint. Ein Blick in das DeReKo 2019 I-W scheint diese Vermutung zu bestätigen: Das Substantiv *Empörung* kommt hier 106.609mal vor, und es finden sich mit ausgesprochen hohen Korrelationswerten (in COSMAS II mit „Log Likelihood Relation" ermittelt) die Kollokatoren *öffentliche* (LLR Wert rd. 6215), *Öffentlichkeit* (LLR Wert rd. 2324) und *öffentlichen* (LLR Wert 1101). Offenbar ist Öffentlichkeit für (das Vorkommen oder den Ausdruck von) Empörung höchst relevant. Hiermit gäbe es bereits eine Emotion, deren sprachliche Konstruktion man analysieren sollte. Diese Emotion bietet einen Ausgangspunkt, in deren Umfeld man Verweise auf weitere öffentlich-relevante Emotionen vorfinden kann.

## 2 Extrahierung öffentlich-politisch relevanter Emotionen

Sketch Engine stellt die Möglichkeit bereit, Word Sketches durchzuführen, d.h. dass die grammatischen Relationen, in denen sich ein Wort mit seinen Kollokatoren befindet, dargestellt werden. Bei der Frage nach weiteren, potenziell öffentlich-relevanten Emotionen ist es also viel versprechend, unter den Kollokatoren nach weiteren Emotionen zu suchen und um dieses Verfahren effizient zu gestalten, kann man sich im Word Sketch anzeigen lassen, welche Wörter in und/oder-Konstruktionen gemeinsam mit Empörung vorkommen (z.B. „Empörung und Wut"; „Kopfschütteln oder Empörung"), anstatt eine lange Liste aller Kollokationen daraufhin zu untersuchen. Bei diesen handelt es sich im deTenTen13 Korpus um (in der Reihenfolge absteigender Kookkurrenzwerte aufgeführt, gemessen mit „Log Likelihood"): *Unverständnis, Entsetzen, Abscheu, Wut, Entrüstung, Betroffenheit, Verwunderung, Aufsehen, Zorn, Protest, Bestürzung, Aufruhr, Aufregung, Fassungslosigkeit, Aufschrei, Unmut, Kopfschütteln, Besorgnis, Erstaunen, Enttäuschung, Mitleid, Ablehnung, Ekel, Verärgerung, Erschrecken*. Es zeigt sich also, dass im Rahmen von und/oder-Konstruktionen vor allem weitere Emotionen auftauchen. Neben den oben genannten Emotionen fanden sich im Rahmen von und/oder-Konstruktionen auch konkrete Handlungen oder eher kognitive Dispositionen wie *Protest, Aufschrei, Fassungslosigkeit, Kopfschütteln, Aufruhr* und *Ablehnung*. In einem zweiten Schritt des Schneeballverfahrens wurden auf die gleiche Weise Kollokationen zu allen Emotionen, die wiederum im Rahmen von und/oder-Konstruktionen gemeinsam mit Empörung auftauchten, ermittelt. Zum Beispiel:

- *Entsetzen* → *Abscheu, Empörung, Grauen, Ekel, Trauer, Panik, Bestürzung, Betroffenheit, Furcht, Schock, Schrecken, Wut, Erschrecken, Hilflosigkeit, Schreck, Schauder, Mitleid, Bedauern, Entrüstung*
- *Abscheu* → *Verachtung, Empörung, Widerwille, Mitleid, Bewunderung, Hass, Grauen, Furcht, Entrüstung, Schauder, Erschrecken, Bestürzung, Zorn, Wut, Abneigung, Unbehagen, Schecken, Betroffenheit*

*Öffentlich-politisch relevante Emotionen*

- *Wut* → *Trauer, Hass, Enttäuschung, Verzweiflung, Zorn, Ärger, Aggression, Frust, Angst, Empörung, Traurigkeit, Frustration, Ohnmacht, Hilflosigkeit, Schmerz, Scham, Eifersucht, Entsetzen, Resignation, Neid, Schuldgefühl*
- *Entrüstung* → *Empörung, Entsetzen, Abscheu, Bestürzung, Betroffenheit, Unwille, Aufsehen, Schadenfreude, Zorn, Besorgnis, Bedauern, Aufregung, Häme, Erregung, Unmut, Enttäuschung, Wut*
- *Betroffenheit* → *Mitleid, Besorgnis, Entrüstung, Scham, Traurigkeit, Wut, Abscheu, Erschrecken, Hilflosigkeit*

Aus den und/oder-Kollokatoren mit Empörung, die Emotionen bezeichnen, sowie wiederum aus den Kollokatoren Letzterer wurde ein Pool potenziell öffentlich-politisch relevanter Emotionen gebildet, der 102 Bezeichnungen für Emotionen umfasst. Einige dieser Bezeichnungen tauchten im Umfeld mehrerer der oben genannten Suchwörter auf – aus den oben angegebenen Beispielen lässt sich bereits ersehen, dass etwa *Bestürzung* sowohl im Umfeld von *Entsetzen* als auch *Abscheu* und *Entrüstung* auftaucht und *Mitleid* sowohl bei *Betroffenheit* als auch *Abscheu* und *Entsetzen*. Da solche Mehrfachvorkommen ein Indikator für besondere Relevanz und Rekurrenz mit Bezug auf öffentlich-politische Diskurse sein könnten, wurden diese Überschneidungen zwischen den Kollokatoren ermittelt. Um die für eine genauere Analyse nicht handhabbare Gesamtzahl zu reduzieren, werden im Folgenden neben Empörung selbst nur noch diejenigen Emotionsbezeichnungen berücksichtigt, die als und/oder Kollokatoren von Empörung bzw. deren Kollokatoren mindestens viermal vorkommen. Bei diesen handelt es sich um:

- *Bestürzung, Wut* (achtmal als Kollokator im Pool)
- *Ärger, Frust, Furcht, Entsetzen* (siebenmal als Kollokator im Pool
- *Erschrecken, Enttäuschung, Bedauern, Betroffenheit, Unbehagen* (sechsmal als Kollokator im Pool)
- *Besorgnis, Unmut, Mitleid, Hass, Zorn, Entrüstung* (fünfmal als Kollokator im Pool)
- *Verärgerung, Verunsicherung, Erregung, Frustration, Traurigkeit, Grauen, Ekel, Trauer, Abscheu, Scham, Unruhe* (viermal als Kollokator im Pool).

Bevor Gebrauchsmuster anhand von Beispielen aus dem so gewonnenen reduzierten Pool potenziell öffentlich-politisch relevanter Emotionen exploriert werden, soll auf einige offensichtliche Beschränkungen der Vorgehensweise hingewiesen werden. Erstens bringt die Wahl des Ausgangspunktes, Empörung, einen Fokus auf negative Gefühle mit sich. Die Wahl eines anderen Ausgangspunktes, etwa Stolz oder Hoffnung, hätte zu einer anderen Liste geführt. Allerdings verweisen auch andere Untersuchungen (z.B. Breeze 2018) darauf, dass negative Emotionen im öffentlich-politischen Diskurs generell eine größere Rolle spielen könnten als positive. Es ist jedoch nicht das Anliegen dieses Beitrages, eine vollständige Liste aller öffentlich-politisch relevanten Emotionen zu ermitteln. Es geht hier darum, systematisch und nicht intuitiv zumindest einige Emotionen zu ermitteln, die mit Wahrscheinlichkeit relevant sind. Eine korpusgestützte Analyse soll dann anhand dieser Beispiele klären, ob es im Umfeld dieser Emotionsbezeichnungen Sprachgebrauchsmuster gibt, die zusätzliche, qualitative Hinweise auf öffentlich-politische Relevanz bieten. Da das Anliegen dieses Beitrages die Notwendigkeit mit sich bringt, den unmittelbaren Kotext mehrerer Emotionsbezeichnungen systematisch zu analysieren, erscheint es methodologisch integer, eine Emotionsbezeichnung, deren Kollokatoren eindeutig auf ‚Öffentlichkeit' verweisen, als Ausgangspunkt eines Schneeballverfahrens auszuwählen, anstatt eine Reihe an Emotionsbezeichnungen intuitiv auszuwählen. Eine weitere Beschränkung dieser Studie liegt darin, dass aus Gründen des gebotenen Umfanges dieses Beitrages Gebrauchsmuster verbaler und adjektivischer Wortformen der Emotionsbezeichnungen (z.B. bemitleiden → mitleidig, empören → empört) nicht berücksichtigt werden.

Zu den oben aufgeführten und zusammen mit *Empörung* eine Liste von 29 potenziell öffentlich-relevanten bildenden Emotionen wurden jeweils Word Sketches durchgeführt, um Sprachgebrauchsmuster zu ermitteln, die Hinweise auf öffentlich-politische Relevanz erlauben. Der Vorteil von Word Sketches für ein solches Unterfangen liegt darin, dass es sich um eine ‚vorsortierte' Kollokationsliste handelt. Zwar ist das deTenTen13 Korpus nur grammatisch und nicht semantisch annotiert und somit kann der Word Sketch nur grammatische Relationen abbilden. Jedoch sind grammatische Relationen nicht frei von Semantik und umgekehrt sind semantische Relationen nicht unabhängig von grammatischen Konstruktionen; somit können Word Sketches zumindest einen Ausgangspunkt bilden, Kollokationsmuster, in denen sich öffentlich-politische Relevanz spiegelt, sowie deren Rekurrenz im Umfeld der 29 oben genannten Emotionsbezeichnungen zu ermitteln. Dabei zeigt sich, dass insbesondere attributive Adjektive (z.B. *verbreitet, allgemein, kollektiv, medial, bundesweit, allseitig*) und Genitivobjekte des Suchworts (z.B. *Bürger, Masse, Volk, Bevölkerung, Wähler, Publikum, Öffentlichkeit*) Hinweise auf öffentlich-politische Relevanz bieten.

Die Word Sketches erlauben eine Reihe weiterer Beobachtungen. Unter den Modifikatoren finden sich zahlreiche Verweise auf die Authentizität der zur Untersuchung stehenden Emotionen: *gespielt, aufrichtig, heuchlerisch, ehrlich, ernsthaft, übertrieben, begründet, berechtigt, unbegründet, inszeniert, gerechtfertigt, geheuchelt, gekünstelt, reflexhaft, scheinheilig, rechtschaffen, wohlfeil*. Diese deuten darauf hin, dass bei der öffentlichen Äußerung und Thematisierung von Emotionen die Frage nach ihrer Authentizität besondere Salienz gewinnt. Ferner finden sich unter den Kollokatoren, deren Genitivobjekt das Suchwort bildet, metaphorische Bezeichnungen sowohl für die – durch Masse akkumulierte – Intensität von Emotionen (*Sturm, Welle, Flut, Ausbruch*; vgl. Kövecses 1990) als auch metaphorische und nicht-metaphorische Benennungen des Ursprungs oder der Ursache von Emotionen (*Keim, Quelle, Ursache, Grund*). Des Weiteren bieten Verben, deren Subjekt das Suchwort bildet, einen Hinweis darauf, dass es von Interesse sein kann, ob sich Emotionen kommunikativ manifestieren – etwa in Kollokatoren wie: *spiegelt, ausdrücken, äußern, bekunden, artikulieren, signalisieren, manifestieren*. Eine Reihe an Emotionen zeigten diese Muster in zahlreichen Kollokatoren, während andere entweder nicht alle diese Merkmale aufzeigen, und/oder diese in geringerem Ausmaß und mit geringerer Variabilität realisiert werden.

Diesen ersten Befunden soll im Folgenden detaillierter nachgegangen werden, genauer durch Vergleiche zwischen den Kollokationsprofilen verschiedener Emotionsbezeichnungen innerhalb des reduzierten Pools von 29, die in der Kombination dieser musterhaften Charakteristika ihres Gebrauchs m.E. auf jeweils mehr oder weniger öffentliche Relevanz hinweisen. Dabei werden die bisher in ihren grammatischen Relationen genannten Kollokatoren in semantische

Kategorien überführt: das Benennen von Personengruppen im Umfeld der jeweiligen Emotionsbezeichnungen (als Hinweis auf das kollektive Teilen der Emotion), Hinweise auf die Verbreitung der Emotion, Thematisierung von Authentizität oder Legitimität der Emotion, Naturmetaphern, Thematisierung des Ursprungs der Emotion sowie Thematisierung des Ausdrucks der Emotion. Nach diesen nunmehr eher semantischen Kategorien werden die Befunde zu ausgewählten Emotionen im Folgenden zusammengefasst und anschließend kurz diskutiert.

*Besorgnis und Traurigkeit*

*Besorgnis* kommt in deTenTen13 2.42mal per Millionen Wörter vor. Zu den oben genannten semantischen Kategorien finden sich folgende Kollokatoren:

- Personengruppen: *Staatengemeinschaft, Anwohner, Europäer, Anlieger, Bürger*
- Verbreitung:
- Authentizität/Legitimität: *rechtfertigen, begründen, ernsthaft, übertrieben, unbegründet, ernst, ernstlich, berechtigt, aufrichtig*
- Naturmetaphorik: *Welle*
- Ursprung: *Quelle, Grund, Anlass, Ursache*
- Ausdruck: *zum Ausdruck gebracht, geäußert, bekunden, äußern, ausgedrückt.*

*Traurigkeit* kommt in deTenTen13 2.62mal per Millionen Wörter vor. Zu den oben genannten semantischen Kategorien finden sich folgende Kollokatoren:

- Personengruppen: *Eltern*
- Verbreitung: *grenzenlos, unendlich*
- Authentizität/Legitimität:
- Naturmetaphorik: *Meer, Loch, Tal, Dunkel, Welle, Woge, Wolke, Sumpf, abgründig*
- Ursprung: *Ursprung, Ursache*
- Ausdruck: *unsagbar, Ausdruck, unsäglich, unerklärlich.*

Im Vergleich zu *Traurigkeit* erscheint *Besorgnis* als das öffentlich-politisch relevantere Gefühl. Hier finden sich mehr kollektive Personenbezeichnungen, mehr Thematisierung der Authentizität oder Legitimität dieser Emotion und mehr Thematisierung des Ausdrucks der Emotion, während bei Traurigkeit eher die Schwierigkeit, sie zum Ausdruck zu bringen, eine Rolle spielt.

*Scham und Verunsicherung*

*Scham* kommt in deTenTen13 3.29mal per Millionen Wörter vor. Zu den oben genannten semantischen Kategorien finden sich folgende Kollokatoren:

- Personengruppen: *Betroffene, Opfer, Überlebende*
- Verbreitung:
- Authentizität/Legitimität: *falsch, falsch verstanden*
- Naturmetaphorik: *Anschwellen*
- Ursprung: *Grund*
- Ausdruck: *Ausdruck, Zeichen.*

*Verunsicherung* kommt in deTenTen13 3.48mal per Millionen Wörter vor. Zu den oben genannten semantischen Kategorien finden sich folgende Kollokatoren:

- Personengruppen: *Verbraucher, Anleger, Marktteilnehmer, Konsument, Bevölkerungskreis, Investor, Belegschaft, Bürger, Bevölkerung, Bevölkerungsschicht, Bürgerin*
- Verbreitung: *allgemein, total*
- Authentizität/Legitimität: *unnötig*
- Naturmetaphorik: *Welle, Klima, Sog, Atmosphäre*
- Ursprung: *Quelle, ausgelöst, hervorgerufen, resultierend, geschürt, entstanden, verursacht*
- Ausdruck: *Ausdruck, Signal, Anzeichen, Zeichen gebracht, geäußert, bekunden, äußern, ausgedrückt.*

Kollokatoren von *Scham* verweisen sowohl auf Scham als Körperteil als auch als Gefühl. In letzterer Bedeutung zeigen sich insgesamt weniger

Hinweise auf öffentliche Relevanz als bei *Verunsicherung*. Die kollektiven Personenbezeichnungen im Umfeld von *Verunsicherung* verweisen besonders auf wirtschaftspolitische Kontexte. Bei den Kollokatoren, die auf den Ausdruck verweisen, ist zu bemerken, dass der Ausdruck hier ein implizit-symptomatischer sein könnte – ein als Scham oder Verunsicherung interpretiertes Signal, Zeichen oder Anzeichen mehr als ein expliziteres, etwa im Brustton oder unmissverständlich vorgetragenes Zum-Ausdruck-Bringen derselben.

*Unbehagen und Unmut*

*Unbehagen* kommt in deTenTen13 2.23mal per Millionen Wörter vor. Zu den oben genannten semantischen Kategorien finden sich folgende Kollokatoren:

- Personengruppen: *Bürger, Europäer, Zuschauer, Mehrheit, Bevölkerung, Leute, Öffentlichkeit, Deutsche*
- Verbreitung: *verbreitet*
- Authentizität/Legitimität:
- Naturmetaphorik: *Welle*
- Ursprung: *Quelle, Ursache, Kern, Wurzel, Grund*
- Ausdruck: *geäußert, sichtlich, artikulieren, manifestieren, entladen, Artikulation, Ausdruck, artikuliert, Zeichen.*

*Unmut* kommt in deTenTen13 4.19mal per Millionen Wörter vor. Zu den oben genannten semantischen Kategorien finden sich folgende Kollokatoren:

- Personengruppen: *Anwohner, Fan, Zuschauer, Basis, Demonstrant, Bürger, Anhänger, Anwesende, Anlieger, Bevölkerung, Publikum, Wähler, Genosse*
- Verbreitung: *weitverbreitet, verbreitet, parteiintern, innerparteilich*
- Authentizität/Legitimität: *berechtigt, verständlich*
- Naturmetaphorik: *Welle, Woge, Wolke, Ausbruch*
- Ursprung: *Quell, Auslöser, Ursache, Quelle, Anlass, Grund*
- Ausdruck: *laut, Bekundung, Äußerung, Ausdruck, Anzeichen, Zeichen, Signal, Stimme, geäußert, lautstark, hörbar, vernehmbar, unmissverständlich, manifestieren, artikulieren.*

Sowohl bei *Unbehagen* als auch bei *Unmut* scheint es sich klar um öffentlich-politisch relevante Emotionen zu handeln mit sehr ähnlichen diesbezüglichen Kollokatoren. Die größere Vielfalt entsprechender Kollokatoren könnte als Hinweis darauf gewertet werden, dass *Unmut* noch größere öffentlich-politische Relevanz besitzt als *Unbehagen*. Vor allem der Akt des Ausdrückens von *Unmut* erscheint bedeutsam; darauf wird weiter unten noch einmal einzugehen sein.

*Entrüstung und Ekel*

*Entrüstung* kommt in deTenTen13 0.99mal per Millionen Wörter vor. Zu den oben genannten semantischen Kategorien finden sich folgende Kollokatoren:

- Personengruppen: *Bevölkerung, Bürger, Volk, Öffentlichkeit, Publikum, Zuschauer, Leser, Politiker*
- Verbreitung: *massenhaft, kollektiv*
- Authentizität/Legitimität: *gespielt, selbstgerecht, geheuchelt, scheinheilig, gekünstelt, heuchlerisch, gerechtfertigt, verlogen, ehrlich, berechtigt, inszeniert, aufrichtig*
- Naturmetaphorik: *Welle, Sturm, Woge, Orkan, Lawine, Schwall, Flut, Ausbruch, Wind*
- Ursprung:
- Ausdruck: *Ton, Tonfall, äußern, Schrei, Chor, Ausdruck, Brustton.*

*Ekel* kommt in deTenTen13 1.56mal per Millionen Wörter vor. Zu den oben genannten semantischen Kategorien finden sich folgende Kollokatoren:

- Personengruppen: *Zuschauer*
- Verbreitung:
- Authentizität/Legitimität:
- Naturmetaphorik: *Welle*
- Ursprung:
- Ausdruck: *laut, Ausruf, Geste.*

Im Vergleich von *Entrüstung* und *Ekel* erscheint *Entrüstung* als das öffentlich-politisch relevantere Gefühl. Interessant sind in beiden Fällen das Ausbleiben von Verweisen auf Ursprung oder Anlass. Die Authentizität oder Legitimität von *Entrüstung* scheint eine besondere Rolle zu spielen, wobei Verweise auf mangelnde Authentizität überwiegen und damit die Legitimation des Gefühls – bzw. dessen Zurschaustellung – angezweifelt wird. Metaphern aus dem Bereich der Naturkatastrophen weisen zudem auf eine durch Masse – als kollektive Emotion – bewirkte Heftigkeit der Emotion. Es finden sich mehr Bezeichnungen für große und politisch relevante Personengruppen sowie mehr Hinweise auf die Relevanz des Aktes des Ausdrucks von *Entrüstung*. Zu *Entrüstung* ist weiterhin zu bemerken, dass es als weitgehend synonym mit *Empörung* betrachtet werden kann. Hier eignet sich ein weiteres Feature von Sketch Engine dazu, einen schnellen Blick auf Unterschiede im Gebrauchsmuster zu werfen. Sketch Diff zeigt für jeweils zwei Suchwörter für jede der in Word Sketch aufgeführten grammatischen Relationen die Überschneidungen und Unterschiede im Profil der jeweils in diesen Relationen auftauchenden Kollokatoren. In der Tat gibt es bei *Entrüstung* und *Empörung* (3.67 PMW in deTenTen13) weitläufige Überschneidungen bei den Kollokatoren, vor allem bei den attributiven Adjektiven, die auf Authentizität oder Legitimität verweisen – diese wird bei beiden Emotionen mehr in Frage gestellt als bekräftigt. Die Naturkatastrophen-Metaphorik ist ebenfalls beiden zu eigen und der Fokus auf den Ausdruck ist vergleichbar. Unterschiede gibt es bei den Personengruppen; während *Bürger*, *Publikum* und *Politiker* bei beiden zu finden sind, findet sich bei *Empörung* im Unterschied zu *Entrüstung* die Nennung spezifischerer Personengruppen wie *Kritiker*, *Belegschaft*, *Kollegen*, *Arbeiter*, *Demonstrant*, *Opposition*, *Moslem*, aber auch *Masse*. Die Kollokatoren *Gutmensch* und *Wutbürger* verweisen auf den am Beginn des Beitrages erwähnten Anti-Political Correctness-Kontext.

*Zorn* (7.39 PMW) und *Wut* (12.49 PMW) weisen Überschneidungen im Kollokationsprofil auf. Allerdings gibt es auch hier – wie bei den im Folgenden noch zu analysierenden *Ärger* und *Unmut* – Hinweise darauf, dass auch bei diesen die öffentlich-politische Relevanz unterschiedlich gelagert sein könnte. So tauchen zum Beispiel als Genitiv- und Dativobjekte von *Zorn* mehr Individuen und

Eigennamen auf als bei *Wut*, wo sich mehr Kollektivbezeichnungen finden wie *Mob, Pöbel, Betrogene* und *Verlierer*. Was die Legitimität betrifft, taucht bei *Zorn* interessanterweise *gerecht* auf, aber nicht *blank* als Verweis auf Irrationalität, was sich wiederum bei *Wut* findet.

## 3 Weitere Befunde

Eine Durchsicht der und/oder Konstruktionen aller 29 genauer analysierten Emotionen ergibt, dass es bei allen mindestens eine Nennung anderer Emotionen aus der untersuchten Gruppe gibt. Wenn man sich im Rahmen des Schneeballverfahrens dieser Studie die Kollokatoren von Empörung als Kollokatoren ersten Grades und deren Kollokatoren wiederum als Kollokatoren zweiten Grades vorstellt (aus den rekurrenten unter diesen wurde die Liste von 29 gewonnen), kann man sich die in den Word Sketches aufgeführten Kollokatoren dieser 29 Emotionsbezeichnungen als Kollokatoren dritten Grades vorstellen. Wiederum finden sich auf dem dritten Grad viele Überschneidungen mit den Emotionsbezeichnungen auf dem zweiten Grad; wenn man sich das als ein zirkuläres Bestätigungsverfahren denkt, dann wird sozusagen der Verweisstatus einiger Emotionsbezeichnungen weiter gefestigt. Zum Beispiel tauchen im Umfeld von *Verunsicherung* wiederum *Verärgerung, Unmut, Unruhe* und *Frustration* auf; im Umfeld von *Unbehagen* tauchen *Ekel, Unmut, Besorgnis, Abscheu, Furcht, Unruhe* und *Scham* auf, im Umfeld von *Scham* finden sich *Wut, Furcht, Trauer, Zorn* und *Entsetzen* wieder.

Weitere Gebrauchsmuster, die aber für die Fragestellung dieses Beitrages für weniger relevant erachtet werden, gibt es zum Beispiel unter den Modifikatoren in der Thematisierung der Intensität oder Ausbreitung der Emotion durch die Kollokatoren *riesig, tief, groß, wachsend, zunehmend, existenziell, heftig, geballt, ungeheuer, unbändig, maßlos, tiefsitzend, furchtbar, massiv, gehörig*. Auch die zeitliche Ausdehnung scheint eine Rolle zu spielen, worauf die Kollokatoren *beständig, nachträglich, anfänglich, anhaltend* und *andauernd* verweisen. Emotionen verursachen anscheinend Druck, der angestaut oder entladen werden kann (*unterdrückt, schwelend, unterschwellig, ausgebrochen, brodelnd, angestaut, geballt, entladen*) und einige Emotionen scheinen negativ mit der Fähigkeit zu ihrem Ausdruck zu korrelieren (*unbeschreiblich, sprachlos, ohnmächtig, erstarrt, gelähmt, unsäglich, unfassbar, fassungslos, unsagbar*). Unter den Verben verweisen Gebrauchsmuster darauf, dass Emotionen sich Personen bemächtigen können (*überwältigen, bemächtigen, überkommen, übermannen, überfallen, erfassen, befallen*), sich in Luft auflösen können (*verfliegen, weichen, lösen*) und dass sie (intentional) herbeigeführt oder gesteigert werden können (*einjagen, flößen, schüren, speisen, säen*). Bei Zorn und Wut finden sich Verweise auf Hitze (*glühend, lodern, flammen, Feuer, Glut, brodeln, kochen* u.a.m.).

Diese Beispiele werden hier nur angeführt, um dem Eindruck entgegenzuwirken, dass die oben aufgezeigten Gebrauchsmuster ein vollständiges Bild ergeben und um offenzulegen, welche rekurrenten Kollokatoren für die Frage nach öffentlich-politischer Relevanz als weniger aussagekräftig erachtet wurden.

Eine weitere Beschränkung der Studie bis zu diesem Punkt liegt darin, dass es sich bei deTenTen13 um ein allgemeines Webkorpus handelt, das durch einen Algorithmus im Internet öffentlich zugängliche Texte sammelt, jedoch nicht gesondert auf öffentlich-*politischen* Diskurs abhebt. Der Vorteil besteht darin, dass Word Sketch und Sketch Diff ein gutes Mittel zum Aufspüren von Sprachgebrauchsmustern über geordnete Kollokationsprofile mehrerer Emotionsbezeichnungen hinweg darstellen, wodurch musterhaft wiederkehrende Indikatoren öffentlich-politischer Relevanz ermittelt werden können. Zum Abschluss soll daher anhand des DeReKo, dessen Teilbereich „W-öffentlich" vor allem aus Zeitungsartikeln, Parlamentsdebatten besteht, für eine wiederum vergleichende Kollokationsanalyse von *Ärger* und *Unmut* herangezogen werden.

# 4 *Ärger* und *Unmut*: vergleichende Kollokationsanalyse auf der Grundlage des DeReKo

Für die Ermittlung von Kollokationen wird in dem DeReKo aufgesetzten Analysetool Cosmas II der Wert „Log Likelihood Relation" (LLR) angewendet. Die Kollokationsspanne wurde auf +/- fünf nach links und rechts gesetzt. Kollokationen werden mit absteigendem LLR-Wert angezeigt; bei *Ärger* beginnt dies mit einem Wert von 45399, bei Unmut von 33036. Im Folgenden wurden – um willkürlich eine praktikable Grenze für die Analyse zu ziehen – Kollokatoren bis zu einem LLR-Wert von 100 berücksichtigt, was für *Ärger* die Sichtung von 579 Kollokatoren, für *Ummut* von 451 Kollokatoren bedeutete.

Zunächst einmal zeigt sich, dass *Ärger* und *Unmut* sich phraseologische Kollokatoren teilen, die in beiden Fällen hohe Kollokationswerte mit dem Suchwort aufweisen, was einen weiteren Verweis auf das synonymische Verhältnis zwischen beiden liefert; *Luft* (*machen*) und (*für Ärger/Ummut*) *sorgen*. Allerdings zeigt eine genauere Analyse, dass es sich bei *Unmut* im Vergleich zu *Ärger* um eine politisiert(er)e Emotion handelt. *Ärger* gibt es vor allem beim Umgang mit und innerhalb von Institutionen (wozu hier auch Schulen, Sportvereine und Unternehmen inklusive deren Kunden gerechnet werden), worauf die folgenden Kollokatoren verweisen: *Versorgungsträgern, Verwaltungen, Behörden, Justiz, kommunalen, juristischen, Finanzamt, Vorgesetzten, Kunden, Brüssel, Handwerkern, Polizei, Bürger, Paukern, Fans, Trainers, Schiedsrichter, Steuerbehörden, Schiri, Bahnkunden.* *Ärger* gibt es auch im öffentlichen oder halböffentlichen Verkehr mit (Gruppen von) Mitmenschen; etwa *Leser, Anwohner, Alltag, Autofahrern, Anrainern, Betroffenen, Mietern, Genossen, Eltern, Fahrgäste, Hundehaufen, Vandalismus.* Einige dieser Kollokatoren (*Fans, Anwohner, Anrainer, Autofahrer, Trainer, Schiedsrichter, Fahrgäste*) finden sich auch im Umfeld von Unmut. Allerdings gibt es hier eine Reihe an Kollokatoren, die speziell entweder auf politische Kontexte oder auf eine breitere Öffentlichkeit sowie auf bestimmte Handlungen verweisen: *Bürger, Basis* [einer Partei, MS], *Partei, Publikum, Betroffene, Parteibasis, Demonstranten, Vorgehen, Wähler, Regierung, Führungsstil, Genossen, Verhalten, Koalition, Anliegern, SPD-Basis, Unionsfraktion, Informationspolitik,*

*Parteispitze, Koalitionspartner, Aktionäre, Politik, Fraktion, Volkes, Opposition, Trainers, Anhänger, Politikern, Schiedsrichter, Zustände, Pläne, Beschäftigten, Fahrgäste, Sparpläne, Parteifreunde, Volk.*

Im Umfeld von *Ärger* tauchen eine Menge anderer, ähnlicher Umstände und Emotionen auf: *Überlegungen, Wut, Freude, Frust, Probleme, Unverständnis, Verdruss, Zorn, Bedrängnis, Angst Trauer, Verwunderung, Unmut, Stress, Ekel, Kummer, Verunsicherung, Neid, Spott, Kopfschütteln, Emotionen, Gefühle, Zoff, Furcht, Aggressionen, Gereiztheit, Hektik, Unruhe, Belustigung, Sorge.* Im Umfeld von *Unmut* gibt es deutlich weniger Verweise auf ähnliche Emotionen oder Zustände: *Ärger, Zorn, Enttäuschung, Verwirrung, Frust, Verunsicherung, Verärgerung, Frustration, Misstrauen, Kopfschütteln, Wut.* Es lässt sich also vermuten, dass es sich bei *Ärger* um eine kontextuell weiter gestreute Emotion handelt, die Berührungspunkte sowohl mit Humor (*Spott, Belustigung*), mit Überbeanspruchung/Nervosität (*Stress, Hektik, Gereiztheit*) und negativer Antizipation (*Angst, Sorge, Furcht*) bietet, die im Umfeld von *Unmut* ausbleiben.

Bei *Unmut* findet sich eine größere Anzahl von Kollokatoren, die auf den Akt und verschiedene Formen des Ausdrucks verweisen (hier inklusive verschiedener Wortformen, d.h. nicht lemmatisiert): *Luft machen, Ausdruck verleihen, äußerten, äußern, geäußert, lautstark, äußerte, kundzutun, (freien) Lauf lassen, kundtun, kundgetan, äußert, entlud, entlädt, auszudrücken, artikuliert, bekunden, hervorrief, Pfiffen, bekundet, bekundeten, artikulieren, auslöste, geäußert, hervorrufen, kundtaten, hervorruft, Transparenten, Trillerpfeifen, artikulierte, kundtat, kanalisieren, drückten, lautstarken, (hinter) vorgehaltener (Hand), artikulierten.*

Bei *Ärger* dagegen finden sich wesentlich weniger solcher Ausdrücke (*Luft machen, entlud, lautstark, Ausdruck, abreagieren, ablassen*) – es entsteht der Eindruck, *Ärger* sei einfach da – er wird verursacht oder provoziert, und man kann ihn sich einhandeln oder zuziehen, aber der Akt des Ausdrucks ist wesentlich weniger wichtig als bei *Unmut. Ärger* wird, seinem Kollokationsprofil zufolge, ggf. auch (hinunter-/runter-) geschluckt oder unterdrückt, verhehlt oder vermieden, *Unmut* dagegen nicht; dieser scheint vor allem dann thematisiert zu werden, wenn er auch ausgedrückt wird.

Sowohl die Anzahl der eindeutig aus dem Bereich der Politik stammenden Kollokatoren von *Unmut* als auch das kontextuell breiter gestreute Feld weiterer Emotionen im Falle von *Ärger* sowie das starke Augenmerk auf den Ausdruck bei *Unmut* gegenüber der Möglichkeit der Vermeidung des Ausdrucks von *Ärger* deuten darauf hin, dass sich *Unmut* im Vergleich zu *Ärger* als die öffentlich-politisch relevantere Emotion verstehen lässt. Wenn Emotionen vor allem mit dem persönlichen Umfeld in Verbindung stehen, eine Privatsache zu sein scheinen und sich nicht erkennbar im öffentlichen oder halböffentlichen Raum manifestieren, dann können sie nicht als öffentlich-politisch relevant betrachtet werden, bzw. in dieser Sphäre nur sehr indirekt und/oder verzögert Wirksamkeit entfalten. Daher erscheinen mir die vielfältigen Verweise auf den Ausdruck von *Unmut* besonders interessant, nachdem sich bei den vorhergehenden Analysen bereits gezeigt hat, dass der Akt des Ausdrückens für öffentlich-relevante Emotionen eine Rolle spielt.

## 5 Schlussbemerkungen

Gegenstand und Ziel dieses Beitrages war es, öffentlich-politisch relevante Emotionen zu ermitteln und deren sprachliche Konstruktion daraufhin zu befragen, welche Aspekte von Emotionen mit Bezug auf die Rolle oder Wirkung, die sie in der öffentlichen Sphäre spielen, thematisiert werden. Das gewählte Schneeballverfahren bietet zwar nur einen kleinen und nicht hinreichend systematischen Einblick – dennoch ließen sich bereits auf Grundlage der so ermittelten Emotionsbezeichnungen rekurrente sprachliche Konstruktionsmuster aufzeigen, die plausibel in einen Zusammenhang mit der ‚Öffentlichkeit' und ‚Kollektivität' dieser Emotionen gebracht werden können, wobei das korpusbasierte Vorgehen hier unerlässlich war. Es zeigt sich zum einen, dass Emotionen bestimmten sozialen Akteuren zugeschrieben werden, wobei hier davon ausgegangen wurde, dass Bezüge auf Personengruppen, BürgerInnen, Volk, WählerInnen usw. Hinweise auf besondere öffentlich-politische Relevanz bieten. Mit Blick auf die von Hochschild (1979) postulierten Gefühlsregeln scheinen als deren Grundlage vor allem Legitimität und Authentizität thematisiert zu werden: Für ein in der Öffentlichkeit geäußertes Gefühl erscheint es einerseits von besonderer Relevanz, ob es legitim, d.h. gut begründet, bzw. von einem als ausreichend gravierend bewerteten Anlass getragen ist – andererseits scheint es relevant zu sein, ob ein Gefühl als echt erlebt oder als gespielt vorgetragen bewertet wird. Dies ist unter den hier analysierten Emotionen insbesondere der Fall bei *Furcht, Aufregung, Unmut, Empörung, Frust, Bedauern, Entsetzen, Mitleid, Besorgnis, Betroffenheit, Entrüstung, Verärgerung* und *Bestürzung*. Es wäre interessant, der Frage nachzugehen, ob sich darin entweder der Anspruch spiegelt, dass nur authentische Gefühlszustände zum Ausdruck gebracht werden sollen oder vielmehr einfach in Rechnung gestellt wird, dass in der öffentlichen Sphäre auch Gefühle (kollektiv) zur Schau gestellt werden können, die nicht mit einem entsprechenden (individuellen) psychischen Zustand korrelieren.

Die Naturkatastrophenmetaphorik verweist auf ein Element der unkontrollierbaren Dynamik kollektiv erlebter Emotionen, und daneben können Emotionen auch aus Kalkül herbeigeführt werden, worauf verbale Kollokatoren wie *schüren* oder *anstacheln* verweisen, welche die eingangs konstatierte Skepsis gegenüber Emotionalität in der öffentlichen Sphäre, etwa im Sinne Habermas', reflektieren. Des Weiteren erscheint der Akt des Äußerns besonders relevant für Emotionen in der Öffentlichkeit – nicht nur wird Emotionalität gemeinhin eher der privaten Sphäre zugeordnet, sondern normalerweise würde man davon ausgehen, dass sogar im privaten sozialen Verkehr ein Teil erlebter Emotionen nicht frei zum Ausdruck kommt. Um, vielleicht im Sinne Chantal Mouffes (2005), öffentlich wirksam oder gar produktiv zu werden, müssen Emotionen sich also in der öffentlichen Sphäre irgendwie manifestieren – was sich dann in Kollokatoren wie *Ausdruck, ausdrücken, Signal, Brustton, lautstark, unmissverständlich, artikuliert, entladen* etc. zeigt. Befunde wie diese bieten einen Ansatzpunkt dafür, die Relevanz von Emotionen in der öffentlichen Sphäre zu erkunden. Wenn man davon ausgeht, dass diese keine ‚emotionsfreie Zone' sein kann, stellt sich die Frage, wie öffentliche, kollektive Emotionen wahrgenommen werden, und sprachliche Konstruktionen in den Thematisierungen von Emotionen bieten einen guten Anhaltspunkt dafür und für die Frage, welche Gefühlsregeln in der öffentlichen Sphäre eine Rolle spielen und ob diese auch Veränderungen in Zeiten sozialen und diskursiven Wandels unterliegen.

## Literatur

Breeze, Ruth 2018. Emotion in politics: Affective-discursive practices in UKIP and Labour. *Discourse & Society* 30/1, 24–43.

Bubenhofer, Noah 2008. *Sprachgebrauchsmuster. Korpuslinguistik als Methode der Diskurs- und Kulturanalyse.* Berlin, New York: de Gruyter.

Capelos, Teresa/Exadaktylos, Theofanis/Chrona, Stavroula/Poulopoulou, Maria 2018. News Media and the Emotional Public Sphere: The Emotional Economy of the European Financial Crisis in the UK Press. *International Journal of Communication* 12, 2088–2113.

Diekmannshenke, Hajo 2012. Emotion und politische Kommunikation. In Pohl, Inge/Ehrhardt, Horst (Hg.) *Sprache und Emotion in öffentlicher Kommunikation.* Frankfurt am Main etc.: Peter Lang, 315–334.

Habermas, Jürgen 2011 [1981]. *Theorie des kommunikativen Handelns.* 2 Bde., 8. Aufl., Frankfurt am Main: Suhrkamp.

Halperin, Eran/Pliskin, Ruthie/Saguy, Tamar/Liberman, Varda/Gross, James J. 2014. Emotion Regulation and the Cultivation of Political Tolerance: Searching for a Track of Intervention. *Journal of Conflict Resolution* 58/6, 1110–1138.

Halperin, Eran 2014. Collective emotions and emotion regulation in intractable conflicts. In von Scheve, Christian/Salmela, Mikko (eds) *Collective Emotions.* Oxford: Oxford University press, 281–296.

Hochschild, Arlie Russell 1979. Emotion Work, Feeling Rules, and Social Structure. *The American Journal of Sociology* 85/3, 551–575.

Kilgarriff, Adam/Baisa, Vit/Bušta, Jan/Jakubíček, Miloš/Kovář, Vojtěch/Michelfeit, Jan/Rychlý, Pavel/Suchomel, Vít 2014. The Sketch Engine: ten years on. *Lexicography* 1, 7–36.

Kövecses, Zoltán 1990. *Emotion concepts.* New York: Springer.
Kupietz, Marc/Lüngen, Harald/Kamocki, Paweł/Witt, Andreas 2018. The German Reference Corpus DeReKo: New Developments – New Opportunities. In Calzolari, Nicoletta *et al.* (eds) *Proceedings of the Eleventh International Conference on Language Resources and Evaluation (LREC 2018). Miyazaki: European Language Resources Association (ELRA) 2018*, 4353–4360.
Mouffe, Chantal 2005. *On the Political.* London, New York: Routledge.
Papacharissi, Zizi 2014. *Affective Publics. Sentiment, Technology, and Politics.* Oxford: Oxford University Press.
Protevi, John 2014. Political Emotions. In von Scheve, Christian/Salmela, Mikko (eds) *Collective Emotions.* Oxford: Oxford University Press, 326–341.
Richards, Barry 2018. The Emotional Public Sphere and Its Importance: Freedom of Speech as a Case Study. *International Journal of Communication* 12, 2040–2051.
Schröter, Melani 2019a. The language ideology of silence and silencing in public discourse. Claims to silencing as metadiscursive moves in German anti-political correctness discourse. In Murray, Amy Jo/Durrheim, Kevin (eds) *Qualitative studies of silence: the unsaid as social action.* Cambridge: Cambridge University Press, 165–185.
Schröter, Melani 2019b. Die schweigende Mehrheit. Anti-pc-Diskurs und (De-)Legitimationsstrategien der Neuen Rechten. *Aptum Zeitschrift für Sprachkritik und Sprachkultur* 15/1, 13–34.
Stearns, Peter N./Stearns, Carol Z. 1985. Emotionology: Clarifying the History of Emotions and Emotional Standards. *The American Historical Review* 90/4, 813–836.
Tong, Jingrong 2015. The formation of an agonistic public sphere: Emotions, the Internet and news media in China. *China Information* 29/3, 333–351.

# Contredire avec « en même temps » : de la conciliation au cheval de Troie discursif

Griselda Drouet

## 1 Introduction

La récurrence du marqueur « en même temps » dans l'interaction en français peut paraître tout à fait anodine à première vue mais constitue, sous certaines conditions, une trace énonciative potentielle de relation de pouvoir entre les sujets parlants[1].

Ce phénomène discursif a fait couler beaucoup d'encre dans la presse pendant et après la campagne présidentielle d'Emmanuel Macron en 2017. En effet, l'usage répété de cette expression par le futur président a donné lieu à diverses réactions. Certains journalistes politiques ont pointé du doigt le flou résultant de son utilisation dans les discours présidentiels. Certains autres au contraire ont soutenu cet emploi comme un mot présidentiel emblématique, cristallisant toute la pensée du parti politique LREM[2], comme le montrent les extraits d'articles de presse suivants.

Le Président n'a pas hésité à affirmer devant ses partisans qu'il ne renoncerait pas à utiliser « en même temps[3] » malgré les critiques. Il en a même fait un slogan fortuit, (fig. 1, 2 et 3), symbole d'ouverture qui vient renforcer son *ethos* de Président, au sens de Maingueneau (1987), et repris par Rabatel (2004 : 79), construisant ainsi : « une appartenance

---

1   Nous entendrons ici la notion de discours en nous appuyant sur la définition donnée par l'appel à communication du 23ᵉ colloque Discourse Net « Discours, pouvoir et esprit : entre raison et émotions », Université de Bergame, 6–7–8 juin 2019 : « a vehicle for power, a positioning practice which enlightens the role and the relationship among the speakers ».
2   La République en marche.
3   Désormais abrégé EMT.

**Fig. 1:** Capture d'écran du *Huffington Post* du 3 juillet 2017

Durant la campagne, Emmanuel Macron avait en effet énormément usé de cette expression, symbole d'équilibre et de modération pour les uns, témoignage d'un programme fourre-tout et embrouillé pour les autres.

Lors d'un meeting à Bercy, le futur président avait lui-même abordé ces reproches, se défendant de tout manque de clarté... et incitant la foule de ses soutiens à entonner à tue-tête un nouveau slogan improvisé: "En même temps!"

**Fig. 2:** Capture d'écran du *Parisien* du 27 avril 2018

### Quel sens voir dans « en même temps »

« En même temps » possède deux sens. Le premier exprime une similitude, employé comme synonyme de simultanément sous la plume, par exemple, d'Albert Camus, écrivain cité parfois par... Emmanuel Macron. À l'inverse, le second sens, populaire, signifie « cependant », « toutefois », « en revanche » et marque donc une opposition.

Pour Michel Le Séac'h, les « en même temps » du président renvoient à « une résolution des contradictions » et « seraient représentatifs d'un mode de gouvernement ». « Ils font le lien entre la thèse et l'antithèse, c'est une sorte de synthèse », analyse l'auteur du livre « La petite phrase » (éditions Eyrolles).

Mais pour les adversaires du fondateur d'En Marche, c'est le signe, chez lui, d'un flou, la volonté d'un président conciliant et tiède qui entend, en reliant des choses qui semblent être irréconciliables, « satisfaire tout le monde sans trancher ».

**Fig. 3:** Capture d'écran du *Journal du Dimanche* du 27 janvier 2019

commune » reposant non seulement sur des idées et des représentations partagées, mais aussi sur un « style commun », une « manière de dire commune », « sur un air de famille commun ».

Cet usage d'EMT dans le discours a attiré notre attention. En approfondissant l'étude de ce phénomène, nous avons constaté que cette façon de contredire avec EMT permettait parfois de construire une conciliation piégée permettant au locuteur d'influencer voire de réfuter l'opinion de son interlocuteur en jouant sur la confusion suscitée par la contradiction. Comment un tel tour de force énonciatif et interactionnel est-il possible ?

À partir d'extraits du corpus CLAPI[4] mais également d'un corpus d'entretiens médicaux, de conversations familières et d'extraits littéraires issus de la base de données FRANTEXT, cet article propose de décrire une structure propre au discours oral qui bien souvent s'apparente à une tentative de réappropriation du discours par le locuteur.

Dans un premier temps, nous verrons comment la connexion des énoncés avec EMT peut aller jusqu'à construire une contradiction mise en scène dans le discours d'un seul et même locuteur. Dans un second temps, EMT sera analysé en interaction et nous verrons qu'ainsi il présente dans l'échange[5] une variété d'emplois discursifs, allant de l'accord à la réfutation. Enfin, ce marqueur sera étudié en contexte et nous montrerons alors comment il peut influencer l'orientation de l'échange.

## 2 « En même temps » dans le discours d'un seul et même locuteur : un tour de force énonciatif

*2.1 Marque de séparation et de réunion*

Nous avons, lors de précédentes recherches, mis en exergue un certain nombre de caractéristiques liées à EMT, que nous avons successivement

---

4   <http://clapi.icar.cnrs.fr>
5   La terminologie ici employée s'appuie sur les analyses de l'École de Genève (Roulet : 1987).

décrit comme un « marqueur double » (Drouet/Richard 2016), un marqueur « de transition énonciative » (Drouet/Richard 2017) et un marqueur « d'ajustement énonciatif et de modalisation argumentative » (Drouet, à paraître). En effet, l'énonciation de « en même temps Y » dans une seule et même intervention présuppose toujours la présence d'une première séquence, que celle-ci soit directe ou indirecte. Les deux séquences sont alors présentées comme parallèles, comme en (1)[6] :

(1) Je me suis dit que <u>j'allais peut-être partir maintenant</u> **puis en même temps** je me suis dit/ouais mais <u>attends ne pars pas tant que t'as pas fini ton mémoire</u> (CF, rec2, 1 :50)

EMT va ici au-delà de PUIS, adverbe temporel qui l'accompagne : il y a construction d'une relation d'interdépendance des séquences qui vient unir les arguments plutôt que de simplement les juxtaposer. Le dédoublement systématique de l'énonciation qu'EMT fait émerger vient confondre les deux segments dans l'illusion d'une même temporalité mais la connexion ainsi induite n'est pas toujours de la même nature.

*2.2 Les différents modes de corrélation avec 'en même temps'*

Trois types de relations discursives s'établissent entre les segments interdépendants (Drouet/Richard : à paraître) :

- **Une connexion temporelle**

Dans l'énoncé (2), deux segments sont connectés dans une temporalité unique. Ici, on insiste sur la concomitance, la simultanéité.

(2) <u>je demanderais à mon père</u> de m'enseigner l'histoire du Moyen Âge, de me parler de Byzance, de me dire qui étaient Jules César et Alexandre II de Russie ; <u>je te demanderais,</u> **en même temps**, de m'expliquer la différence entre les notes de musique, et de me préciser en quoi consistait, jadis à Odessa, l'enseignement de ton maître, Léopold Auer. (FRANTEXT, BOSQUET Alain, *Une mère russe*, 1978, p. 21)

---

6  Le soulignement est de notre fait et met en évidence les séquences mises en parallèle. La mise en gras est également de notre fait et met en évidence le marqueur à l'étude.

Cependant, EMT ne connecte pas uniquement du temporel. Dans bien des cas, les occurrences rencontrées dépassent largement ce mode de connexion.

- **Une connexion contrastée**

La corrélation construite par le connecteur *en même temps* laisse la porte ouverte à la jonction d'arguments dont la réunion est parfois surprenante. Avec Richard (2016), nous avons fait l'hypothèse que la mise en facteur commun de deux arguments avec EMT permet l'insertion dans le discours de deux arguments *a priori* opposés. Il s'avère en effet que, dans de nombreux exemples, les segments corrélés dans la même temporalité exhibent une coïncidence étrange, comme en (3) :

> (3) JUD le problème c'est que la femme qui fait les cours est seule en gros c'est elle qui gère son et c'est elle qui gère son truc l'école
> PAT l'école ouais
> JUD donc elle est seule donc <u>elle te fait son cours</u> **et en même temps** <u>elle répond au téléphone euh elle envoie des mails</u> donc euh t'es là
> PAT ouais c'est bizarre hein[7] (corpus Apéritif entre ami(e)s – glasgow, transcription apéritif glasgow, 15j/j2m)

L'effet d'étrangeté que pourrait induire la coprésence de deux éléments opposés se voit dépassé par la connexion effectuée avec *en même temps*. Le marqueur exhibe l'écart entre les deux segments mais le parallélisme temporel induit par celui-ci le rend également acceptable et même opérant. C'est bien EMT qui rend possible cette mise en contraste, comme en (4) :

> (4) FLO <u>je l'ai trouvé vraiment horrible ce reportage</u> **en même temps** avec ma sœur <u>on était fascinées</u> (corpus CLAPI – repas entre ami(e)s – olives, transcription Olives_xml, 157/779)

La corrélation mise en place avec EMT ouvre alors la voie à toute forme de possible : EMT peut mettre en relation des segments qui ne sont pas attendus.

- **Une mise en scène énonciative contradictoire**

---

7 &lt;http://clapi.icar.cnrs.fr&gt;

En allant plus loin dans cette direction, nous nous sommes aperçu qu'EMT ouvre la possibilité de dire et de dédire *dans le même temps* car il met en exergue les multiples points de vue souvent contradictoires qui échouent successivement sur l'axe linéaire de l'énonciation (Drouet/Richard : à paraître). Rebotier (2014 : 1) montre que la simultanéité feinte construite par *en même temps* entraîne un emploi oppositif : « La simultanéité approximative [...] inclut la possibilité d'instants de B hors de A, et l'absence de lien logique entre A et B est facilement interprétée comme une opposition ».

Le marqueur met alors au jour des points de vue opposés chez un même locuteur comme en (5), et (6) :

(5) Le problème, c'est que j'ai un énorme désir d'activité et, **en même temps**, j'ai toujours l'impression que je ne fais rien. (FRANTEXT, BOLTANSKI Christian, GRENIER Catherine, La vie possible de Christian Boltanski, 2007, p. 250)

(6) Quelque chose d'incisif entre en moi, qui me place au cœur des choses réelles et **en même temps** à une très grande distance d'elles. (FRANTEXT, FRANÇOIS Jocelyne, 1980, p. 92)

Là où le tour de force énonciatif est le plus étonnant c'est lorsque cette contradiction est mise en scène dans un mouvement conciliateur, unificateur comme par exemple dans l'énoncé (7) et (8), extraits de discours du Président Emmanuel Macron :

(7) Ce qui compte, c'est que les maires de France unissent encore et encore la société, façonnent encore et encore le pays, continuent à forger ce que nous sommes, ce peuple enraciné, ces paysages, ces différences, et répondent à ces ambitions contemporaines, car oui, comme je l'ai dit, notre pays traverse, et je conclurai sur ce point, une période peut-être unique quand on se retournera sur elle, où ces fractures que j'évoquais sont là, où **en même temps** les opportunités sont à portée de main, où quelque chose se réinvente tout à la fois de nos vies, de nos territoires, de notre continent comme du reste du monde. (Discours du Président Emmanuel Macron au Congrès des Maires et des Présidents d'intercommunalités de France, 19 novembre 2019)

(8) Comment ne pas citer également le choix pionnier pris par CMA CGM de renoncer à explorer la route du Nord, ouverte par la fonte d'une partie de la banquise, pour ne pas ajouter de nouveaux facteurs de risque à la crise écologique ? Préservation de la biodiversité **et en même temps** continuité de la pêche, **et en même temps** compétitivité de notre économie, baisse des émissions de gaz à effet de serre **et en même temps** poursuite des échanges qui structurent notre monde. Au fond, ce que l'équipage France démontre par

> ses actions, c'est qu'il existe une voie pour **concilier** écologie et économie, une voie **unissant** préservation de l'océan et prospérité, développement de nos sociétés, une voie que nous devons tracer avec l'Union européenne pour qu'elle devienne une référence et entraîne l'organisation maritime internationale. (Discours du Président Emmanuel Macron à l'occasion des Assises de l'économie maritime à Montpellier, 3 décembre 2019)

Dans ces deux derniers cas, EMT connecte deux points de vue[8] opposés, dans un mouvement qui finalement prend en compte les deux arguments ensemble : en (7) *fractures sociales* s'oppose et s'unit à *opportunités*. En (8) les segments opposés *préservation de la biodiversité* et *continuité de la pêche* sont unis en un seul segment : *compétitivité de notre économie* est marié à *baisse des émissions de gaz à effet de serre*, et le tout est joint à *poursuite des échanges qui structurent notre monde*. La rhétorique de la conciliation est enrichie par le choix du lexique qui suit cette mise en scène de la contradiction : le verbe *concilier* est utilisé ainsi que le participe présent *unissant* qui marque la dynamique du mouvement conciliateur. EMT oblige de ce fait à faire du lien entre deux arguments opposés dans l'énonciation. L'intensité du lien est à degrés variables et la co-présence de conjonctions de coordination et/ou d'adverbes (*et*, *puis*, *mais*) renforce à chaque fois l'orientation interprétative de l'énoncé dans son ensemble : de la simple simultanéité au dépassement de l'apparente contradiction[9]. Les trois types de liens induits par la connexion avec EMT ne sont pas à considérer comme exclusifs les uns des autres mais au contraire comme en puissance dans le marqueur : ce dernier conserve toujours une valeur temporelle unique qui sera orientée par le contexte de la simple coïncidence temporelle à la connexion contradictoire.

Ce lien fait partie intégrante d'un processus interprétatif complexe : il oblige à revenir en arrière pour englober les deux points de vue ainsi corrélés. L'interprétation qui en découle est contrainte par ce mouvement circulaire que nous avons caractérisé de « mouvement à rebours » dans un article précédent (Drouet/Richard : à paraître).

---

8    Désormais PDV.
9    Pour l'analyse différentielle d'EMT avec d'autres connecteurs synonymes ou apparemment synonymes, voir Drouet, Richard : 2013, 2016.

## 3 Dans l'échange entre plusieurs locuteurs : de la concession à la réfutation, un tour de force interactionnel

Au niveau de l'échange, EMT conserve un mouvement interprétatif à rebours et connecte également deux PDV dans le même temps comme pour n'en faire plus qu'un. Dire en même temps que l'autre, c'est dire dans le même temps que l'autre, comme à sa place. Le locuteur énonce un argument qui se greffe au discours de son interlocuteur. Tout se passe comme si le locuteur énonçait la suite plus ou moins attendue de l'argumentation initiée par son interlocuteur. Rebotier (2014 : 9) décrit le processus de grammaticalisation d'EMT de la coexistence à la restriction dans l'intervention et de la restriction à la réfutation en échange : « L'énoncé introduit par EMT peut aussi être une réponse à un interlocuteur [...]. Il ne s'agit plus de restriction sur son propre discours, mais de contre-argumentation. » Pour notre part, nous dirons qu'EMT dans l'échange peut connecter les arguments issus de locuteurs différents de trois façons.

### 3.1 Concéder [EMT +] : la « concordance concordante »

Dans le premier cas de figure relevé, EMT peut être substitué et remplacé par « il est vrai que » ou « et en plus » et dans ce cas les arguments raccrochés sont co-orientés. Nous avons, lors de recherches précédentes, parlé de « coïncidence énonciative » (Drouet/Richard : 2016). L'énoncé (9) montre le mouvement par lequel le locuteur accroche à l'argument de son interlocuteur un argument supplémentaire, renforçant l'argument premier tout en le dépassant.

> (9) S : Bon il veut le faire, mais bon euh voilà [rires]
> I : il a compris que c'était important ?
> S : ah oui, oui, oui. Y a pas de souci. Ça c'est sûr
> I : oui
> S : il a compris, mais bon, voilà
> I : **en même temps, vous pourrez peut-être un petit peu aussi l'aider dans cette démarche**, parce que, en fait, euh, si vous voulez, il y a plus de risque élevé quand il y a un des frères ou une sœur qui euh, qui a eu donc un souci euh, sur le plan euh, colon ou intestinal.
> S : oui (corpus médical 96 2)

Dans ce cas, le locuteur admet que *P est vrai* et il ajoute *Q* en plus, pour aller plus loin dans le même sens. Nous appuierons cette analyse à celle de Rabatel (2008 :188) lorsqu'il parle de « concordance concordante ». Il s'agit ici de ce qu'il appelle également « la seule forme de co-énonciation véritable », qui « pose le locuteur co-énonciateur comme l'égal de son alter ego énonciatif » (2017 : 75). Parfois, comme en (10), le locuteur met en scène deux voix dans une même intervention, dont la seconde ajoute un argument à la première, venant ainsi renforcer sa propre argumentation.

(10) JUD j'ai arrêté mon stage un mois avant de pouv- de devoir rendre le mémoire même pas quinze jour et je travaillais tous les jours tu vois tous les jours et le week-end des fois j'y allais pour euh les opéras et <u>mais je me suis investie à fond tu vois</u> **en même temps** <u>faire un stage vaut mieux t'investir à trois cent pour cent</u> (corpus CLAPI Apéritif entre ami(e)s – Glasgow, transcription Apéritif Glasgow, 15j/oao)

## 3.2 Restreindre [EMT -] : la « concordance discordante »

Dans le second cas de figure, le locuteur ajoute un argument qui vient restreindre la portée de celui de son interlocuteur. Dans ce cas, il s'agit d'une concession rectificative (Morel : 1996). Les arguments sont alors partiellement anti-orientés, le locuteur peut restreindre la portée de l'argument de son interlocuteur et dans ce cas, il retranche avec EMT dans un mouvement inverse mais sans aller jusqu'à annuler P.

(11) JUL à la croix rousse en fait il y a un club ouais qui vient d'ouvrir c'est un
JEA ouais il me semble ouais
JUL ça s'appelle
JEA bon euh t'es <u>en ville euh il y a de quoi faire tu sais</u> c'est pas ce qui manque hein
JUL ouais **en même temps** <u>enfin moi je sors pas énormément en boîte donc enfin</u> (corpus CLAPI, apéritif entre amis, chat, transcription apéritif chat, 15c/cmn)

(12) S : et puis moi, pour être disponible, je ne voulais pas me lancer dans une recherche pour moi, [rires] pour me casser la maison. Parce que c'est vrai qu'on a souvent des bobos au ventre et tout ça, <u>ça ne donne pas envie.</u>

> *I : je comprends tout à fait.* **En même temps**, <u>le faire, faire l'examen, ça peut aussi enlever, lever une angoisse</u> *si vous voulez, pour vous. Mais bon. Est-ce que je peux quand même vous demander le papier, vous savez, l'imprimé, le consentement ?* (corpus médical 89)

Le même cas de figure se retrouve dans l'intervention d'un seul et même locuteur lorsqu'une seule et même voix se dédouble mettant ainsi en scène deux points de vue, comme en (13) :

> (13) SAM **ou alors quand on rentre tous c'est ma mère qui cuisine** parce qu'elle est contente et tout/**en même temps c'est très rare**. (corpus CLAPI : conversation en ligne, transcription Samira-Isabelle 2, 14m/2df)

Dans ce cas, raccrocher un argument à l'argument précédent avec EMT conduit à relier les arguments sous la forme d'une concession par « amputation » pour reprendre les mots de Moeschler et de Spengler (1982 :18). En effet, le locuteur revient sur ce qu'il vient de dire en ajoutant avec EMT une proposition qui vient restreindre la portée de son énoncé. EMT ajoute alors dans le même temps qu'il restreint. Dans ce cas, un phénomène de sur-énonciation est en jeu. La dernière proposition semble influencer l'orientation argumentative des échanges. Il y a alors dissymétrie dans la co-construction des points de vue. Ainsi, nous appuierons notre analyse sur celle de Rabatel (2008 : 188) en invoquant la notion de « concordance discordante », qu'il définit comme « la co-construction inégale d'un point de vue surplombant ».

*3.3 Contredire [EMT W] : la « discordance discordante »*

Dans le troisième cas de figure, c'est une véritable réfutation que construit EMT. Le locuteur peut aller jusqu'à revenir sur l'argument de son interlocuteur pour s'y opposer, le contredire voire l'annuler, comme en (14). Nous rapprochons ce phénomène de ce que Rabatel appelle la « discordance discordante » et définit comme « l'expression manifeste et explicite de deux PDV antinomiques » (2008 : 188).

> (14) S : moi, je sais que, ben je voulais le faire et tout
> I : oui
> S : bon ben...
> I : *c'est vrai qu'on laisse toujours passer, on se dit bon...*

S : **en même temps, pas moi, pas moi, je ne pense pas**. Parce que j'ai tellement de... mais bon tout le monde n'est pas pareil, quoi. (corpus médical 102)

Schapira (2012 : 99) rappelle dans un article que la concession peut aller jusqu'à la réfutation : « Moeschler/Spengler (1982) remarquaient déjà à propos de la concession, qu'elle est à mi-chemin entre l'approbation, la désapprobation et la réfutation, Adam (1990) la définit comme une relation entre un acte stratégique de concession et un acte stratégique d'affirmation argumentative ».

Il existe donc un continuum dans les différents emplois d'EMT dans l'interaction qui va de la simple concession à la concession restrictive et de la restriction à la contradiction réfutative. Comme l'explique Rabatel (2017 : 74) « les relations relèvent plutôt de continuums, de gradients, allant du dissensus au consensus en s'éloignant du dissensus pour se rapprocher du consensus et en passant par des étapes ». C'est ce continuum que nous retrouvons au niveau pragmatique, cette « grande labilité interactionnelle où consensus et dissensus prennent des formes en demi-teintes, tout particulièrement au fil du discours » (Rabatel, 2017 : 73).

## 4 Au niveau pragmatique : de l'adoucisseur irénique au cheval de Troie discursif

*4.1 De la conciliation à la persuasion*

Au niveau communicationnel, une réfutation n'est jamais perçue positivement, elle représente une menace pour le locuteur. Contredire avec EMT permet de nuancer, de diluer la charge polémique d'une réfutation trop directe. Le locuteur s'oppose d'une manière plus « douce » sans rejeter pour autant le premier argument. La contradiction avec EMT peut alors être rapprochée des formes langagières que Lakoff (1977) avait déjà caractérisées comme des *softeners*, et que Brown et Levinson (Brown/Levinson 1987) ont reprises à sa suite. Elles représentent l'ensemble des moyens mis en œuvre dans l'interaction pour atténuer un *Face Threatening Act*. Roulet (1981 : 31), dans un article sur la structure de la conversation, étudie ces *softeners,* traduits en français par « atténuateurs », et explique leur rôle : « Les atténuateurs sont des formes qui ont pour fonction principale de rendre plus flou le contenu ou la fonction illocutoire d'une intervention afin d'atténuer la menace potentielle que ceux-ci pourraient présenter pour la face de l'un ou de l'autre des interlocuteurs ».

Ainsi, atténuer avec EMT dans l'échange opère d'un double mouvement. D'une part EMT atténue la violence de la réfutation frontale, d'autre part il met en scène des arguments de manière indirecte. Le locuteur parvient ainsi à ménager à la fois sa propre *face* et celle de son interlocuteur.

Dans l'énoncé (15) :

> (15) S : alors là non/non non non/c'est trop/c'est trop/c'est trop // j'en ai marre d'entendre parler de cette maladie
> I : alors il y a une chose aussi/c'est qu'**en même temps** vous savez il vaut mieux jouer la prévention
> S : oui je sais bien/je sais que vous avez raison (corpus médical, 89_1–05-02-2014)
>
> (15') (oui) mais il vaut mieux jouer la prévention
> (15'') (non) vous avez tort car il vaut mieux jouer la prévention

le locuteur I semble ne pas souhaiter entrer en opposition frontale avec son interlocuteur S, dans une situation qui se présente comme déjà conflictuelle. Les reformulations (15') et (15'') mettent en évidence que dans la formulation originalement retenue la réfutation n'est pas frontale, en ce qu'elle risquerait de mettre en péril l'harmonie de l'interaction. Selon Kerbrat-Orecchioni (1994 : 66) :

> D'un côté donc, les actes effectués de part et d'autre tout au long de l'interaction possèdent un caractère intrinsèquement menaçant pour les interactants. Mais d'un autre côté, nous dit Goffman, ceux-ci doivent obéir au commandement suprême : Ménagez-vous les uns les autres, car la perte de face est une défaite symbolique, que l'on essaie dans la mesure du possible d'éviter à soi-même, et d'épargner à autrui.

Le « désir mutuel de préservation des faces » (Kerbrat-Orecchioni 1994 : 66) est au cœur des échanges quotidiens. La réfutation lorsqu'elle doit être exprimée, le sera généralement de préférence de manière contournée, indirecte. Brown/Levinson (1987) décrivent les différentes stratégies qui permettent de préserver sa propre face et celle d'autrui dans l'interaction parmi lesquelles se trouve la règle : « minimize imposition ». En ce sens, dire la contradiction avec *en même temps* relève bien d'un acte de langage indirect qui minimise l'expression de la réfutation et adoucit la menace qu'elle représente. C'est une expression irénique, c'est à dire qui tente de pacifier, d'apaiser la dissension. L'exemple (16) met en lumière ce processus :

(16)  S : moi je sais que ben je voulais le faire et tout
 I : oui
 S : bon ben
 I : c'est vrai qu'on laisse toujours passer (le temps) on se dit bon
 S : **en même temps** pas moi pas moi je ne pense pas/parce que j'ai tellement de // mais bon. (corpus médical 102_3–10-12-2013)

L'énoncé (16) présente la particularité d'introduire une réfutation présentée dans la continuité argumentative de l'échange. Tout se passe comme si l'énoncé du locuteur S préparait le raccrochage d'un argument co-orienté dans le temps de la parole du locuteur I. Or ce n'est pas ce qu'il se passe, comme le précise l'énoncé qui suit EMT : *pas moi je ne pense pas*. La réfutation est ici formulée indirectement et en cela elle atténue la menace que représente toujours la contradiction. Cela permet de diluer la charge polémique de la réfutation afin, pour le locuteur, d'opposer « d'une manière souple » un point de vue différent comme en (17) :

(17) LAU par contre le confort que tu as quand tu as ta propre voiture c'est que tu peux prendre ta voiture constamment y a pas besoin de réserver euh bah voilà
 JUL hm en même temps on prend pas beaucoup la voiture enfin
 LAU mais euh
 JUL nous on fait beaucoup de vélo donc ça va (corpus CLAPI)

Le locuteur JUL, en mettant en scène une réfutation modulée, parvient à ménager à la fois sa propre *face* et celle de son interlocuteur ainsi qu'à exprimer par une formulation indirecte une idée qu'il sait par avance polémique. Dans l'énoncé (17), JUL remet indirectement en cause la pertinence de l'argument de l'énoncé de LAU. On comprend ici que « pas beaucoup » est un euphémisme qui pourrait tout aussi bien signifier *presque jamais*.

L'originalité de ces énoncés avec en *même temps* réside dans le fait qu'à la fois le locuteur montre qu'il a pris en compte l'argument du locuteur précédent (il y a d'ailleurs souvent un oui à l'initiale du tour de parole) mais aussi qu'il va plus loin et qu'il réfute *dans le même temps* la pertinence de cet argument. Avec *en même temps*, c'est donc la pertinence du dire de l'autre qui est remise en cause mais de manière indirecte et atténuée.

### 4.2 Un cheval de Troie discursif : le faux consensus

Que se passe-t-il lorsque la visée perlocutoire est réellement réfutative ? Lorsque le locuteur se positionne en discordance véritable toujours avec EMT ? En effet, selon l'intention du locuteur et sa visée argumentative, EMT peut parfois avoir une visée réfutative insidieuse. Ce marqueur discursif permet d'avancer indirectement un argument qui au lieu de venir corroborer celui de son interlocuteur vient finalement le réfuter. Ce qui est tendancieux, c'est le fait qu'il soit indirect, qu'il avance masqué, en prétendant prendre en compte un autre PDV dans la coopération énonciative alors même qu'il hiérarchise et qu'il valorise le sien propre, comme en (18) :

> (18) I : vous n'êtes pas décidé
> S : Non
> I : ça je peux le comprendre
> S : non, non
> I : **en même temps, c'est pour vous, quoi d'accord ?**
> S : oui, oui, mais non, je connais très bien le la chose (corpus médical 81)

À première vue, il semble que les deux locuteurs s'accordent, il y a prise en compte de l'argument de S par I « ça je peux le comprendre » et pourtant les deux locuteurs ne vont pas dans le même sens. Le locuteur S maintient qu'il n'est pas décidé à passer l'examen tandis que le locuteur I maintient qu'il faut le faire car c'est dans son intérêt. EMT peut alors construire un consensus tendancieux et dans ce cas il est faussement conciliateur.

L'énoncé (19) met en lumière ce phénomène :

> (19) Loc 1 : et le seringa du coup vous allez le couper non parce qu'il vous cache toute la lumière dans la cuisine

Loc 2 : **en même temps il nous cache du vis-à-vis aussi donc non**
Loc 1 : ah oui exact (conversation familière)

Dans ce cas, EMT présente un aspect incursif qui sera d'autant plus renforcé qu'il sera récurrent dans le discours. S'il est utilisé plusieurs fois dans le discours en amont comme un *atténuateur* pour restreindre en douceur, il aura aussi la capacité d'endormir la vigilance de l'interlocuteur et d'introduire une réfutation au dernier moment sous des dehors de simple ajustement. Cette subjectivité émerge dans l'énonciation en se plaçant dans le même temps énonciatif que celui de son interlocuteur, obligeant ce dernier à une dépense interprétative coûteuse (Rabatel 2004). En effet, comment réfuter une réfutation qui ne s'affiche pas comme telle ? L'opération mentale en résultant est complexe. Un tel processus est rendu plus difficile que s'il s'agissait d'une réfutation directe de type (19') :

(19') Loc 1 : et le seringa du coup vous allez le couper non parce qu'il vous cache toute la lumière dans la cuisine
Loc 2 : **il nous cache du vis-à-vis aussi donc non** (conversation familière)

## 5 Conclusion

Pour conclure, concéder ou réfuter avec EMT fait partie du discours ordinaire, que l'on rencontre fréquemment dans la conversation, dans la parole spontanée. Certains ont pu qualifier cette expression de « tic de langage » mais une analyse minutieuse de son contexte d'apparition dévoile au contraire qu'il s'agit d'une tournure argumentative subtile.

Lorsque la mise en scène de la contradiction est construite avec EMT dans une seule et même intervention, la corrélation ainsi construite impose de tirer des deux segments corrélés deux conclusions qui par ailleurs seraient opposées, voire différentes. Son utilisation dans les discours présidentiels marque en ce sens un véritable tour de force énonciatif.

Lorsqu'EMT est utilisé dans l'échange, deux cas de figures sont possibles : soit l'acte de réfutation se voit modulé, atténué, et s'en trouve par là-même rendu plus acceptable pour le récepteur, évitant ainsi la

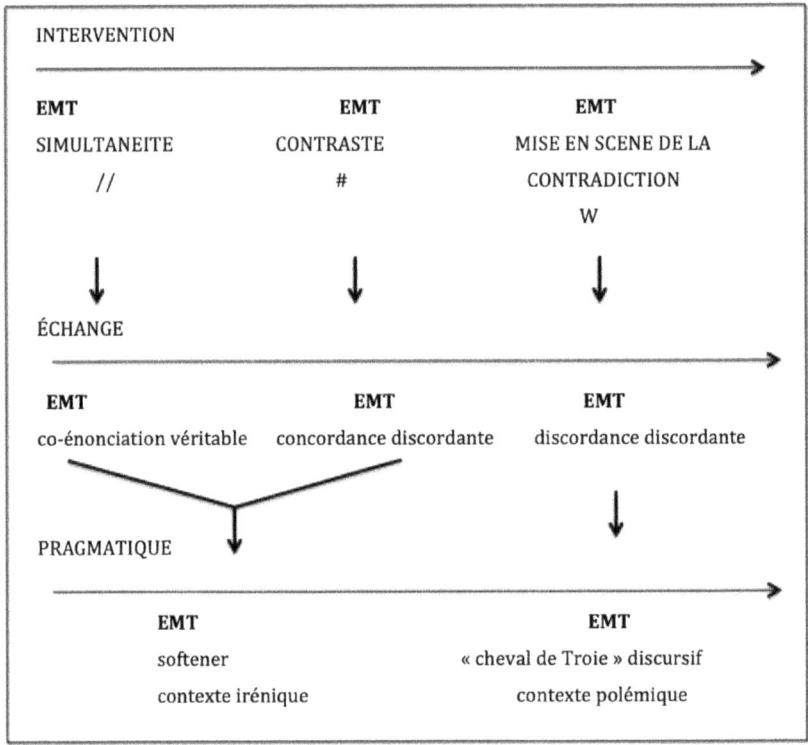

Fig. 4 : Les trois niveaux de fonctionnement discursif d'*en même temps*

menace liée à la mise en péril du principe gricéen de coopération : EMT se révèle alors le fruit d'une volonté du locuteur de collaborer dans l'échange, de co-construire le programme discursif en douceur. Soit au contraire, il s'apparente à un véritable *cheval de Troie discursif*, à savoir une conciliation minée et tendancieuse qui permet au locuteur de mieux retourner par la suite l'argumentation de son interlocuteur.

Il restera alors à étudier de très près EMT dans les débats politiques, lorsque celui-ci marque l'initial des tours de paroles, ce que nous réservons pour une étude ultérieure.

# Bibliographie

Brown, Penelope/Levinson, Stephen C. 1987. *Politeness: some universals in language usage.* London : Cambridge University Press.

Drouet, Griselda 2019. *La contradiction en discours. Une mise en scène énonciative singulière.* Paris : Classiques Garnier, Domaines Linguistiques, Formes discursives.

Drouet, Griselda/Richard, Elisabeth à paraître. *En même temps, marqueur à rebours de corrélation énonciative.* Paris : Classiques Garnier, coll. Rencontres.

Drouet, Griselda/Richard, Elisabeth 2017. En même temps, un marqueur double ? De la simultanéité temporelle à la contradiction énonciative. In Dostie Gaétane/Lefeuvre Florence (éds) *Lexique, grammaire, discours : les marqueurs discursifs.* Paris : Honoré Champion, 159–172.

Drouet, Griselda/Richard, Elisabeth 2016. Confirmer pour mieux détourner : marqueurs d'acceptation et modalités de transition. *Testi e linguaggi.* 10, 131–141.

Drouet, Griselda/Richard, Elisabeth 2013. Une stratégie énonciative singulière : la mise en scène de la contradiction dans le discours oral. In Neveu, Frank *et al.* (éds) *La Linguistique de la contradiction.* Berne : Peter Lang, coll. Gramm-R, 295–308.

Kerbrat-Orecchioni, Catherine 1994. Rhétorique et pragmatique : les figures revisitées. *Langue française,* 101, 57–71.

Lakoff, Robin 1977. What You Can Do With Words : Politeness, Pragmatics, and Performatives. *In* Rogers, Andi *et al.* (éds) *Proceedings of the Texas Conference on Performatives, Presupposition, and Implicatures.* Arlington: Center for Applied Linguistics, 79–105.

Maingueneau, Dominique 1987. *Nouvelles tendances en analyse du discours.* Paris : Hachette.

Moeschler, Jacques/de Spengler, Nina 1982. La concession ou la réfutation interdite. *Cahiers de Linguistique française.* 4, 165–187.

Rabatel, Alain 2017. *Pour une lecture linguistique et critique des médias. Empathie, éthique, point(s) de vue.* Limoges : Lambert-Lucas.

Rabatel, Alain 2008. Stratégie discursive de concordance discordante dans les ensembles reprises + reformulations (en contexte didactique). In Schuwer Martine *et al.* (éds) P*ragmatique de la reformulation.* Rennes : Presses Universitaires de Rennes, coll. Rivages Linguistiques, 187–202.

Rabatel, Alain 2004. Étape 6. La valeur persuasive de l'ethos dans le point de vue asserté. In Rabatel, Alain (éd.) *Argumenter en racontant. (Re)lire et (ré)écrire les textes littéraires.* Louvain-la-Neuve : De Boeck Supérieur, 79–100.

Rebotier, Aude 2014. De la simultanéité à la restriction : l'évolution actuelle d'en même temps. In Daval, René *et al.* (éds) *Sens, formes, langage.* Reims : Éditions et Presses universitaires de Reims.

Roulet, Eddy 1981. Échanges, interventions et actes de langage dans la structure de la conversation. *Études de Linguistique Appliquée.* 44, 5–39.

Schapira, Charlotte 2012. Distinguo, concedo, nego : la réfutation par distinguo. *Syntaxe et sémantique.* 13, 87–102. <https://www.cairn.info/revue-syntaxe-et-semantique-2012-1-page-87.htm> (13.04.2019).

# Prosodische Realisierungen expressiver Prozeduren am Beispiel einer politischen Rede

Gabriella Carobbio

## 1 Einleitung

In der öffentlich-politischen Kommunikation spielt der Ausdruck von Emotionen eine wichtige Rolle. Es ist nicht selten zu beobachten, wie Politiker/innen sich in ihren Reden enthusiastisch äußern bzw. auf Kritiken oder Einwände empört reagieren. Diese Emotionen sind zum großen Teil nicht authentisch, sondern werden sorgfältig vorgeplant und beim öffentlichen Auftritt inszeniert, meistens um Aufmerksamkeit bei der Öffentlichkeit zu erzeugen und Konsens zu erzielen.[1] Der Ausdruck von Emotionen im Sprachgebrauch von Politiker/innen ist insofern geregelt und bestimmten kommunikativen Mustern zugeordnet.

Im vorliegenden Beitrag wird der Frage nachgegangen, wie Empörung in politischen Reden prosodisch ausgedrückt wird mit dem Ziel, eventuelle musterhafte Realisierungen zu identifizieren und zu beschreiben. Für die Analyse wird das Instrumentarium der Funktionalen Pragmatik verwendet und dabei vor allem die Kategorie der *expressiven Prozeduren* in Betracht gezogen. Durch die Analyse, die auf einem Transkriptausschnitt einer Bundestagsrede basiert, sollen auch Möglichkeiten der Annotation prosodischer Verfahren durch das Partitureditor EXMARaLDA und das Transkriptionssystem HIAT ausgelotet werden.

---

1   Girnth (2002: 34) spricht in dieser Hinsicht von „Inszeniertheit politischer Sprachverwendung" in Zusammenhang mit der „Mehrfachadressiertheit" politischer Reden, die – auch aufgrund der immer stärkeren medialen Ausleuchtung der politischen Bühne – nicht nur an primäre Adressaten (wie z.B. politische Anhänger bzw. Gegner), sondern auch an die Öffentlichkeit gerichtet werden.

## 2 Emotionenforschung aus der Perspektive der Linguistik

Der Ausdruck von Emotionen gilt als vernachlässigtes Thema in der Sprachwissenschaft (s. Fiehler 1990: 20, Schwarz-Friesel 2013: 7) nicht zuletzt, weil eine genaue wissenschaftliche Bestimmung der „Emotion" als Untersuchungsgegenstand viele Schwierigkeiten mit sich bringt. Eine diskursanalytische Annährung an das Thema bietet Fiehler (1990), indem er einem intuitiven, vorwissenschaftlichen Alltagsverständnis von Emotionen eine „interaktive Konzeptualisierung" gegenüberstellt, nach der Emotionen als öffentliche Phänomene der interpersonellen Kommunikation betrachtet werden:[2]

Zentral für diesen methodischen Ansatz ist das „Primat der Emotionsmanifestationen" (Fiehler 1990: 46). Damit wird gemeint, dass Emotionen nicht als „Elemente des Innenlebens", sondern als „öffentliche Phänomene in sozialen Situationen interpersoneller Interaktion" betrachtet werden (Fiehler 1990: 1). Daraus erschließt sich, dass die Hauptaufgabe einer sprachwissenschaftlichen Arbeit über Emotionen primär darin besteht, deren *verbalen* Realisierung im weiteren Sinne zu erforschen – die Frage, ob dem Ausdruck einer Emotion ein „wirkliches" Gefühl zugrunde liegt oder nicht, bleibt im Hintergrund. Untersucht wird, was an die sprachliche Oberfläche tritt, und das kann ggf. nicht dem entsprechen, was der jeweilige Sprecher tatsächlich erlebt/ empfindet. Diese Beobachtung ist im Rahmen einer Analyse des Emotionsausdrucks im politischen Diskurs besonders relevant, wobei

---

2  Dabei werden Gefühle und Emotionen kategorial nicht voneinander differenziert. Bei anderen Autoren (vgl. Schwarz-Friesel 2013, Ortner 2014) werden dagegen terminologische Abgrenzungen vorgenommen, indem Emotion z.B. als „komplexe, mehrdimensionale Kategorie im menschlichen Organismus" gilt, „die als entscheidende Kenntnis- und Bewertungsinstanz fungiert, während Gefühl die seelisch-subjektiv und geistig introspektiv empfundene Realisierung dieser Kategorie ist" (Schwarz-Friesel 2013: 86). Weitere Unterscheidungen in Bezug auf verwandte Termini wie Empfindung, Affekt, Motiv(ation), Stimmung, *traits*, Empathie werden z.T. auch in der Literatur berücksichtigt (vgl. dazu Ortner 2014: 16–21).

Tab. 1: Konzeptualisierung von Emotionen (Fiehler 1990: 41–45; Kursiv vom Autor)

| Komponenten alltagsweltlicher Konzeptualisierungen (AK) von Emotionen | Komponenten einer interaktiven Konzeptualisierung (IK) von Emotionen |
| --- | --- |
| (1) *Gefühle* existieren primär in unserem *Inneren*. | (1) *Emotionen* sind primär als *interaktive Phänomene* relevant. |
| (2) *Gefühle* sind etwas *Privates*. Sie sind individuell. Sie gehören mir. | (2) *Emotionen* werden als etwas *Öffentliches* betrachtet. |
| (3) *Gefühle* können auf unserer Oberfläche *Ausdruck* finden und sich so für andere zeigen. (Dabei können sie sich auch verraten.) Sie können aber auch verborgen oder beherrscht werden. | (3) Den *Emotionsmanifestationen* in der Interaktion können, müssen aber keineswegs *Emotionen* zugrundeliegen. |
| [...] | |
| (6) *Gefühle* sind ein *Widerfahrnis* und eine *fremde Macht*. Sie entstehen ohne unser Zutun. Sie können uns, wenn sie stark sind, beherrschen, d. h. sie sind nicht oder nur schwer kontrollierbar. | (6) *Emotionen* erfüllen primär die Funktion einer *bewertenden Stellungnahme*. Sie sind ein spezifisches Verfahren und eine spezifische Form der Bewertung. |
| (7) *Gefühle* können uns zu *ungewollten Handlungen* veranlassen. Sie können auch die Ursache für Handlungen sein. | (7) *Emotionen* sind *geregelt*. Die bewertende Stellungnahme erfolgt in weiten Bereichen auf der Grundlage sozial verbindlicher *Emotionsregeln*. |

politische Reden – wie schon angedeutet – häufig inszeniert werden und die Äußerung bestimmter Emotionen strategisch sein kann, um z.B. Konsens zu erzielen.

Laut Fiehler (1990: 100) sind Emotionen nicht unkontrollierte Erscheinungen, sondern „bewertende Stellungnahmen", denen bestimmten „Manifestationsregeln" unterliegen, „die besagen, welcher Ausdruck in der betreffenden Situation angemessen ist und sozial erwartet wird". Auch diese Beobachtung trifft auf die Konstruiertheit politischer Reden besonders zu. Der Emotionsausdruck wird dabei meistens von langer Hand geplant und gemäß konsolidierten kommunikativen Mustern realisiert.[3]

Im Rahmen einer emotionslinguistischen Analyse stellt sich vor allem die Frage, durch welche sprachlichen Mittel Emotionen zum Ausdruck gebracht werden. Exemplarisch werden im Folgenden einige verbale Ausdrucksmöglichkeiten für Emotionen aus Ortner (2014: 189–197) wiedergegeben:

- auf nonverbaler Ebene: z.b. Blickverhalten, Proxemik, Mimik;
- auf phonetisch-phonologischer Ebene: z.b. Stimmqualität, Intonation, Akzentuierung;
- auf typographischer Ebene: z.b. Schriftgröße, Schriftfarbe, Spationierung;
- auf morphologischer/grammatischer Ebene: z.b. Diminutiv, Komparativ und Superlativ, Abkürzungen;
- auf lexikalischer Ebene: z.b. Hochwertwörter, Stigmawörter, Kosenamen;
- auf syntaktischer Ebene: z.b. Exklamativsätze, doppelte Verneinung, abweichende Wortstellung;
- auf pragmatischer Ebene: z.b. Grüße, Dialekt, Code-Switching;
- auf stilistischer Ebene: z.b. Metaphern, Hyperbeln, Ellipsen;
- auf textueller Ebene: z.b. Emotionsbeschreibungen, Emotionsscripts, Episoden- und Situationsstereotypen mit emotiven Konnotationen.

Wichtige Impulse zur Untersuchung der verbalen Realisierung von Emotionen sind u.a. aus der Akustik gekommen (vgl. Scherer 1982). Vokale Indikatoren, die Emotionen übermitteln, sind mit Variationen der Grundfrequenz, der Lautstärke und des Sprechtempos verbunden. Durch die Messung solcher akustischer Parameter lassen sich primär diskrete Emotionen wie Ärger, Traurigkeit oder Freude ermitteln.[4] Ausführlich auf den Zusammenhang zwischen Prosodie und

---

3  Als Beispiel lässt sich das Handlungsspiel „Skandal" in der politischen Kommunikation erwähnen (vgl. Beckmann 2006), bei dem Emotionen wie Empörung und Entrüstung in einer Vorwurf-Rechtfertigungs-Sequenz systematisch realisiert werden.

4  Ärger ist z.B. durch hohe Grundfrequenz ($F_0$) und große $F_0$-Streubreite, durch laute Stimme und schnelles Sprechtempo gekennzeichnet (Scherer 1982: 301).

Emotionen geht Kehrein (2002) ein, indem er emotionale prosodische Einheiten des Deutschen unter Berücksichtigung der Dimensionen *Aktivierung* (erregt/ruhig), *Dominanz* (stark/schwach), *Valenz* (positiv/ negativ) und [± erwartet/erwartbar] identifiziert. Aus den von Kehrein (2002) durchgeführten Experimenten[5] ergibt sich z.B., dass „der Bedeutungsanteil ‚interpersonale Stärke'" bei Sprechern, die als *energisch/nachdrücklich/bekräftigend* wahrgenommen werden, „durch die kontinuierliche prosodische Einheit *global stärkere Prominenz* ausgedrückt werden kann. Formal entsprechen dieser Einheit die parallele Erhöhung von $F_0$-Umfang und Intensität" (Kehrein 2002: 249).

Handlungstheoretisch betrachtet lässt sich der Emotionsausdruck durch die Kategorie der *expressiven Prozeduren* (Ehlich 1986) beschreiben. Theorie und Methodik des funktional-pragmatischen Ansatzes, auf dem die vorliegende Analyse beruht, werden im Folgenden näher erläutert.

## 3 Expressive Prozeduren des Malfeldes

Prozeduren stellen im Sinne der Funktionalen Pragmatik die kleinsten Handlungseinheiten der Sprache dar. In Anlehnung an der *Sprachtheorie* Karl Bühlers (1934) wird zunächst zwischen Prozeduren des Symbolfeldes (auch: nennenden Prozeduren), die der Benennung außersprachlicher Entitäten dienen, und Prozeduren des Zeigfeldes (auch: deiktischen Prozeduren) unterschieden, die die Hörerrezeption in verschiedenen Verweisräumen orientieren. Diese Zwei-Felder-Lehre wird von Ehlich (1986) in eine Fünf-Felder-Lehre erweitert, indem über das Symbolfeld und das Zeigfeld hinaus drei zusätzliche Felder eingeführt werden: das Operationsfeld, das Lenkfeld und das Malfeld. Operative Prozeduren ermöglichen, die Sprache propositional zu bearbeiten, z.B. durch die Verwendung von koordinierenden und

---

5   Das experimentelle Design der Untersuchung basiert auf Aufzeichnungen von Gesprächen, die unter „emotionsinduzierende[n] Umstände[n]/Anlässe[n]" geführt werden (Kehrein 2002: 150).

subordinierenden Konjunktionen sowie von Flexionsmorphemen. Zum Lenkfeld zählen expeditive Prozeduren, die das hörerseitige Handeln direkt beeinflussen, etwa durch Interjektionen als Verfahren der Sprecher-Hörer-Steuerung.

Besonders relevant für den Ausdruck von Emotionen erweist sich das Malfeld mit den sogenannten *expressiven Prozeduren*: „Solche Prozeduren haben es mit der Kommunikation von situativer ‚Atmosphäre' und psycho-physischer Befindlichkeit, von Stimmungen und Emotionen zu tun" (Redder 1994: 240). Durch den Ausdruck der eigenen Gefühle zielt der Sprechen (S) darauf ab, den gleichen emotionalen Zustand bei dem Hörer (H) zu induzieren: „Mittels der malenden Prozedur drückt der Sprecher eine affektive Befindlichkeit aus, die er so dem Hörer kommuniziert, um eine vergleichbare Befindlichkeit bei ihm zu erzeugen" (Ehlich 2010: 541). Dieser Prozess bewirkt eine „Abgleichung der S+H-Einschätzungen" (Ehlich 2009: 435).

Die Umsetzung expressiver Prozeduren erfolgt im Deutschen meistens nicht lexikalisch, sondern eher durch „intonatorische Modulation" (Redder 1998: 67), und lässt sich insofern exemplarisch im Diskurs nachweisen. In ihrer Analyse von Malfeldausdrücken im alltäglichen Nach-Erzählen identifiziert Redder (1994: 253) verschiedene „modulatorische Formen" im Bereich von Silbenstruktur und Wortakzent (z.B. „Silben-Akzentuierung bzw. Emphase, rhythmische Silbendistinktion, Vokal- und Konsonantendehnung oder -Kürzung, Lautstärkemodifikation und stoßartige oder lachende Artikulation"), die mit prosodischen Verfahren wie „rhythmischen, durch Pausen bewirkten Absetzungen" von Ausdrücken einhergehen. Im Rahmen der Nacherzählung betrifft die durch solche expressiven Prozeduren kommunizierte Befindlichkeit „die visuelle sinnliche Wahrnehmung", „das situative Verstehen (im weiten Sinne)" und „die situative Bewertung" (Redder 1994: 254). Wichtig ist dabei auch die Beobachtung, dass expressive Prozeduren häufig in Zusammenhang mit z.B. operativen bzw. deiktischen Prozeduren auftreten, sodass „Integrale von Prozeduren" (Redder 1994: 252) entstehen, die zum Zweck des Emotionsausdrucks in Diskurse eingesetzt werden können.

Angenommen, dass prosodische Phänomene wichtige Ausdrucksmittel von expressiven Prozeduren darstellen,[6] stellt sich die methodische Frage, wie sie im Rahmen einer Diskursanalyse transkribiert werden können. Mittels des Partitureditors EXAMARaLDA können folgende nichtsegmentale Phänomene gemäß den HIAT-Transkriptionskonventionen[7] annotiert werden (vgl. Rehbein et al. 2004):

- *Pausen* werden in der Verbalspur des jeweiligen Sprechers mittels dicker Punkte notiert.
- *Lautstärke* wird in der (sup)-Spur transkribiert, die dem jeweiligen Sprecher zugeordnet ist. Werte, die eingetragen werden können: *laut, leise, lauter, leiser.*
- *Sprechgeschwindigkeit* wird in der (sup)-Spur transkribiert, die dem jeweiligen Sprecher zugeordnet ist. Werte, die eingetragen werden können: *schnell, langsam, schneller, langsamer.*
- *Sprechweise* wird in der (sup)-Spur transkribiert, die dem jeweiligen Sprecher zugeordnet ist. Die Liste der möglichen Werte ist offen. Beispiele: *stakkato, geflüstert, lachend, genuschelt.*
- *Akzentuierung* wird in der (akz)-Spur transkribiert, die dem jeweiligen Sprecher zugeordnet ist. Besonders betonte Wort- oder Äußerungsteile werden durch Unterstreichung markiert.
- *Dehnung* eines Lautes wird durch Reduplikation des ihm entsprechenden Buchstabens in der verbalen Spur annotiert.

Die Annotation prosodischer Verfahren erfolgt meistens in einer zu diesem Zweck eingerichteten Spur, die unter der jeweiligen Sprecherspur in einer kleineren Schriftgröße visualisiert wird.

In der vorliegenden Analyse wird dieses Transkriptionssystem verwendet, um prosodische Verfahren zu annotieren, die mit dem Ausdruck von „Empörung" in einer politischen Rede zusammenhängen.

---

6 Im Rahmen der Prosodieforschung wird dem Ausdruck von Emotionen eine parasprachliche Funktion zugeschrieben (vgl. Cosentino 2019: 15–16).
7 HIAT (Halbinterpretative Arbeitstranskriptionen) ist ein Transkriptionssystem, das vor allem im Rahmen der funktional-pragmatischen Diskursanalyse eingesetzt wird. Es handelt sich um ein diskursorientiertes Transkriptionsverfahren, das u.a. ermöglicht, funktional bezogene Aspekte des sprachlichen Handelns der Aktanten wiederzugeben (vgl. Ehlich/Rehbein 1979: 57).

„Empörung" gilt als eine öffentlich-politisch relevante Emotion (vgl. Schröter, in diesem Band), die sich auch prosodisch durch die Umsetzung bestimmter expressiver Prozeduren auszeichnet.

## 4 Empirische Grundlage: Parlamentarische Diskussion zur EU-Operation EUNAVFOR MED

Die Analyse basiert auf einem Transkriptausschnitt aus einer politischen Rede, die im Rahmen einer parlamentarischen Diskussion über eine militärische EU-Operation gegen Schleppernetzwerke im Mittelmeerraum (Operation EUNAVFOR MED) gehalten wurde.[8] In diesem Zusammenhang musste der Bundestag in namentlicher Abstimmung über einen Antrag der Bundesregierung entscheiden, ob sich Deutschland mit seinen Soldatinnen und Soldaten an dieser militärischen Operation beteiligen sollte oder nicht. Die Diskussion ist durch eine starke Polarisierung der Positionen zwischen Vertretern (*CDU* und *SPD*) und Gegnern (*Bündnis 90/Die Grünen* und *Die Linke*) der EU-Operation gekennzeichnet (vgl. Carobbio 2018).

## 5 Analyse eines Transkriptausschnittes

Die Sprecherin ist eine Vertreterin der Partei *Die Linke*, die im Rahmen der hier analysierten parlamentarischen Diskussion gegen die EU-Operation im Mittelmeer argumentiert hat. In diesem Transkriptausschnitt

---

8   Der Transkriptausschnitt stammt aus dem „EUNAVFOR MED"-Korpus (ausführlich dazu Carobbio 2018). EUNAFOR MED ist ein Teil einer Gesamtinitiative der EU, die das Ziel hat, das Geschäftsmodell der Menschenschmuggel- und Menschenhandelsnetzwerke im Mittelmeer zu unterbinden. Das Korpus umfasst 10 Beiträge mit einer Gesamtdauer von ungefähr 40 Minuten.

wirft sie zunächst der Regierung vor, dass der Operationsplan erst einige Tage vor der Abstimmung dem Parlament zur Verfügung gestellt wurde.

[1]

|        | 0 [01:30.0]              | 1                   |
|--------|--------------------------|---------------------|
| SD [v] | Und ich finde diesen Umgang | unparlamentarisch. |

[2]

|        | 2        | 3      | 4                                    |
|--------|----------|--------|--------------------------------------|
| SD [v] | Ich finde | ((5s)) | ich finde • • die Bundesregierung • |
| SD [K] |          | Beifall |                                     |

[3]

|        | ..                                       |
|--------|------------------------------------------|
| SD [v] | • tritt die parlamentarischen des rech/äh äh |

[4]

|        | ..                                         |
|--------|--------------------------------------------|
| SD [v] | parlamentarischen Rechte des Bundestagen/Bun/ |

[5]

|        | ..                          | 5 [01:48.2] | 6         |
|--------|-----------------------------|-------------|-----------|
| SD [v] | Bundestages hier mit Füssen. | Warum?      | Weil seit |

[6]

|        | ..                                  |
|--------|-------------------------------------|
| SD [v] | Montag • • dieser Operationsplan • • für die |

[7]

| | | 7 |
|---|---|---|
| SD [v] | Mitglieder des deutschen Bundestages | • • • |

[8]

| | | 8 | 9 | 10 | 11 |
|---|---|---|---|---|---|
| SD [v] | maximal | • • nur für eine | halbe | Stunde | • • zum |
| SD [akz] | | | | | |
| SD [sup] | langsam | | | | |

[9]

| | |
|---|---|
| SD [v] | Lesen zur Verfügung gestellt wird • in der |

[10]

| | | 12 |
|---|---|---|
| SD [v] | Geheimschutzstelle | und dieser Operationsplan |

[11]

| | | 13 | 14 |
|---|---|---|---|
| SD [v] | umfasst | sechshundertsiebenundsibzig | Seiten • in |
| SD [sup] | | langsam | |

[12]

| | 15 [02:08.3] | 16 |
|---|---|---|
| SD [v] | englischer | Sprache, Frau Präsidentin. |
| SD [akz] | | |

Auf prosodischer Ebene ist die Empörung der Sprecherin vor allem an der besonderen Akzentuierung einzelner Wörter nachweisbar. So wird z.B. das Wort *unparlamentarisch* im ersten Satz (*ich finde diesen Umgang unparlamentarisch*, Fläche[9] 1) besonders betont.[10] Die nachfolgende Formulierung, die durch den Matrixsatz *ich finde* eröffnet wird, wird durch einen Beifall des Publikums unterbrochen. Nach 5 Sekunden Pause nimmt die Sprecherin die abgebrochene Rede wieder auf, indem sie den Matrixsatz *ich finde* wiederholt und daran ein satzförmiges Akkusativobjekt asyndetisch anknüpft (*die Bundesregierung tritt die parlamentarischen Rechte des Bundestages hier mit Füßen*, Fl. 2–5). Dabei zeichnet sich ihre Rede durch ein stockendes Sprechen aus, das prosodisch durch Verzögerungen (*äh*) und Anakoluthkonstruktionen (hier: Reparaturen) realisiert wird. Solche Sprechweise verrät die emotionale Belastung der Sprecherin in ihrem Versuch, eine so harte Kritik an der Regierung zu äußern. Lexikalisch lässt sich auch die phraseologische Wendung *mit Füßen treten* beobachten, die als Dysphemismus dem Ausdruck der Empörung dient (vgl. Carobbio 2018).

Im anschließenden Teil ihrer Rede begründet die Sprecherin ihre Stellungnahme durch eine selbst beantwortete Frage (*Warum? Weil…*, Fl. 5). Argumentiert wird dabei, dass der Operationsplan den Abgeordneten nur für eine halbe Stunde zum Lesen zur Verfügung gestellt wurde (Fl. 8–13), und zwar in der Geheimschutzstelle des Bundestages (Ausklammerung, Fl. 14). Die einzelnen Konstituenten des ausformulierten Satzes werden mittels kurzer Pausen voneinander getrennt (*seit Montag/dieser Operationsplan/für die Mitglieder des deutschen Bundestages/maximal/nur für eine halbe Stunde/zum Lesen zur Verfügung gestellt wird*). Die Intonation weist einen kadenzierten Rhythmus auf, der die Informationsstruktur des Satzes insofern beeinflusst, dass jede Konstituente an Prominenz gewinnt. Dieses Verfahren erreicht seinen Höhepunkt in der prosodischen Isolierung des Adverbiales *maximal*, der auch einen Fokusakzent trägt. Zur Verdeutlichung ihrer Empörung

---

9   Im Folgenden mit „Fl." abgekürzt.
10  Im Fall von Fokusakzenten auf einzelnen Wörtern ist v.a. die betonte Silbe betroffen – so hier: un<u>par</u>lamentarisch.

drückt die Sprecherin die temporale Angabe *nur für eine halbe Stunde* langsam aus und akzentuiert dabei besonders das Attribut *halbe*.[11]

In der nachfolgenden Äußerung, die der Vorangehenden mittels der Konjunktion *und* angeschlossen wird, wendet sich die Politikerin an die stellvertretende Präsidentin des Bundetages, wobei die Anrede (*Frau Präsidentin*, Fl. 12) erst im Nachfeld formuliert wird. Die Aufmerksamkeit der angesprochenen Autorität und des Publikums wird noch auf den *Operationsplan* gelenkt, der durch die Objektdeixis *dieser* neu fokussiert wird. Die Sprecherin behauptet, dass der Operationsplan sehr umfangreich ist – und dazu auf Englisch. Die genaue Angabe des Textumfangs (*sechshundertsiebenundsibzig Seiten*, Fl. 11) wird langsam und deutlich ausgesprochen, um die Schwierigkeit der Aufgabe hervorzuheben, mit der die Abgeordneten konfrontiert werden. Die Tatsache dann, dass der Text *in englischer Sprache* (Fl. 11–12) verfasst ist, wird durch die prosodische Markierung des Attributes *englischer* als zusätzliche Belastung vorgestellt. Sprechgeschwindigkeit und Akzentuierung dienen in diesem Zusammenhang dazu, die Überforderung der Abgeordneten zu unterstreichen.

Die weitere Argumentation der Sprecherin wird durch einen Zwischenruf eines Kollegen abrupt unterbrochen:

---

[12]

               17
**SD [v]**       · · Un wenn
**SD [K]**      Murmeln im

---

[13]

              ··
**SD [v]**      das...
**SD [K]**      Hintergrund, Zwischenruf eines Abgeordneten [*Nein, so etwas! In*

---

11 Die Markierung des Attributs in dieser Präpositionalphrase stellt einen Kontrastakzent dar, der dazu beiträgt, Emphase auszudrücken. Ein ähnlicher Fall liegt beim Attribut *englischer* in der PP *in englischer Sprache* (Fl. 11–12) vor.

*Prosodische Realisierungen expressiver Prozeduren* 75

[14]
```
                ..              18                    19
SD [v]              Ja, nicht jeder Abgeordnete   – Herr X –
SD [K]   Englisch!]
```

[15]
```
              20         21        22         23
SD [v]      ••kann    •••    fließend   ••Englisch sprechen •
SD [akz]
```

[16]
```
                ..          24        25 26
SD [v]      und auch    lesen    ••un das sollte man schon
SD [akz]
```

[17]
```
                ..                27        28         29
SD [v]      eigentlich hier    ernst    nehmen    und ich finde ••das
SD [akz]
```

[18]
```
                ..       30 [02:25.0]    31              32           33
SD [v]      ist ein      Umgang       ••der ist nicht akzeptabel, weil die
SD [akz]
SD [sup]                                                          lauter,
```

[19]
```
                ..                        34           35 [02:31.3]
SD [v]      Mehrheit • dieses • Hauses  ••keinen      ••
SD [akz]
SD [sup]    stakkato
```

[20]

|  |  | 36 |
|---|---|---|
| SD [v] | blassen • Schimmer hat, | über was er oder sie |
| SD [sup] |  |  |

[21]

|  |  | 37 | 38 |
|---|---|---|---|
| SD [v] | gleich hier abstimmt, | was Grundlage ist für | diesen |
| SD [akz] |  |  |  |
| SD [K] |  | Beifall |  |

[22]

|  | 39 |
|---|---|
| SD [v] | Bundeswehreinsatz. |
| SD [K] |  |

Die Satzverknüpfung verfährt auch in diesem Diskursausschnitt meistens parataktisch (*un wenn*, Fl. 12/*un das sollte man*, Fl. 16/*und ich finde*, Fl. 17), wobei die erste Äußerung nicht vollständig verbalisiert wird (*un wenn das...*, Fl. 12–13). Die Sprecherin bricht die bereits angefangene Äußerung ab, weil die kommunikativen Bedingungen im Wahrnehmungsraum sich verändert haben: Ein diffuses Murmeln und ein Zwischenruf eines Kollegen stören die mit Rederecht ausgestatteten Sprecherin. Der Zwischenruf des Kollegen lässt sich akustisch nicht verstehen, aber wird im Protokoll der Plenarsitzung und entsprechend in der Kommentarspur der Transkription wiedergegeben (*Nein, so etwas! In Englisch!*). Der Kollege knüpft dabei ironisch an das von der Sprecherin angeführte Argument an, der umfangreiche Text des Operationsplans sei schwierig zu lesen, weil auf Englisch verfasst, und lässt darauf hindeuten, dass das Lesen auf Englisch keine Schwierigkeiten bereiten sollte. Durch diesen Zwischenruf zielt der Abgeordnete darauf ab, die Sprecherin zu diskreditieren und somit die Glaubwürdigkeit ihrer Argumentation zu verringern.

Die Sprecherin reagiert auf diese Provokation und versucht, ihre Position zu untermauern. Sie behauptet, dass viele Abgeordnete die englische Sprache nicht fließend können und deshalb *keinen blassen Schimmer* haben, über was sie abstimmen (Fl. 19–20). In der verbalen Realisierung ihrer Reaktion sind noch prosodische Merkmale der Empörung erkennbar. Nach der direkten Ansprache des Kollegen lassen sich zahlreiche Pausen nachweisen, die die Satzkonstituenten deutlich voneinander trennen (*kann/fließend/Englisch sprechen/und auch lesen*, Fl. 21–22). Solche prosodische Abtrennung ermöglicht, mehrere Fokusakzente im Satz (hier: *kann/fließend/lesen*) zu setzen und somit dem Ausdruck der Empörung mehr Emphase zu verleihen. Die Tatsache, dass eine gute Sprachkompetenz im Englischen für viele Abgeordnete keine Selbstverständlichkeit darstellt, sollte man laut der Sprecherin *schon eigentlich hier ernst nehmen* (Fl. 15–16), wobei die Lokaldeixis *hier* auf den Bundestag als den Ort verweist, in dem wichtige Entscheidungen für die Kollektivität getroffen werden – eine Aufgabe, die ausgesprochen ernst genommen werden sollte.

Die durch *und* angeschlossene Formulierung beginnt noch einmal mit dem Matrixsatz *ich finde* (Fl. 17). Die Pausensetzung ist auch in diesem Fall insofern von Bedeutung, dass die langen Pausen die syntaktische Struktur in kleinere, eigenständige Einheiten zerlegen, die mittels Pronomen anadeiktisch in Verbindung gesetzt werden (*und ich finde/das ist ein Umgang/der ist nicht akzeptabel*, Fl. 17–18). Die durch die Objektdeixis geleistete Neufokussierung wird durch die besondere Betonung der Wörter *Umgang* und *akzeptabel* verstärkt. Auf diese Weise wird Empörung fast zu Wut in diesem Diskurssegment.

Darauf folgt die Begründung, warum die Sprecherin einen solchen Umgang für inakzeptabel hält. Sie bedient sich dabei der phraseologischen Wendung *keinen blassen Schimmer haben* (Fl. 19–20) und bezieht sie auf die Mehrheit der Abgeordneten, die über den militärischen Einsatz im Mittelmeer abstimmen, ohne den Operationsplan gelesen zu haben. Der Ton wird lauter und jedes Wort wird deutlich skandiert nach einer Stakkato-Sprechweise, die zusammen mit der Akzentuierung der einzelnen Wörter dazu dient, die höchste Empörung der Sprecherin auszudrücken.

Die so emotional aufgeladene Rede der Sprecherin löst einen rauschenden Beifall bei den Oppositionsparteien aus, die gegen die militärische Intervention sind. Durch eine zusammenfassende Reformulierung ruft die Sprecherin das Objekt der parlamentarischen

Abstimmung in Erinnerung (*was Grundlage ist für diesen Bundeswehreinsatz*, Fl. 21–22), wobei die Betonung der Objektdeixis *diesen* in der Ausklammerung eine letzte Verankerung der Rede im Diskursraum gewährleistet.

## 6 Schlussfolgerungen

In der hier analysierten parlamentarischen Diskussion lässt sich der Ausdruck der Befindlichkeit der Sprecherin den Strategien der Konsensstiftung zuordnen, indem die von ihr gezeigte Empörung nicht nur dazu dient, ihre sachlich fundierte Argumentation zu untermauern, sondern auch einen Skandalisierungseffekt bei den Adressaten auszulösen, die somit aufgefordert werden, ein Mitgefühl mit der Sprecherin zu entwickeln. Zu diesem Zweck – Schaffung einer besonderen situativen Atmosphäre und Abgleichung der emotionalen Zustände der Aktanten – werden expressive Prozeduren bzw. Malfeldausdrücke umgesetzt, und zwar meistens in Form von intonatorischen Modulationen. Mittels Variationen des Sprechens, vor allem auf suprasegmentaler Ebene, können emotionale Nuancierungen vehikuliert werden, die sich auf einer rein inhaltlichen, propositionalen Ebene nicht nachweisen lassen.

Durch die Analyse des Transkriptausschnittes stellt sich heraus, dass bestimmte prosodische Verfahren mit dem Ausdruck von Empörung im Rahmen der politischen Kommunikation zusammenhängen:

- Kadenzierter Rhythmus, durch Pausen bewirkte prosodische Isolierung von Satzkonstituenten, denen eine besondere Gewichtung mit Blick auf die Vorwurfskomponente der Rede zukommt. Dieses Verfahren mündet in einer Stakkato-Sprechweise, wenn die Empörung ihren Höhepunkt erreicht.
- Besondere Akzentuierung, Häufung von Fokusakzenten (auch als Folge der oben beschriebenen prosodischen Abtrennung der Satzkonstituenten). Die Intensivierung der prosodischen Verfahren zur

Hervorhebung führt dazu, dass die Höreraufmerksamkeit ständig hoch gehalten wird.
* Kombination einer langsameren und lauteren Sprechweise zu Verdeutlichung und Durchsetzung der Argumente, die mit Empörung angesprochen werden.

Bemerkenswert ist außerdem, wie die dargestellten Realisierungen expressiver Prozeduren häufig nicht alleine, sondern in Zusammenhang mit anderen Prozeduren vorkommen und somit ein „Integral von Prozeduren" (Redder 1994: 252) konstituieren. Ein Beispiel dafür ist die rhythmische Kadenzierung bzw. Betonung der Äußerung *und ich finde/das ist ein Umgang/der ist nicht akzeptabel* (Fl. 17–18) – eine expressive Prozedur, bei der sich auch eine besondere Verwendung der Objektdeixis als Mittel zur emphatischen Fokussierung beobachten lässt.

Es ist zum Schluss darauf hinzuweisen, dass das vorgestellte Transkriptionsverfahren auf eine funktionale, diskursorientierte Wiedergabe prosodischer Phänomene abzielt; eine genaue Messung der akustischen Parameter (z.B. durch PRAAT), die mit dem Emotionsausdruck korrelieren, ist dabei nicht vorgesehen, aber könnte gezielt vorgenommen werden, um angegebene Werte zur Beschreibung prosodischer Verfahren zu verfeinern.

# Literatur

Beckmann, Susanne 2006. Der Skandal – ein komplexes Handlungsspiel im Bereich öffentlicher Moralisierungskommunikation. In Girnth, Heiko/Spieß, Constanze (Hg.) *Strategien politischer Kommunikation. Pragmatische Analysen.* Berlin: Erich Schmidt Verlag, 61–78.

Bühler, Karl (1934) *Sprachtheorie. Die Darstellungsfunktion der Sprache* [Nachdruck 1982]. Stuttgart/New York: UTB Gustav Fischer.

Carobbio, Gabriella 2018. Strategien der Konsensstiftung im politischen Diskurs zur Flüchtlingskrise im Mittelmeerraum. In Zanasi, Guisi/Perrone Capano, Lucia/Nienhaus, Stefan/Morlicchio, Elda/Gagliardi, Nicoletta (Hg.) *Das Mittelmeer im deutschsprachigen Kulturraum. Grenzen und Brücken*. Tübingen: Stauffenburg, 461–478.

Cosentino, Gianluca 2019. *Grammatik der Prosodie für Deutsch als Fremdsprache*. Berlin: Erich Schmidt Verlag.

Ehlich, Konrad 1986. Funktional-pragmatische Kommunikationsanalyse – Ziele und Verfahren. In Flader, Dieter (Hg.) (1991) *Verbale Interaktion. Studien zur Empirie und Methodologie der Pragmatik*. Stuttgart: Metzler, 127–143.

Ehlich, Konrad 2009. Interjektion und Responsiv. In Hoffmann, Ludger (Hg.) *Handbuch der deutschen Wortarten*. Berlin/New York: de Gruyter, 423–444.

Ehlich, Konrad 2010. Prozedur. In Glück, Helmut (Hg.) *Metzler-Lexikon Sprache* [4., aktualisierte und überarbeitete Auflage]. Stuttgart/Weimar: Metzler, 541–542.

Ehlich, Konrad/Rehbein, Jochen 1979. Erweiterte Halbinterpretative Arbeitstranskriptionen (HIAT 2): Intonation. In *Linguistische Berichte* 59, 51–75.

Fiehler, Reinhard 1990. *Kommunikation und Emotion. Theoretische und empirische Untersuchungen zur Rolle von Emotionen in der verbalen Interaktion*. Berlin/New York: de Gruyter.

Girnth, Heiko 2002. *Sprache und Sprachverwendung in der Politik. Eine Einführung in die linguistische Analyse öffentlich-politischer Kommunikation*. Tübingen: Niemeyer.

Kehrein, Roland 2002. *Prosodie und Emotionen* [Nachdruck 2012]. Berlin/Boston: de Gruyter.

Ortner, Heike 2014. *Text und Emotion. Theorie, Methode Und Anwendungsbeispiele Emotionslinguistischer Textanalyse*. Tübingen: Narr.

Redder, Angelika 1994. „Bergungsunternehmen" – Prozeduren des Malfeldes beim Erzählen. In Brünner, Gisela/Graefen, Gabriele (Hg.) *Texte und Diskurse. Methoden und Forschungsergebnisse der funktionalen Pragmatik.* Opladen: Westdeutscher Verlag, 238–264.

Redder, Angelika 1998. Sprachbewusstsein als handlungspraktisches Bewusstsein – eine funktional-pragmatische Diskussion. In *Didaktik Deutsch* 3 (5), 60–76.

Rehbein, Jochen/Schmidt, Thomas/Meyer, Bernd/Watzke, Franziska/Herkenrath, Annette 2004. *Handbuch für das computergestützte Transkribieren mit HIAT* [Arbeiten zur Mehrsprachigkeit, Folge B, Nr. 56]. Hamburg: Universität Hamburg/SFB Mehrsprachigkeit.

Scherer, Klaus R. 1982. Die vokale Kommunikation emotionaler Erregung. In Scherer, Klaus R. (Hg.) *Vokale Kommunikation. Nonverbale Aspekte des Sprachverhaltens.* Weinheim/Basel: Beltz, 326–342.

Schröter, Melani (in diesem Band). Die sprachliche Konstruktion öffentlich-politisch relevanter Emotionen: eine korpusgestützte Exploration.

Schwarz-Friesel, Monika 2013. *Sprache und Emotion.* 2. Auflage. Tübingen: Francke (UTB).

# Pronoms personnels et relations de pouvoir dans le débat parlementaire

Claudia Cagninelli

## 1 Introduction

Le discours joue un rôle central dans différents secteurs et activités de la vie sociale, au point que le fonctionnement des sociétés démocratiques semble être « tissé de textes et de paroles », pour reprendre les mots de Krieg-Planque (2012 : 15). Gardant les traces des conduites socio-discursives, l'activité langagière témoigne des relations d'interdépendance qui s'établissent entre le contexte social et les choix linguistiques du locuteur. En effet, le cadre social influence non seulement les objectifs communicationnels et les ressources sémiotiques mobilisées pour les atteindre, mais aussi les rites de l'échange et la relation à l'autre, inscrivant les dynamiques de pouvoir entre les sujets en interaction dans la matérialité des pratiques discursives (Fairclough 1989). Cette interrelation entre langage et pouvoir se manifeste pourtant de manière différente selon le type de discours et selon la modalité d'interaction, qu'elle soit coopérative ou compétitive. Les travaux de Charaudeau (2004 ; 2005) montrent que, dans l'espace politique, langage, pouvoir et action sont étroitement liés, dans la mesure où le discours politique n'a pas de sens hors de l'action, laquelle comporte nécessairement l'exercice d'un pouvoir. Ce type de discours consiste ainsi à « *agir sur l'autre*[1], cela veut dire que la position de pouvoir dans le langage s'inscrit dans un processus qui vise à modifier l'état physique ou mental de l'autre » (Charaudeau 2004 : 167).

La gestion de la relation à l'autre représente donc un aspect essentiel pour le succès de l'échange, influençant les stratégies linguistiques

---

1 Italiques de l'auteur

mises en place par les locuteurs pour atteindre leurs objectifs communicationnels. En l'occurrence, la construction des images discursives – ou des ethè – des interactants est constitutive de la dimension argumentative du discours (Amossy 2010) et remplit une fonction primaire notamment dans le cas d'interactions compétitives telles que le débat. À partir d'un cas illustratif, nous analyserons les implications argumentatives des divers emplois des pronoms personnels sujet dans la construction des images des groupes en opposition. Notre contribution, qui traite de l'impact du genre « débat parlementaire » sur l'expression linguistique des relations de pouvoir, s'inscrit dans le cadre théorique et méthodologique de l'école française d'analyse du discours (Maingueneau/Charaudeau 2002), où la question des genres de discours, l'analyse de la dimension énonciative ainsi que l'articulation entre discours et argumentation constituent des intérêts majeurs.

Après une présentation rapide de notre cas d'étude, nous illustrerons la structure du corpus et examinerons la distribution des pronoms sujet par le biais d'outils informatiques (§2). Les résultats feront ensuite l'objet d'une analyse qualitative (§3) visant à repérer le rôle argumentatif des emplois de *nous* et *vous* dans les deux groupes.

## 2 Interagir et agir sur l'adversaire : le cas du débat parlementaire

À la différence d'autres formes de débat, le sous-genre parlementaire se caractérise par un dispositif énonciatif singulier, qui résulte de la nature prédéterminée de son organisation thématique et structurelle. Il se présente en effet comme un polylogue constitué par une alternance d'interventions monolithiques sans admettre, en principe, l'affrontement direct entre les participants dans la mesure où les tours de paroles ne peuvent pas être négociés durant le débat. Il s'ensuit une interaction en différé (Kerbrat-Orecchioni 2005) qui manque du dynamisme et du contact discursif immédiat typiques des interactions en face à face, ainsi que le souligne Marques (2011). Cela affecte par conséquent à la fois le rapport énonciatif avec l'interlocuteur et l'organisation argumentative de l'intervention.

D'un point de vue argumentatif, les différents recours aux pronoms personnels représentent un élément significatif dans la construction d'images divergentes des groupes antagonistes, qui relèvent nécessairement de leurs rôles respectifs en tant que promoteurs/défenseurs et détracteurs d'une proposition de loi. L'intérêt de cet aspect est ressorti lors de l'exploration informatisée d'un corpus représentatif du genre « débat parlementaire » que nous avions constitué pour analyser le potentiel argumentatif de différentes formes de dialogisme dans ce cadre particulier (Cagninelli/Desoutter 2020). En tant que marques discursives de la subjectivité, les pronoms personnels ne sont que l'un des procédés linguistiques qui contribuent à la construction de l'ethos du locuteur, à savoir l'image qu'il se construit, de manière programmée ou spontanée, dans son discours afin de se rendre crédible (Amossy 2010).

## 2.1 Le corpus

Notre corpus se compose d'une sélection de comptes rendus officiels du débat relatif à la proposition de loi (désormais PPL) sur l'extension du délit d'entrave à l'interruption volontaire de grossesse (IVG), qui a eu lieu à l'Assemblée nationale entre décembre 2016 et février 2017. Depuis la XIe législature, tous les comptes rendus intégraux des débats tenus au sein de l'hémicycle du Palais Bourbon sont disponibles sur le site institutionnel correspondant afin de garantir la publicité des séances. Dans la mesure où ils cherchent à restituer fidèlement l'échange en respectant les propos des intervenants, les comptes rendus constituent le support matériel par le biais duquel nous allons aborder le genre du débat parlementaire.

Avancée par un groupe de députés appartenant au gouvernement socialiste de l'époque, la PPL en question visait à sanctionner les pressions exercées sur les femmes de la part de sites internet ou de lignes d'écoute dans le but de les dissuader d'avorter. Sur cette question, deux camps se sont affrontés, en appuyant leurs argumentations sur la défense de deux libertés distinctes. Les défenseurs du texte – tous les groupes de gauche et une majorité de l'UDI[2] – s'attachent à défendre la liberté de la femme à disposer de son corps. Par cette PPL, ils visent à mieux encadrer les délits d'entrave à l'IVG dans le domaine numérique, en luttant contre la désinformation circulant sur la Toile. En revanche, les opposants, appartenant notamment au groupe des Républicains, dénoncent le caractère inconstitutionnel de la PPL, qui violerait selon eux la liberté d'expression et d'opinion.

## 2.2 La centralité des pronoms personnels et leurs enjeux argumentatifs

Pour dégager les pôles thématiques autour desquels se sont articulés les discours des deux groupes, nous avons constitué pour chacun un sous-corpus que nous avons soumis à l'analyse de similitude (ADS) sous *Iramuteq* (Ratinaud 2014). Cette fonction du logiciel, qui repose sur une analyse des cooccurrences, permet en effet de repérer les réseaux thématiques qui se tissent dans les textes ainsi que les associations des mots les plus fréquents, en les présentant sous forme visuelle, comme on peut le voir dans les Figures 1 et 2 ci-dessous.

La Fig. 1 représente la structure fondamentale du discours partisan. Comme on pouvait s'y attendre, le terme *femme* est l'un des mots-pivots qui se relie notamment à deux autres thèmes majeurs, à savoir le droit d'accès à l'IVG (halo en haut au centre) et les entraves à l'IVG posées par des sites internet anti-avortement (halo en haut à droite). En revanche, le graphe résultant de l'analyse des discours des détracteurs (Fig. 2) est plus surprenant. On n'y retrouve pas la centralité du contre-argument principal annoncé, c'est-à-dire la défense de la liberté d'opinion et d'expression (halo encadré), qui est sous-représenté par rapport au pronom *vous*, auquel il est cependant associé tout comme le pronom *nous*. En d'autres mots, il nous semble que c'est la relation énonciative avec la contrepartie qui peut jouer un rôle essentiel dans la structuration argumentative de ce discours. Compte tenu de cela, si l'on revient à la Fig. 1, il est possible de remarquer que le pronom *nous* est

---

2  Union des démocrates et indépendants

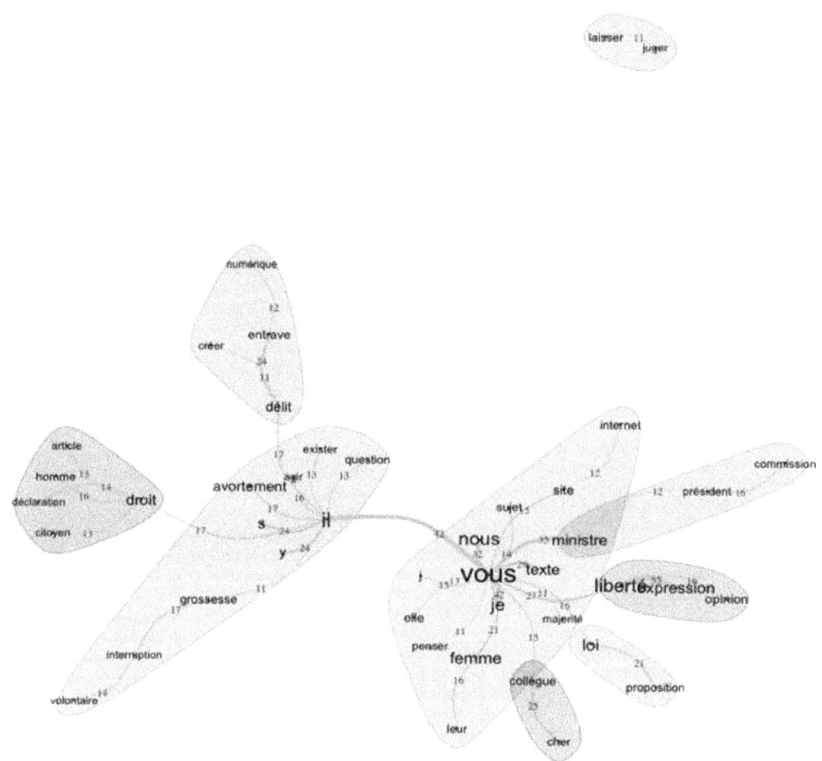

Fig. 1: Analyse de similitude du discours partisan

au contraire le plus exploité par les défenseurs du texte. À la lumière de ces résultats, notre attention se dirige vers l'utilisation de ces pronoms de la part des deux camps dans la construction de leurs images discursives, afin d'en observer la portée argumentative. De fait, ainsi que le montre Mayaffre (2003) dans sa contribution « Dire son identité politique », parmi les traces énonciatives, les pronoms personnels jouent un rôle de premier plan dans la construction de l'espace identitaire du discours du locuteur qui, par la représentation discursive de soi, vise à faire reconnaitre l'auditoire dans ses propos.

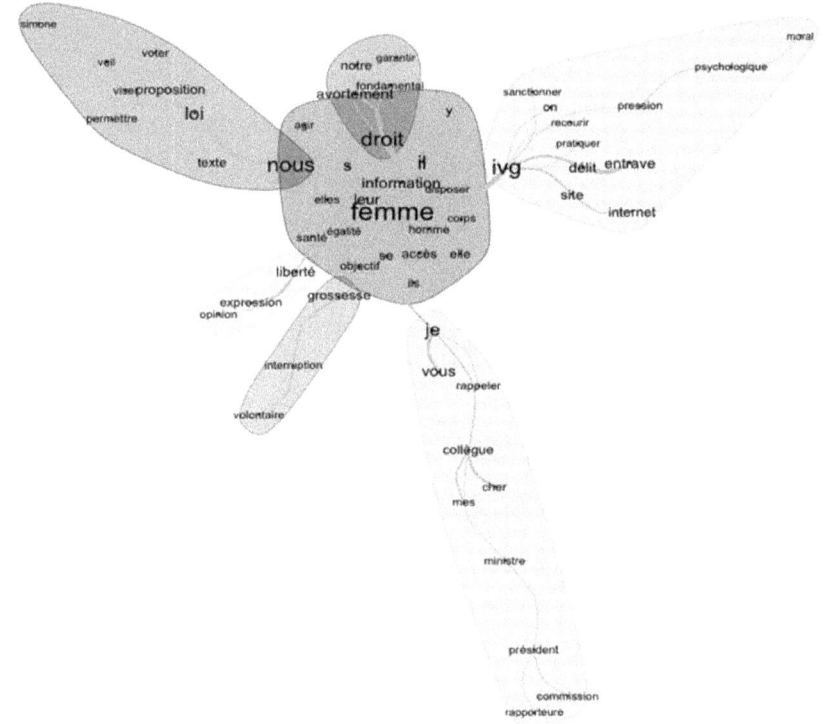

**Fig. 2:** Analyse de similitude du discours opposant

## 2.3 Distribution des pronoms sujet

Puisque la distribution des pronoms personnels peut être indicative de la dimension argumentative du discours (Amossy 2010), nous en avons extrait les fréquences dans chaque sous-corpus en recourant à TXM (Heiden *et al.* 2010). Précisons toutefois qu'un calcul manuel ultérieur a été nécessaire pour nettoyer les données[3].

---

3   Le corpus n'étant pas annoté au niveau syntaxique, il a fallu distinguer manuellement les formes sujet des formes complément, en ne retenant que les premières.

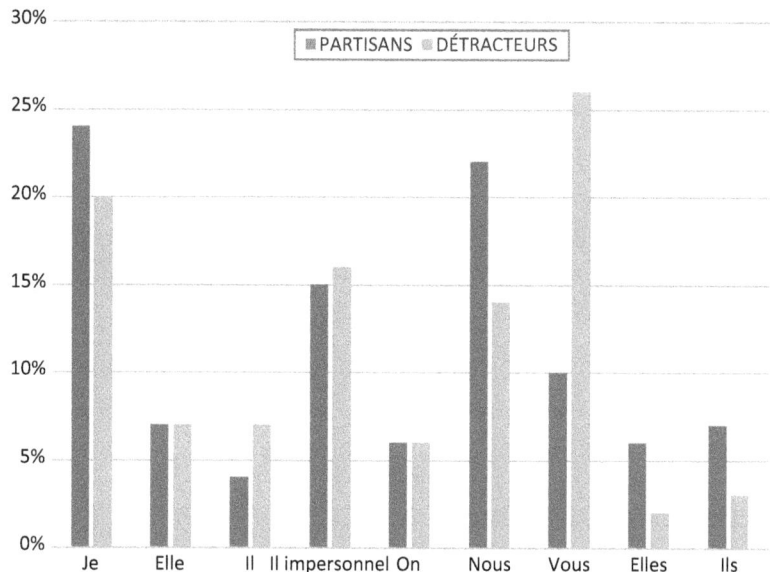

Fig. 3: Distribution des pronoms sujet

En général, il est possible de constater que les deux groupes utilisent principalement des pronoms à valeur déictique plutôt que des pronoms à valeur anaphorique. Outre la présence significative du pronom *je* liée à la prise de parole du locuteur, c'est l'utilisation en proportion inversée des pronoms de la personne amplifiée (Benveniste 1966/1976) qui saute aux yeux. De fait, le *nous* est le deuxième pronom le plus exploité par les partisans, alors que le *vous* est le pronom dominant dans le discours des détracteurs. Cette différence n'est pourtant pas seulement de nature quantitative. Elle concerne également la valeur référentielle de ces formes dont la force argumentative varie en fonction du rôle discursif du locuteur (partisans/détracteurs), comme nous le montrerons dans les sections qui suivent.

## 3 Les pronoms *nous* et *vous* dans la construction des images discursives

À partir de l'extraction des cooccurrences des pronoms *nous* et *vous*, une analyse qualitative des résultats nous a permis de dégager des tendances associatives sur la base de la valeur référentielle du pronom et du cotexte discursif. Pour chaque sous-corpus, notre présentation suit un ordre décroissant de fréquence.

### *3.1 L'emploi de 'nous' chez les partisans : recherche de consensus et légitimation de la PPL*

Comme l'atteste le diagramme à barre (Fig. 3), le *nous* est le pronom le plus utilisé dans le discours de soutien à la PPL, après la première personne du singulier. Le locuteur fait appel au pronom pluriel pour projeter l'image du groupe auquel il appartient, affichant ainsi sa volonté « de se voir et de se montrer en membre d'un groupe qui fonde son identité propre » (Amossy 2010 : 156). Cet emploi comporte des enjeux sociaux et politiques importants, liés notamment à la valeur référentielle du pronom. Dans notre cas, l'analyse des concordances de *nous* sujet a relevé trois valeurs référentielles principales, impliquant autant de fonctions argumentatives.

#### *3.1.1 Valorisation de l'activité gouvernementale*

Dans la plupart des cas observés, le *nous* sujet est exploité en association avec le verbe *avoir* suivi du participe passé pour référer au gouvernement. En l'occurrence, cette structure est utilisée dans le but de rendre compte des actions et des combats menés par la majorité de l'époque en matière de droits des femmes.

(1) En 2015, **nous avons supprimé**[4] le délai de réflexion obligatoire de huit jours, avec une conviction : les femmes sont capables de juger elles-mêmes, de décider par elles-mêmes. (C. Coutelle)

(2) De même, **nous avons voté** la loi du 4 août 2014 pour l'égalité réelle entre les femmes et les hommes, qui élargit le champ du délit d'entrave en permettant de sanctionner les actions qui viseraient à empêcher l'accès à l'information au sein des structures pratiquant des IVG. (J. Frayasse)

Comme le montrent les exemples ci-dessus, le pronom *nous* prend une valeur exclusive ne renvoyant qu'à une partie de l'assemblée. Cette restriction référentielle implique en outre une valorisation des sujets désignés par le pronom. D'un point de vue argumentatif, les défenseurs du texte se servent en effet de cette construction pour mettre en valeur des succès qui ont marqué leur législature afin de bâtir une image positive et fiable du gouvernement. Ce dernier se présente ainsi comme l'auteur d'importantes conquêtes législatives et se pose comme garant de la justesse de la PPL.

Par ces énoncés factuels en *nous*, les défenseurs visent la construction d'un « ethos collectif » (Orkibi 2008 ; Amossy 2010), c'est-à-dire l'image de soi qu'un groupe construit dans et par son discours, ayant à la fois une fonction identitaire et légitimante. Comme c'est le cas pour le discours de gauche de l'entre-deux-guerres analysé par Mayaffre le recours au *nous* permet aux défenseurs de la PPL de « définir avec précision un territoire [symbolique] et une histoire » (Mayaffre 2003 : §43). L'emploi de *nous* aide ainsi à construire la légitimation identitaire du groupe qui met en avant, d'une part, sa prise de position par rapport à la PPL débattue et, de l'autre, ses précédents combats autour de ce sujet. En résumé, les *nous* participent à la construction de l'ethos d'un groupement politique précis, contribuant à en bâtir une image discursive solide et cohérente.

### 3.1.2 Appel à la déontologie des députés

Une deuxième tendance associative concerne le pronom *nous*, d'une part, et le verbe *devoir* ou d'autres expressions verbales ayant valeur

---

4  Les caractères gras et italiques, dans les énoncés cités, sont de notre fait et font ressortir les éléments faisant l'objet de l'analyse.

déontique, de l'autre. À la différence du cas précédent, le pronom est employé pour faire référence aux députés dans leur ensemble.

> (3) Désinformer, mentir, tromper pour imposer une grossesse à une femme qui n'en veut pas car cela ne s'inscrit pas dans son projet de vie, c'est une violence que **nous devons combattre**. (C. Guittet)
>
> (4) [...] **nous avons la responsabilité de** lever tous les obstacles qui peuvent restreindre ou empêcher l'exercice d'un droit qui est reconnu à toutes les femmes, quelle que soit leur situation sociale ou géographique. (L. Rossignol)

Par cette cooccurrence, les partisans mettent en avant la responsabilité du « bon » parlementaire. Ils font appel aux devoirs qui s'imposent aux députés en vertu de leur charge et invitent les adversaires à s'engager dans leurs mêmes combats. Des visées communes sont mises en évidence pour créer un consensus autour de la PPL, en s'appuyant notamment sur le devoir des députés d'assumer leur responsabilité. Tous sont ainsi exhortés à agir ensemble pour atteindre ces objectifs.

### 3.1.3 Prise de distance à l'égard du contre-discours

Si la recherche de consensus est l'une des visées primaires du discours des partisans, ces derniers ne peuvent cependant pas s'empêcher de réfuter les arguments contraires au texte et de prendre de la distance avec les opposants. Pour ce faire, les défenseurs de la PPL recourent à des verbes ou à d'autres éléments marquant l'opposition et les utilisent en association avec le pronom *nous*. En l'occurrence, le *nous* ne renvoie qu'aux défenseurs de la PPL et permet de souligner les divergences avec les opposants, en donnant ainsi lieu à une rhétorique du dissensus (Amossy 2014) qui met en relief l'incompatibilité des deux positions.

> (5) Je ne crois pas, *chers collègues de l'opposition*, que *votre liberté d'expression* ait été muselée au cours de ces dernières années. Chacun connaît vos opinions et vous pourrez continuer à les défendre demain. **Mais** ce ne sont que des opinions. **Nous refusons avec ce texte** que de telles opinions soient frauduleusement présentées comme une information objective, dans le seul but de dissuader une femme de choisir librement pour elle-même[5]. (P. Crozon)

---

5   Nous utilisons les caractères gras et italiques pour distinguer les références aux deux groupes.

(6) **À gauche, nous voterons ce texte** sans problème, sans retenue, dans la rédaction retenue par les députés : d'avance, je vous remercie pour votre vote. *Du côté droit de l'hémicycle, cela me paraît une cause perdue.* (C. Lemorton)

Par cette structure – à la fois dichotomisante et polarisante (Amossy 2014) –, les deux positions sont clairement mises en avant et en opposition. Dans le premier cas, la députée de la majorité dément le contre-argument principal avancé par l'opposition, encore que de manière assez atténuée, en recourant à une modalisation subjective (« Je ne crois pas »). Cette réfutation constitue en outre un point de départ pour enchaîner ensuite sa prise de position et réitérer finalement son appui à la PPL. Dans l'exemple (6), l'opposition est en revanche construite à travers des antonymes (« à gauche » ; « du côté droit ») et non par des pronoms. Seul le *nous* est employé pour désigner et pour mettre l'accent sur l'une des parties, tandis que la référence aux adversaires s'appuie sur un commentaire subjectif (« cela me parait ») engageant un jugement négatif.

Au-delà des implications spécifiques à chacun de ces trois usages, il est possible de conclure que le pronom *nous* est exploité pour légitimer à la fois la PPL et les députés qui la soutiennent. Parallèlement, une attention particulière est toujours dirigée vers la recherche d'un consensus qui exhorte les adversaires à partager un combat en défense des droits de la femme, en faisant appel à la responsabilité du « bon » parlementaire. Malgré cela, les défenseurs du texte ne manquent pas de souligner, de temps en temps, les divergences d'opinions entre les deux groupes, ancrant ainsi le débat dans le conflictuel (Amossy 2014).

## 3.2 L'emploi de 'vous' chez les partisans : entre contextualisation et atténuation

Contrairement au pronom de la première personne du pluriel, le *vous* apparait plus rarement dans le discours de soutien à la PPL où il remplit une fonction aussi bien textuelle (cf. §0) qu'argumentative (cf. §3.2.2).

*3.2.1 Contextualisation d'une réplique réfutative*

Dans le discours partisan, le pronom *vous* apparait fréquemment en association avec le verbe *avoir* suivi du participe passé, comme c'est le cas pour le *nous*, et il est utilisé pour renvoyer aux discours et aux actions passés des adversaires. à la différence du contre-discours (cf. §3.4.1), cette structure est présente notamment au sein d'interventions réactives. Le locuteur s'en sert pour mettre en rapport sa réplique avec le discours antérieur auquel il va rétorquer, contextualisant ainsi sa réponse. Celle-ci se caractérise, dans la plupart des cas, par une valeur réfutative et par une adresse individuelle ayant pourtant une portée généralisante pour la contrepartie.

(7) Je relèverai deux expressions que **vous avez employées dans votre discours** : **vous avez défini** l'IVG comme « l'arrêt du processus de vie », et **avez désigné** une femme qui avorte comme « celle qui va devoir trancher le fil de la vie ». Vous pensez qu'un avortement met un terme à une vie. *C'est là notre divergence profonde* : **pour vous**, une femme qui avorte, c'est une femme qui interrompt une vie. Ce discours culpabilisant et dissuasif à l'égard des femmes, *nous ne voulons pas* qu'il soit dissimulé sous des informations faussement scientifiques, à destination des femmes qui veulent recourir à une IVG. (L. Rossignol)

*3.2.2 Atténuation du pouvoir d'action de l'adversaire*

Une dernière tendance associative relie le pronom *vous* au verbe *pouvoir*. Cette cooccurrence est souvent corrélée avec un connecteur d'opposition, donnant lieu à un mouvement concessif qui permet au locuteur de contre-attaquer.

(8) **Vous pourrez continuer à manifester** contre la liberté des femmes à disposer de leur corps, **vous pourrez continuer à écrire** des tribunes sur ce sujet, **mais** vous n'aurez plus le droit d'utiliser des sites internet pour faire pression sur les femmes et les empêcher d'utiliser ce droit. *Nous voterons donc contre* cette motion de rejet préalable. (M-G. Buffet)

(9) Tant que le Conseil constitutionnel ne s'est pas prononcé, **vous pouvez toujours invoquer** cet argument ; **mais** l'on peut aussi tenter de déduire sa position par l'examen de sa jurisprudence. [...] **Vous n'êtes pas le Conseil constitutionnel**, monsieur Gosselin, j'en suis désolée. Vous le saisirez, et je m'inclinerai si sa décision va dans votre sens. (L. Rossignol)

Dans les deux cas, les députées soutenant la PPL admettent la possibilité de l'adversaire d'agir d'une certaine façon tout en soulignant ensuite les limitations de cet acte. Ce faisant, elles visent à amoindrir le pouvoir d'action des opposants, dont l'image résulte affaiblie. Dans le premier cas, la dichotomisation des deux groupes par l'opposition des pronoms *nous-vous* influence la construction discursive des deux ethè ; à la délégitimation de l'adversaire correspond en effet la valorisation de la position des défenseurs de la PPL.

Si dans l'exemple (8) le pronom sujet se réfère à la contrepartie tout entière, dans (9) on relève en revanche un décalage référentiel entre le premier *vous*, s'adressant aux détracteurs dans leur ensemble, et le deuxième *vous*, renvoyant à un collègue déterminé. Il s'ensuit une attaque générale contre un argument fréquemment mobilisé par les opposants – la violation de la liberté d'opinion et d'expression –, suivie d'une critique individuelle qui constitue une réplique à un discours antérieur spécifique. On assiste ici à une attaque *ad hominem* contre l'interlocuteur ; son statut est en effet présenté dans un rapport d'infériorité par comparaison au Conseil constitutionnel, relevant en l'occurrence d'un argument d'autorité indirect qui délégitime l'adversaire.

### 3.3 L'emploi de 'nous' chez les détracteurs : manifestation du dissensus et disqualification de l'adversaire

Contrairement au discours partisan, celui des détracteurs ne révèle pas de tendances associatives entre le pronom sujet de la première personne du pluriel et le verbe. En revanche, ainsi que nous allons l'illustrer ci-dessous, deux emplois principaux du *nous* apparaissent, dont les implications argumentatives dépendent du cotexte d'utilisation.

#### 3.3.1 'Nous' exclusif et manifestation du dissensus

Dans l'usage dominant, le *nous* prend une valeur exclusive et est exploité par les détracteurs pour marquer leur désaccord avec la PPL.

(10) Si **nous continuons à nous opposer** à *ce texte*, c'est parce que *son article unique* met en place une *véritable censure gouvernementale*. À cet égard, je considère que *votre initiative* constitue, pour une majorité de gauche, un *véritable non-sens*. (C. Kert)

(11) Bien évidemment, **nous ne pouvons pas *vous* suivre** car le sujet, vous l'avez bien compris, n'est pas tant la question de l'IVG que celui d'une liberté fondamentale, qui est la liberté d'expression. (P. Gosselin)

Le recours au *nous* exclusif permet de manifester la prise de position dissensuelle du locuteur, qui parle d'ailleurs en qualité de porte-parole, voire de membre d'un front d'opposition à la PPL. De fait, cet usage s'accompagne souvent de justifications avec fonction d'étayage. Sa force argumentative repose ainsi sur la dimension lexicale des raisons apportées, qui touchent souvent à la PPL ou aux adversaires. En effet, ces référents sont qualifiés de façon négative voire péjorative (« véritable censure » ; « véritable non-sens »), et c'est justement cette polarisation qui justifie le dissensus, comme c'est le cas dans l'exemple (10). Ainsi émerge le caractère polémique de l'échange. La mise en avant d'opinions divergentes s'appuie sur l'emploi dichotomique du binôme *nous-vous* qui permet d'exacerber les positions antagonistes, en créant aussi des regroupements opposés entre les débatteurs, selon des procédés de polarisation (Amossy 2014). Ce mode polémique comportant la confrontation, même violente, d'opinions opposées ne vise pas la recherche d'un accord, mais « fige les interlocuteurs dans des positions symétriques et indépassables » (Amossy 2014 : 58). Dans (10), le locuteur se sert d'une subordonnée de condition pour exprimer son avis contraire à la PPL, en avançant ensuite les raisons de cette opposition, qui ne dérive pas de ses convictions idéologiques ; au contraire, elle est imputée à des manquements des adversaires. En d'autres mots, le dissensus est justifié et légitimé sur la base des responsabilités des adversaires, accusés d'avoir proposé un texte imposant une *censure gouvernementale*. Parvenir à un consensus s'avère donc peu probable.

La même implication argumentative est à la base de l'énoncé (11) où le député manifeste l'impossibilité d'adhérer à la PPL car elle ne concernerait pas la question du droit d'accès à l'avortement, mais constituerait en revanche une violation de la liberté d'expression.

*3.3.2 'Nous' inclusif et impossibilité d'action conjointe*

Parallèlement au *nous* exclusif, il est possible de repérer quelques occurrences de l'équivalent inclusif, employé pour renvoyer aux députés dans leur ensemble. Cet usage se distingue pourtant de l'utilisation qu'en font les partisans. En effet, les détracteurs y recourent pour mettre en évidence des nécessités qui s'imposeraient à tous les membres de l'assemblée tout en dénonçant ensuite l'impossibilité d'agir ensemble, comme le montre l'exemple suivant.

(12) Si **nous étions capables** de tirer, **ensemble**, les conséquences de ce qu'est un avortement – la suppression d'une vie humaine, avec les conséquences tragiques qu'elle emporte sur la vie des personnes et sur leur entourage –, alors le débat prendrait une autre tournure. (J.-F. Poisson)

La construction hypothétique dans (12) a pour objectif de souligner la volonté des détracteurs de discuter et de trouver une solution à la question, une solution pourtant impossible puisque les défenseurs du texte sont allusivement accusés de ne pas partager la conception de l'avortement énoncée par le locuteur. De fait, cette paraphrase définitionnelle aux contours émotionnels permet à la fois de présenter l'avis des détracteurs et de condamner le désaccord imputé indirectement aux partisans de la PPL.

(13) Et comment doit-on interpréter les affirmations de ce même site, selon lesquelles l'IVG n'a aucune conséquence médicale, alors qu'il existe – **nous le savons bien** – des études qui précisent, par exemple, que le fait d'avoir subi plusieurs IVG multiplie les risques de naissance prématurée ? (C. Kert)

Comme il apparait dans l'exemple (13), il arrive également que les détracteurs convoquent des connaissances partagées afin de mieux étayer leur position, ainsi légitimée à travers l'apport d'arguments admis unanimement (« nous le savons bien »). Dans les deux cas, les énoncés impliquant un *nous* inclusif servent, d'une part, à brosser une image positive (12) et crédible (13) des détracteurs en soulignant leurs bonnes dispositions et, de l'autre, à réfuter indirectement les raisons des adversaires.

## 3.4 L'emploi de 'vous' chez les détracteurs : critique et disqualification de l'adversaire

Le pronom de la deuxième personne du pluriel est utilisé de manière prédominante dans le discours opposant, où il représente un élément central de la construction argumentative des interventions se produisant dans l'hémicycle.

### 3.4.1 Mise en discussion des propos adverses

En association avec le verbe *avoir* et le participe passé, le pronom *vous* est employé pour renvoyer aux discours et aux actions adverses. Cette corrélation apparait notamment au sein d'interventions de type initiatif, où ces références servent de point de départ pour la construction de la contre-argumentation ; le locuteur reprend ou fait allusion à ce qui a été dit auparavant pour pouvoir le mettre en discussion. Par conséquent, le *vous* constitue souvent la forme de politesse employée pour s'adresser à un député spécifique, qui représente toutefois la position de son groupe d'appartenance. Dans plusieurs cas, l'utilisation de connecteurs d'opposition signale aussi des contradictions internes au discours partisan ou des divergences entre ce qui a été affirmé et ce qui a été fait. Démontrer l'incohérence des discours des défenseurs contribue, de fait, à affaiblir l'image fiable qu'ils se sont construite.

(14) **Alors que vous avez largement répandu** dans la presse l'idée qu'il est nécessaire de voir interdire ces sites internet, en les citant nommément, *vous nous assurez maintenant* qu'il ne s'agit plus de les censurer. (C. Kert)

(15) **Vous avez donc pris la précaution de préciser** que vous ne voulez pas entraver la liberté d'expression. **Toutefois**, madame la ministre, *vous feignez d'ignorer* que, sans la liberté d'offenser, la liberté d'expression cesse d'exister. (C. Kert)

### 3.4.2 Disqualification des adversaires

La tendance associative la plus significative concerne la corrélation entre le pronom *vous* et le verbe *vouloir*, qui est exploitée pour prendre de la distance, critiquer, voire réfuter les intentions des partisans. Par cette structure, les détracteurs aspirent à miner la crédibilité de la contrepartie et à jeter le discrédit sur ses membres, en s'adressant notamment à la ministre qui a participé à la rédaction de la PPL.

(16) Une telle initiative s'avère liberticide. Elle est contraire à la France à laquelle *nous croyons*, la France des Lumières qui revendique la liberté de choix, d'expression et de réflexion. **Vous voulez ainsi rompre** la tradition de tolérance et de mesure de notre pays. (C. Kert)

(17) **Vous voulez réprimer** toute information, toute opinion sur internet, qui ne serait pas dans la ligne du discours gouvernemental sur l'IVG. (P. Lellouche)

Dans l'exemple (16), le locuteur critique et se dissocie des intentions des partisans – incarnées par la ministre qui a présenté le texte – en dénonçant les éventuelles répercussions négatives que pourrait entraîner l'adoption de la PPL, des conséquences censées être contraires aux valeurs de la démocratie française. La manifestation du dissensus passe évidemment par des termes polarisés négatifs, à l'instar de *liberticide* ou *contraire*. C'est pourtant l'accusation lancée à la ministre par le biais d'un *vous* au ton accusateur qui met en relief la discordance entre la position des partisans et le bien de la nation, justifiant à la fois la dichotomisation des positions et la polarisation des groupes en opposition (Amossy 2014). Par ce *vous*, la ministre et les autres défenseurs du texte sont exclus de la représentation positive et patriotique de la France, avec laquelle s'identifient en revanche les détracteurs. Il s'ensuit non seulement une dévalorisation des adversaires, mais aussi une délégitimation de la PPL.

L'exemple (17) témoigne également d'un *vous* exclusif et distanciant qui implique la confrontation de positions inconciliables. Dans ce cas aussi, l'énoncé qui a pour sujet le pronom *vous* remplit une double fonction argumentative favorisant aussi bien l'expression du désaccord qu'une critique des intentions adverses.

### 3.4.3 Recherche d'une interaction plus immédiate

Un dernier emploi du pronom *vous* concerne le cadre de l'interrogation. La forme interrogative traduit la volonté du locuteur d'établir une interaction plus directe avec l'adversaire, cherchant ainsi à dépasser les limitations imposées par le contexte institutionnel du débat. Lors de l'analyse, deux types de question ont été repérés. D'une part, plusieurs questions prennent la forme d'insinuations qui constituent une attaque contre l'image discursive de l'interlocuteur, comme c'est le cas pour l'exemple (18). De l'autre, des questions d'éclaircissement sont posées dans le but de presser l'adversaire ((19).

(18) **Voulez-vous vraiment contester** à autrui son droit naturel, c'est-à-dire sa faculté de raisonner librement ? (C. Kert)

(19) Mais **comment expliquez-vous** l'orientation monolithique des sites d'information gouvernementale et autres sites officiels qui ne disent rien des différents aspects que je viens de rappeler ? (J.-F. Poisson)

Par la question rhétorique dans (18), le locuteur ne se limite pas à mettre en discussion la position des adversaires, mais il en dénonce le caractère inadmissible. La véhémence de la question témoigne d'un énoncé polémique argumenté où la violence verbale n'est qu'une conséquence de la tentative de disqualifier l'autre. Ce faisant, le locuteur ne vise pas à faire adhérer les opposants à sa thèse ; il cherche plutôt à imposer sa position et à terrasser l'adversaire.

# 4 Conclusion

La construction des images discursives des interactants résulte aussi bien d'exigences internes à l'activité discursive, telles que le rapport à l'autre et les modalités de structuration du discours, que de nécessités externes concernant en revanche sa réception, ainsi que le relève Amossy (2010). Dans cette étude, nous avons analysé les effets argumentatifs de l'utilisation des pronoms *nous* et *vous* dans la construction des ethè des groupes antagonistes au sein d'un débat parlementaire. Il résulte que les mêmes ressources linguistiques sont employées avec des valeurs quantitatives et qualitatives différentes dans le but de créer des images divergentes et antithétiques reflétant d'ailleurs les rôles discursifs respectifs. D'un côté, le pronom *nous* est exploité davantage par les défenseurs de la PPL pour mettre en avant leur soutien, pour valoriser leurs contributions en matière de droits des femmes, mais également pour engager les opposants dans ce combat en faisant appel à la responsabilité du « bon » parlementaire. Dans ce dernier cas, les défenseurs assument une « posture intégrative » (Micheli 2008), en englobant dans le pronom de première personne du pluriel tous les débatteurs, ainsi que le firent quelques orateurs abolitionnistes lors du débat parlementaire relatif à la peine de mort étudié par Micheli (2008). De l'autre côté, les détracteurs du texte ont plutôt recours au pronom *vous* en adoptant ainsi une « posture antagoniste » (Micheli 2008) qui vise à dissocier le locuteur des allocutaires et de leurs propos, souvent disqualifiés et réfutés.

Les pronoms *nous* et *vous* participent activement à la gestion polémique du débat (Amossy 2014) et sont exploités pour supporter la dichotomisation des positions, la polarisation des camps ainsi que la disqualification de l'adversaire. Il ressort notamment que les mécanismes référentiels d'inclusion ou d'exclusion de la contrepartie ont une fonction cruciale dans le processus de valorisation de soi et de disqualification de l'autre. La relation de pouvoir à l'adversaire repose ainsi sur la négociation d'images discursives construites sur le contraste *nous-vous*. Cependant, l'opposition entre les pronoms des première et deuxième personnes du pluriel attestée dans ce débat n'est que l'une des solutions possibles pour présenter la divergence des positions par les pronoms. Dans l'analyse menée par Mayaffre (2003) sur le discours de gauche et de droite pendant l'entre-deux-guerres, ce sont en revanche les pronoms *nous*, d'une part, et *je* et *on*, de l'autre, qui sont utilisés en proportion inversée pour bâtir le contraste entre les deux groupes. On pourrait ainsi avancer l'hypothèse que nos résultats tiennent aux rôles discursifs traditionnels du débat et que ces différents usages quantitatifs et qualitatifs de *nous* et *vous* constituent des tendances récurrentes dans ce sous-genre discursif, influencées précisément par ses déterminants externes.

# Bibliographie

Amossy, Ruth 2014. *Apologie de la polémique.* Paris : PUF.
Amossy, Ruth 2010. *La présentation de soi. Ethos et identité verbale.* Paris : PUF
Benveniste, Émile 1976 [1966]. *Problèmes de linguistique générale* Tome 1. Paris : Gallimard.
Cagninelli, Claudia/Desoutter, Cécile (2020). Dialogisme et argumentation dans le débat parlementaire sur le délit d'entrave à l'IVG. *Mots. Les langages du politique*, 122, 39–55.

Charaudeau, Patrick 2005. *Le discours politique : les masques du pouvoir.* Paris : Vuibert.

Charaudeau, Patrick 2004. Comment le langage se noue à l'action dans un modèle socio-communicationnel du discours. De l'action au pouvoir. *Cahiers de linguistique française*, 26, 151–175.

Charaudeau, Patrick/Maingueneau, Dominique (éd.) 2002. *Dictionnaire d'analyse du discours.* Paris : Seuil.

Fairclough, Norman 1989. *Language and Power.* London/New York: Longman.

Heiden, Serge *et al.* 2010. TXM : Une plateforme logicielle open-source pour la textométrie – conception et développement. In I. C. Sergio Bolasco (éd.), Proc. of *10th International Conference on the Statistical Analysis of Textual Data – JADT 2010*), Vol. 2, 1021–1032.

Kerbrat-Orecchioni, Catherine 2005. *Le discours en interaction.* Paris : A. Colin.

Krieg-Planque, Alice 2012. *Analyser les discours institutionnels.* Paris : A. Colin.

Marques, Maria Aldina 2011. La reprise dissensuelle dans le discours politique parlementaire – du dialogal au dialogique. *Cahiers de praxématique*, 57, 133–146.

Mayaffre, Damon 2003. Dire son identité politique. Etude du discours politique français au xxe siècle. *Cahiers de la Méditerranée*, 66, 247–264.

Micheli, Raphaël 2008. La construction argumentative des émotions : pitié et indignation dans le débat parlementaire de 1908 sur l'abolition de la peine de mort. In Rinn, Michael *Émotions et discours : L'usage des passions dans la langue* Rennes : Presses universitaires de Rennes, 127–140.

Orkibi, Eithan 2008. Ethos collectif et Rhétorique de polarisation : le discours des étudiants en France pendant la guerre d'Algérie. *Argumentation et Analyse du Discours,* 1, <https://doi.org/10.4000/aad.438> (20.01.2020).

Ratinaud, Pierre 2014. *Iramuteq* (0.7 alpha 2) [Logiciel libre]. Toulouse : LERASS. <http://www.iramuteq.org> (18.12.2019).

# Übertragung von Zeichen der Intensität in der politischen Sprache am Beispiel deutsch-italienischer Untertitelung eines Redebeitrags im Bundestag

Antonella Nardi

## 1 Kennzeichen interlingualer Untertitelung

Gottlieb (2008: 208) definiert die interlinguale Untertitelung als eine *diamesische* Übersetzung, d.h. als die Übertragung verbaler Äußerungen von einer Sprache in eine andere und von der Mündlichkeit der Dialoge zur Schriftlichkeit der geschriebenen Zeilen. Dabei ist die Ko-Präsenz von Mündlichkeit und Schriftlichkeit auf dem Bildschirm möglich, da audiovisuelle Dokumente polysemiotischer Natur sind. Vier semiotische Kanäle sind nämlich gleichzeitig aktiv und tragen zur Bildung der Gesamtbedeutung des audiovisuellen Textes bei (vgl. Gottlieb 1994a: 265): der verbal-auditive Kanal (mit Dialogen, Liedern, Hintergrundstimmen), der non verbal-auditive (mit suprasegmentalen Elementen wie Prosodie, Satzakzent bzw. -intonation, Musik und Geräuschen), der verbal-visuelle (mit Schriftzeichen und Plakaten) und der nonverbal-visuelle (mit paraverbalen Elementen, wie Gestik, Mimik, Körpersprache, und Filmmitteln, wie z.B. der Bildkomposition). Anders als die horizontalen Sprachübertragungsprozesse des schriftlichen Übersetzens und des Dolmetschens, erfolgt der Untertitelungsprozess *diagonal* (s. Gottlieb 2008: 210), also vom verbal-auditiven zum verbal-visuellen Kanal, und zwar vom Mündlichen in der Ausgangssprache zum Schriftlichen in der Zielsprache.

Im Übertragungsprozess und aus Zeit- und Platzgründen[1] unterliegt der Untertiteltext einer Sprachreduktion im Vergleich zu den Originaldialogen. Bei der Formulierung von Untertiteln geht es also

---

1  Untertitel sollten nämlich maximale Standzeiten und Anzahl von Zeichen auf dem Bildschirm haben.

darum, den inhaltlichen Kern einer verbalen Aussage herauszugreifen und ihn schriftlich zu verbalisieren. Dabei werden sprachliche Elemente, normalerweise nach folgenden Kriterien, getilgt oder kondensiert:

- Auslassung von Informationen, die aus dem situativen bzw. bildlichen Kontext herauszuschließen oder verständlich sind;
- Auslassung von Informationen, die sich durch verschiedene Kanäle (z.B. im Bild und im Dialog) oder im gleichen Kanal wiederholen: Das ist der Fall intersemiotischer (Gottlieb 1994a: 273) bzw. intrasemiotischer Redundanz (vgl. Gottlieb 1994a: 273; Gottlieb 1994b: 106–107; Gerzymisch-Arbogast 2004: 189);
- Auslassung von Informationen, die im gegebenen Kontext nicht relevant für das Verstehen der Situation sind;
- Auslassung von typischen Elementen der gesprochenen Sprache, z.B. Pausen, Versprechern, Selbstkorrekturen, Unterbrechungen, unvollständigen Sätzen.

Daraus ergibt sich eine übliche Standardisierung der Sprache, d.h. eine Fokussierung auf die Übertragung des propositionalen Gehalts der Äußerung mit häufigem Verlust von pragmatisch relevanten bzw. emotionalen Informationen.

## 2 Sprachmittel des Intensitätsausdrucks[2] in der gesprochenen Sprache

Für die diamesische Sprachübertragung bzw. für den daraus entstehenden sprachlichen Reduktionsprozess können sich folgende gesprochensprachliche Elemente als problematisch erweisen:

---

2 Mit *Intensitätsausdruck* wird hier aus linguistisch-pragmatischer Sicht ein Bündel von Strategien zur Prägung bzw. zur Veränderung der illokutiven Kraft einer Sprechhandlung in den verschiedenen situativen Interaktionskontexten gemeint (Gili Fivela/Bazzanella 2009: 14; vgl. auch Labov 1984).

- Die kontext- bzw. situationsgebundene Umgangssprache kann schwer in die Zielsprache übertragen werden;
- die gesprochene Sprache enthält häufig implizite Elemente, z.b. Realia, die in den Untertiteln expliziert werden müssen;
- die gesprochene Sprache zeigt eine andere Stilebene (vgl. z.B. die Verwendung von Schimpfwörtern) als die Schriftsprache;
- typische syntaktische Merkmale gesprochener Sprache, wie Pausen, Versprecher, Selbstkorrekturen, Überlappungen, unvollständige Sätze, sind schwierig durch die Schriftsprache wiederzugeben;
- oft erliegen pragmatisch relevante Sprachelemente, z.B. Interjektionen oder Modalpartikeln, der sprachlichen Reduktion, so dass der Zieltext, die Untertitel, nicht die gleiche pragmatische Prägnanz des Ausgangstextes, der Dialoge, bewahrt.

Zu den letztgenannten, pragmatisch relevanten Elementen der gesprochenen Sprache sind auch Mittel des Intensitätsausdrucks zu zählen. Zeichen der Intensität kommen häufiger in der gesprochenen als in der schriftlichen Sprache vor. Sie dienen als Ab- und Auftönungsmittel der Äußerung (vgl. Radtke 2001, insb.: 24; Gili Fivela/Bazzanella 2009: 13) und wirken in einer Sprechhandlung auf drei verschiedenen Ebenen ein: dem propositionalen Gehalt der Äußerung, der subjektiven bzw. emotionalen Sprecherhaltung und der Interaktionsebene (Gili Fivela/Bazzanella 2009: 14–15). Mittel mündlicher Intensität können Sprachsystem und -gebrauch auf verschiedenen Ebenen prägen, und zwar nach Gili Favela/Bazzanella (2009: 17–18; vgl. auch Schwitalla 2001) u.a.:

- phonetisch-phonologisch, durch verbalisierungsbegleitende prosodische Manifestationen, wie Wort- und Satzakzent, Tonhöhe, Intonation und Satzmelodie, Tempo, Rhythmus und Pausen;
- morphologisch, z.B. Diminutive, intensivierende Präfixe, Steigerungen, Gebrauch mancher Personalpronomen, wie *wir*, und Höflichkeitsformen, auch in ironischer Verwendung;
- lexikalisch, durch intensivierende Verben und Adjektive, wertende Ausdrücke, Schimpfwörter und Hyperbeln;
- syntaktisch, z.B. Satzbau mit Hervorhebung eines Satzteiles, wie Topikalisierungen, Spaltsätze, syntaktische Verlagerung durch Ausklammerung, Passiv;

- textuell, u.a. durch Formen der Wiederholung, wie Anapher und Anadiplose;
- pragmatisch, u.a. mittels *discourse markers*, Gliederungssignalen, Modalpartikeln.

Solche Mittel drücken die illokutive Kraft einer Sprechhandlung aus und sind im Diskurs miteinander verflochten bzw. eng mit der Äußerungssituation verbunden. Sie sind oft Mittel expressiver Prägung der Aussage, da sie den Subjektivitätsgrad einer Äußerung erweisen, und werden häufig von politisch Handelnden in öffentlichen Kontexten verwendet, um ihren Standpunkt zu legitimieren.

## 3 Der politische Diskurs – die Parlamentsdebatte

Die Analyse von Elementen der Intensität in der politischen Rede lässt sich in den Rahmen der Politolinguistik (vgl. Burkhardt 1996; Klein 1998; Girnth 2002; Diekmannshenke 2006; Niehr 2014; Niehr/Kilian/Wengeler 2017; Niehr 2019; für das Sprachenpaar Deutsch/Italienisch vgl. Brambilla 2007) einordnen.

### 3.1 Merkmale des politischen Diskurses

Wie schon Burkhardt (1996: 82) feststellte, geht es bei der Politolinguistik um eine Disziplin der Sprachwissenschaft, die die politische Sprache im Allgemeinen und deren Teilbereiche untersucht. Im Laufe der Zeit hat sich die Disziplin immer stärker pragmatisch konnotiert und beschäftigt sich heute mit dem Sprachgebrauch *in* der Politik, bzw. sie bezieht auch das Sprechen *über* Politik, samt der politischen Mediensprache mit ein (vgl. Niehr 2014: 15–17). Als deskriptive Disziplin nimmt sich die Politolinguistik schließlich vor, das sprachliche Handeln der Politiker[3]

---

3   Zugunsten der Lesbarkeit des Beitrags werden im Folgenden die männlichen Formen als generisches Maskulinum und somit neutral verwendet.

in der Öffentlichkeit mittels einer linguistischen Analyse möglichst vorurteilsfrei zu beschreiben und nicht sprachkritisch zu untersuchen (vgl. Niehr 2019: 5).

Sprachliches Handeln im politischen Diskurs dient in erster Linie weniger der Informationsübermittlung als der Persuasion. Betrachtet man die Sprachfunktionen nach Bühlers Organon-Modell (1934/1999: 28), ist also für politisches Sprechhandeln die Appellfunktion eher als die Darstellungsfunktion von Bedeutung. Um einen Persuasionseffekt zu erreichen, bedienen sich Politiker häufig einer wertenden Sprache, begleitet von den oben genannten Mitteln der Intensität.[4] Sprache wird also in diesem Sinne ein Instrument der politischen Inszenierung und dementsprechend ausgewählt, organisiert und strukturiert, um strategisch auf das Publikum zu wirken (vgl. u.a. Ontrup/Schicha 1999: 7). Dieses Phänomen wird im Folgenden am Beispiel der Parlamentsdebatte näher betrachtet.

### 3.2 Merkmale der Kommunikation in Parlamentsdebatten

Ausgehend davon, dass Hauptziel politischer Rede die Konsensstiftung beim Publikum, also bei den Bürgern, ist (Girnth 2002: 35), kann die parlamentarische Debatte wie folgt charakterisiert werden:

- Als Interaktionsformat erweckt die Debatte der Parlamentarier beim Publikum den Eindruck, dass über die Lösung von strittigen Problemen diskutiert wird. Stattdessen sind die Abstimmungsergebnisse nach der Linie Regierung/Opposition schon entschieden: Meistens stimmen die Mitglieder der Regierungsfraktion für die von ihnen vorgeschlagenen Maßnahmen und gegen die der Oppositionsfraktionen (vgl. Niehr 2014: 117 f.). Das Argumentieren der Debatte als Sprechhandlung erfolgt also handlungstheoretisch „gegen den Zweck" oder „am Zweck vorbei"

---

4   Da sich die Sprache der Politik besonders auf die Austragung von Gegensätzen konzentriert, enthält sie grundsätzlich Komponenten der Bewertung, also der Emotionen als bewertende Stellungnahmen (vgl. Fiehler 2016: 76–77).

(vgl. Ehlich 1998/2007: 38), da es dort nicht darum geht, Argumente auszutauschen und die Kollegen zu überzeugen, sondern darum, schon gefallene Entscheidungen zu bestätigen und der Öffentlichkeit zu präsentieren;
- den Grundstein parlamentarischer Inszeniertheit bildet das Phänomen der trialogischen Kommunikation (*three-way dialogue*) (vgl. Dieckmann 1981: 265–267): Die im Parlament Anwesenden sind nicht in erster Linie die Adressaten der Redner: Ihre Ausführungen richten sich nämlich auch vor allem an die Medienrezipienten, die über die Massenmedien erreicht und vordergründig nicht direkt adressiert werden. So erfolgt eigentlich eine Doppeladressierung (*double addressing*) der politischen Rede: Parlamentarier inszenieren eine Debatte, die durch Massenmedien vermittelt wird, um die Zustimmung potentieller Wähler zu gewinnen.

Bei der interlingualen Übermittlung einer solchen vielschichtigen Kommunikation ist eine funktionale und situative Sprachübertragung notwendig, durch die das Mitgemeinte explizit wird, sowie die subjektive Perspektivierung des Gesagten als Ausdrucksmittel der eigenen Einstellung des Sprechers berücksichtigt wird.

### 3.3 Problemstellung zur interlingualen Untertitelung von Parlamentsdebatten

Aufgrund der oben (vgl. Abschnitt 1) erwähnten zeitlichen und räumlichen Restriktionen, denen Untertitel aus technischen Gründen unterworfen sind, und der dort genannten Auslassungs- und Kondensationskriterien zur Textreduktion sowie der spezifischen Kennzeichen gesprochener Sprache, deren Übertragung sich bei der Untertitelung in der Regel als problematisch erweist, ergibt sich folgende Problemstellung in Bezug auf die Formulierung interlingualer Untertitel zu einem Redebeitrag aus einer Parlamentsdebatte:

- Ist für Untertitel zu audiovisuellen Texten besonderer pragmatischer bzw. emotionaler Prägung eine Abweichung von den strengen Auslassungs- und Reduktionsregeln möglich oder sogar wünschenswert?

- Könnte damit nicht nur der propositionale Gehalt, sondern auch der pragmatische und emotionale Wert der Aussage beim Zielpublikum deutlicher ankommen?

Im Folgenden wird versucht, am Beispiel eines Redebeitrags aus einer Sitzung des deutschen Bundestags diesen Fragen nachzugehen. Dabei werden Mittel der Intensität auf phonetisch-suprasegmentalem, syntaktischem, lexikalischem, textuellem bzw. pragmatischem Niveau fokussiert und analysiert, durch die die sprachliche Inszenierung des gewählten Interaktionsformats deutlich wird.

## 4 Fallbeispiel: Rede aus der Plenarsitzung des Bundestags über Rechte indigener Völker und ihre Untertitelung D>I

Das ausgesuchte Redebeispiel stammt aus der Plenarsitzung des Bundestags vom 23.3.2017 und bezieht sich genau auf den TOP 13 der entsprechenden Tagesordnung: Debatte zum Antrag verschiedener Abgeordneten und der Fraktion Bündnis90/Die Grünen zur Ratifizierung der ILO-Konvention 169 über Stärkung der Rechte indigener Völker.[5] Die Rede wurde von Tom Koenigs, dem Bundestagsabgeordneten der Fraktion Bündnis 90/Die Grünen, gehalten.

### 4.1 Vorgeschichte

Die Vorgeschichte zum analysierten Redebeitrag besteht aus den Reden verschiedener Parlamentarier, die vor Tom Koenigs zu Wort kamen. Insbesondere greift Koenigs auf einige Themen kritisch zurück, die Sylvia Pantel (CDU/CSU) in ihrem eigenen Speech gegen die Ratifizierung angesprochen hatte.

---

5  Das Video und das Plenarprotokoll der ganzen Sitzung stehen unter folgendem Link zur Verfügung: <https://www.bundestag.de/dokumente/textarchiv/2017/kw12-de-rechte-indigener-voelker-496766 > (24.10.2019).

Die Christdemokratin begründet ihre Position, die auch diejenige der Bundesregierung ist, wie folgt:

- Die Ratifizierung trifft für Deutschland nicht zu, denn es leben keine indigenen Völker im Lande.
- Die Bundesregierung setzt sich schon für die Rechte der indigenen Völker in ihren Ländern ein: Die deutsche Entwicklungspolitik hat z.B. für diese Völker verschiedene Projekte in die Wege geleitet.
- Die Bundesregierung setzt sich für den Schutz und die Verbesserung der Lage dieser Völker ein, und zwar zur Wahrung ihrer Rechte zur Kontrolle über ihre Einrichtungen, Lebensweise, wirtschaftliche Entwicklung, Identität, Sprache, Religion.
- Der Ansatz der Bundesregierung zur integrativen Minderheitenpolitik steht im Gegensatz zu dem segregativen Ansatz der Konvention.

Frau Pantel trägt ihre Rede relativ sachlich vor: Sie liest aus dem vor ihr stehenden Blatt ab, sie schaut das Publikum nur ab und zu an, die Hände liegen auf dem Pult; die prosodischen Mittel, die sie gebraucht, sind kontrolliert und einheitlich, insbesondere zeichnet sich ihre Rede durch eine gleichbleibende Tonhöhenbewegung aus. Die Abgeordnete spricht Standarddeutsch und, da sie vom Blatt abliest, ist ihre Rede der Schriftlichkeit sehr nah. Selten unterbricht sie den vorgeplanten Redefluss mit spontanen Bemerkungen. Ihr Speech stimmt wörtlich mit dem Plenarprotokoll überein. Ganz anders klingt Tom Koenigs' Rede.

*4.2 Die Rede von Tom Koenigs*

Propositional unterstützt Koenigs die Ratifizierung der ILO-Konvention aufgrund folgender zwei kurz zusammengefasster Gründe:

- Die gnädigen, positiven Programme der Bundesregierung sind gut, aber reichen nicht aus.
- Die ILO 169 gibt indigenen Völkern Rechte.

Aus pragmatischer Sicht geht es hier um die Sprechhandlung Argumentieren im Streitgespräch. Es wird zunächst an die vorangehende Rede kritisch angeknüpft, eigene Argumente werden denen der CDU/

CSU-Rednerin gegenübergestellt und mit bildhaften, auch ironischen Beispielen illustriert. Dabei steht die gebrauchte Sprache in verschiedenen Graden an der Schnittstelle zwischen Mündlichkeit und Schriftlichkeit, wobei die Mündlichkeit häufig überwiegt.

Koenigs' Rede zeichnet sich besonders durch die artikulierte Anwendung von Mitteln mündlicher Intensität als geprägten Zeichen der Emotionalität aus, wie:

- fonetisch: Umsetzung von Satzakzent, Satzmelodie und Tonhöhenbewegung, Pausen;
- syntaktisch: Einsatz von Umformulierungen, Parenthesen, Reparaturen;
- lexikalisch: Gebrauch von Umgangssprache, Ideologiewörtern, wertenden Wörtern, lexikalischen (Gegensatz-)Paaren;
- textuell: gezielte Anwendung von rhetorischen Figuren der Wiederholung (Anapher und Anadiplose) und akzentuierter Gebrauch von Deiktika;
- pragmatisch: Gebrauch von Grad- und Modalpartikeln, phatischen und Rückversicherungssignalen;
- paralinguistisch: Einsatz von Gestik und Mimik.

Die Zeichen der Mündlichkeit, besonders der Intensität, sind inhaltlich, illokutiv und situativ wichtig, denn sie drücken die emotionale Anteilnahme des Sprechers am Streitgespräch aus, sowie seinen Willen, das Publikum zu überzeugen, wie das nachfolgende Beispiel zeigt.

*4.3 Ein kommentiertes Beispiel aus Koenigs' Rede*

Im Folgenden wird die Anfangsphase der Rede von Tom Koenigs analysiert und dabei auf relevante emotionale Merkmale in ihrem Zusammenspiel eingegangen, die den ganzen Speech charakterisieren:[6]

---

6   Bei der Transkription des Beispiels wurden nur die für die vorliegende Analyse relevanten Elemente grafisch hervorgehoben, und zwar:
    (.) kurze Pause (bis max. 0,5 Sekunden)/(..) etwas längere Pause (bis max. 1 Sekunde)/(...) lange Pause (mehr als 1 Sekunde);

**Tab. 1.** Transkriptausschnitt aus der Rede von Tom Koenigs: Anfang.

(1)

| | |
|---|---|
| 1 | Frau Präsidentin, meine sehr verehrten Damen und Herren, Frau |
| 2 | Pantel mit dem segregativen Ansatz (.) *das* ist ein SCHMARR'N |
| 3 | (.) |
| 4 | *das* ist auch DISKUTIERT worden (.) und *das* ist ein ABSOLUTER |
| 5 | UNSINN (..) |
| 6 | und nicht mal (.) NIEMAND eh geht davon aus (..) |
| 7 | sie sagen ja SELBST (.) dass wir AFFIRMATIVE(.)POSITIVE |
| 8 | Programme mit den indigenen Minderheiten MACHEN (..) |
| 9 | und da machen wir eine GANZE MENGE, und *das* FREUT mich, |
| 10 | und *das* UNTERSTÜTZEN wir auch von der Bundesregierung (..) |
| 11 | die ILO-Konvention gibt **aber** RECHTE (..) |
| 12 | und *DAS* ist etwas GANZ ANDERES (..) *Die* gibt RECHTE (...) |

Aus dem Transkriptausschnitt wird deutlich, dass Schlüsselwörter prosodisch markiert werden, die eine Gegenüberstellung zwischen Pantels Ansatz (*Schmarrn, diskutiert, absoluter Unsinn, niemand, selbst, affirmative, positive, ganze Menge, freut, unterstützten*) und dem von Koenigs (*Rechte, das, ganz anders, Rechte*) aufbauen. Die suprasegmentale Hervorhebung wird auch durch den präzisen Einsatz von kurzen bzw. längeren Pausen ausgebaut und durch die Gestik des Redners unterstützt. Es geht meist um rhythmische Gesten und Bewegungen, die einen wichtigen Punkt im Diskurs markieren sollen. Dieses suprasegmentale und paralinguistische Sprecherverhalten wirkt sehr ausdrucksvoll.

Der Ausschnitt zeigt auch interessante lexikalische Merkmale, z.B. wertende und steigernde Ausdrücke, die meist auch besonders betont werden. Der Gebrauch solcher Sprachmittel lässt im Beispiel eine bestimmte diskursive Struktur deutlich werden: Koenigs kritisiert zunächst Pantels Meinung über die ILO-Konvention als *Schmarrn* und

---

KAPITÄLCHEN: prosodische Hervorhebung;
Graue Hinterlegung: wertende bzw. steigernde Wörter;
Unterstreichung: lexikalische (Gegensatz-)Paare;
Kursiv: Objektdeixis.

*absoluten Unsinn* (Tab. 1, Zeilen 1–5), dann bewirkt er durch positiv wertende Wörter (*affirmative, positive, ganze Menge, das freut mich, unterstützten*) zur Politik der Bundesregierung (Zeilen 6–9) einen Perspektivenwechsel bei den Hörern, und schließlich führt er durch *aber* (Zeile 11) eine plötzlich neue Fokusumlenkung (vgl. Hoffmann 1997: 2403) zu seiner eigenen Stellungnahme über die ILO-Konvention ein (Zeilen 11–12). An dieser Stelle gewinnt das danach Gesagte (*ganz anderes, die gibt Rechte*) durch die Gradpartikel *ganz* sogar eine hohe Intensität.

Als Mittel der Fokusumlenkung bildet der Konjunktor *aber* eine gezielte Zäsur im Diskurs, die durch andere sprachliche Mittel unterstützt wird. Lexikalisch z.B. wird die Gegenüberstellung durch das Gegensatzpaar *Programme machen* (Zeilen 8) als Argument von Pantel vs. *Rechte geben* (Zeilen 11) als Basis der Argumentation von Koenigs in den Mittelpunkt gestellt. Auch der substantivische Gebrauch der Objektdeixis *das* betont die Polarität der zwei Ansätze. Die Objektdeixis hat im Allgemeinen die Funktion, auf einen komplexen sprachlichen Sachverhalt zurückzuverweisen und zu refokussieren. Am Abschnittsanfang verweist *das* anadeiktisch auf Stellungnahmen von Pantel, der CDU/CSU und der Bundesregierung (den *segregativen Ansatz* der ILO-Konvention, die Regierungsprogramme zur Entwicklungspolitik für indigene Völker); nach *aber* verweist *das* dagegen darauf, dass die ILO-Konvention Rechte gibt, was die Meinung von Koenigs ist. Dieses neu gemeinte, nach *aber* auftretende *das* wird zusätzlich prosodisch hervorgehoben und somit als informativ wichtig gekennzeichnet.

Das Zusammenspiel solcher Zeichen der Intensität verleiht dem untersuchten Redebeitrag eine gewichtige pragmatische Relevanz. Die Problematik, sie interlingual zu übertragen, wird im nächsten Abschnitt exemplarisch gezeigt.

*4.4 Interlinguale Untertitelung D>I eines Ausschnitts aus der Rede von Tom Königs*

Das folgende Beispiel stammt aus der gleichen Rede von Tom Königs und zeigt den weiteren Verlauf seiner Argumentation. In diesem Fall

**Tab. 2.** Untertitelung eines Ausschnitts der Rede von Tom Koenigs.

(2)

| Original | Untertitel nicht neutral | Untertitel neutral |
|---|---|---|
| Hier geht es **aber** um RECHTE der indigenen Völker (.) | **Ma** qui si tratta/di diritti dei popoli indigeni. | Qui si tratta di diritti |
| und **diese** RECHTE verlangen **diese** Völker seit der KOLONIALISIERUNG und zwar **sowohl** der MILITÄRISCHEN (.) **der Conquista** (.) **als auch** der WIRTSCHAFTLICHEN (.) | **Questi** popoli rivendicano/**questi** diritti | che i popoli indigeni/ rivendicano |
| | sin dalla colonizzazione, | dalla colonizzazione/ militare ed economica. |
| | **sia** militare, **la Conquista**,/sia economica. | |
| DIESE Völker sind **nach wie vor** in hohem Maße DISKRIMINIERT (...) | **Questi** popoli sono **tuttora**/ fortemente discriminati. | Popoli che sono ancora/fortemente discriminati. |

wird die diamesische und interlinguale Übertragung des Monologs durch Untertitel tabellarisch[7] dargestellt:

In der ersten Spalte von Tab. 2 wird ein Ausschnitt der Rede von Tom Koenigs wiedergegeben, in der mittleren stehen nicht neutrale Untertitel, d.h. solche, die Merkmalen der Intensität Rechnung tragen, und in der dritten Spalte standardisierte Untertitel, deren Formulierung nach Anwendung von strikten Kürzungsregeln erfolgt ist.[8]

Dieser Ausschnitt setzt nach einer ironischen Anspielung von Koenigs auf die „gnädigen Projekte" der Bundesregierung für indigene Völker ein. Auch in dieser Passage spielt der Konjunktor *aber*, wie auch im oben besprochenen Beispiel, eine wichtige Rolle, denn er markiert eine Wendung, die den Hörer in eine neue Richtung weist (vgl. Weinrich 2003: 814). Durch die von *aber* bewirkte Erwartungsumlenkung (vgl.

---

7   Die KAPITÄLCHEN kennzeichnen prosodische Hervorhebungen. Fett sind die Sprachmittel der Intensität hervorgehoben, die im Untertitelungsprozess beibehalten bzw. getilgt wurden. In den zwei Untertitelspalten steht der Schrägstrich '/' für das Ende der ersten Untertitelzeile.

8   Die Untertitel sind von der Autorin (A.N.) formuliert worden.

Redder 2007: 506) erhält das danach Gesagte (*Rechte der indigenen Völker*) zusätzlich ein besonderes Gewicht. Während *ma* (*aber*) in den neutralen Untertiteln getilgt wird, wird es in den nicht neutralen beibehalten, da es eine neue, für den Sprecher sehr wichtige Ausführung eröffnet. Interaktionsstrategisch dient der vorangestellte italienische Konjunktor *ma* dazu, den neuen propositionalen Gehalt antizipierend hervorzuheben und die subjektive bewertende Haltung des Sprechers auszudrücken. Die Lokaldeixis *hier* steht im Original an erster Stelle und hat die Funktion, das schon Gesagte für den Hörer zu refokussieren. Sie wird in beiden Untertitelfassungen beibehalten (*qui*), da sie die gleiche funktionale Leistung für den Untertitelleser vollzieht.[9]

Emphase wird der Äußerung in den nicht neutralen Untertiteln auch durch den Punkt gegeben, der repräsentativ für die Schlusspause im Original steht und den ersten Untertitel abschließt. In der neutralen Fassung geht der erste Untertitel dagegen in den zweiten nahtlos weiter. Die erste Aussage von Beispiel (2) ist insofern von zentraler Bedeutung, weil sie kurz zusammenfasst, was in den nächsten Äußerungen expliziert wird. Den Kern der ersten und der folgenden Aussagen in diesem Ausschnitt, und eigentlich der ganzen Rede, bilden die zwei Wörter *Rechte* und *Völker*. Auf die zwei Ausdrücke stützt sich die Argumentation von Koenigs, in der er verschiedene Stilmittel, insbesondere der *Repetitio*, häufig und intensiv gebraucht. In den nachfolgenden Äußerungen wird die adjektivische Objektdeixis *diese*, die als Deixis der Nähe eine Neufokussierung des folgenden Wortes bewirkt, in Bezug auf die Schlüsselwörter *Rechte* und *Völker* verwendet. Dank der vielfach auftretenden Wiederholung gewinnen die Schlüsselwörter *Rechte* und *Völker* an Bedeutung. Aufgrund ihrer pragmatischen und inhaltlichen Relevanz wird die Objektdeixis jedes Mal, wenn sie auftritt, in die nicht standardisierten Untertitel übertragen (vgl. Tab. 2, den zweiten und fünften Untertitel), in die neutralen aber nicht.

Im untersuchten Redeausschnitt wird auch das Wort *Kolonialisierung* besonders markiert, und zwar:

---

9   Deiktische Mittel werden wegen ihrer (re-)fokussierenden, die Lektüre erleichternden Funktion in Untertiteln meist beibehalten.

- durch prosodische Hervorhebung, auch der Attributen *militärischen* und *wirtschaftlichen*;
- durch die Umformulierung (zwecks Spezifizierung) des Ausdrucks *militärischer Kolonialisierung* durch die Bezeichnung *der Conquista*;
- durch den Konjunktor *sowohl ... als auch* (*sia, sia*), der das vermittelte Wissen über die Kolonialisierung präzise strukturiert. Die Hauptleistung dieser zweiteiligen Konjunktion im Vergleich zur einteiligen *und* liegt darin, die Gleichartigkeit der Konjunkte zu unterstreichen (vgl. Hoffmann 1997:2398) und dabei das referierte Wissen so zu strukturieren, dass der Hörer/Leser es progressiv aufnehmen und mental leichter verarbeiten kann (vgl. Redder 2007: 506; 2010: 47). Dadurch wird aber auch der Begriff *Kolonialisierung* sowie das damit verbundene und vermittelte Wissen gezielt verstärkt.

Beide sprachliche Mittel (*Conquista* und *sowohl ... als auch*) werden in die nicht neutralen Untertitel übertragen (vgl. Tab. 2, vierten Untertitel). Die neutralen Untertitel zeigen dagegen, besonders in dieser Passage, die Neutralisierung solcher Ausdrücke der Intensität und eine entsprechend ausgeprägte Kürze bzw. syntaktische Einfachheit.

Schließlich wird die negative Haltung des Sprechers gegenüber der andauernden Diskriminierung indigener Völker durch die Betonung des Verbes *diskriminiert* (vgl. Tab. 2, fünften Untertitel) und durch den Gebrauch der Wendung *nach wie vor* ausgedrückt. Im nicht neutralen Untertitel steht dafür das italienische *tuttora*, das stärker als das kürzere *ancora* (im neutralen Untertitel) auf einen jetzt noch anhaltenden Zustand der Diskriminierung hinweist.

Abschließend kann man festhalten, dass nicht neutrale Untertitel länger und syntaktisch komplexer als Standarduntertitel sind. Sie beschränken sich nicht auf die Wiedergabe des propositionalen Gehalts der Äußerung, sondern zeigen auch intensitätsausdrückende sprachliche Mittel. Diese sind der gegebenen kommunikativen Situation entsprechend relevant, und zwar für den Ausdruck subjektiver Einstellung bzw. der Perspektivierung des Sprechers. Nicht neutrale Untertitel sind somit aussagekräftiger als neutrale, die eine nivellierte Version des Originaldialogs anbieten. Im Grunde zeichnen sich nicht neutrale Untertitel besonders durch eine pragmatische, rhetorische und emotionale Konnotation aus.

## 5 Fazit

Zusammenfassend lässt sich feststellen, dass Koenigs Rede mit stark kritischer Sprecherhaltung an die vorangehende Rede seiner Streitgegnerin anknüpft und pragmatisch die Sprechhandlung Argumentieren im Rahmen eines Streitgesprächs szenisch realisiert. Diamesisch steht die untersuchte Rede an der Schnittstelle zwischen Mündlichkeit und Schriftlichkeit, wobei sie, besonders im Vergleich mit dem vorangehenden Speech, mehr zur Mündlichkeit tendiert. Sprachlich zeigt sie gezielt eingesetzte diskursorganisatorische Merkmale (u.a. rhetorische Figuren der Wiederholungen, Deiktika, koordinative Ausdrücke, lexikalische (Gegensatz-)Paare), die inhaltlich und rhetorisch wichtig sind. Sie zeichnet sich auch durch die Präsenz weiterer vielfältiger Zeichen der Intensität aus, wie z.B. prosodische Hervorhebungen, strategische Pausen, wertende und steigernde Ausdrücke, rhythmische Gesten, Mimik usw. Solche Merkmale sind inhaltlich, illokutiv und situativ wichtig, denn sie zeigen eine emotionale Anteilnahme am Streitgespräch seitens des Sprechers und werden von ihm als Mittel der Persuasion eingesetzt.

Wenn man, mit Bezug auf die in 3.3 formulierte Problemstellung, die oben zusammengefassten Merkmale betrachtet, ist schließlich festzustellen, dass die Untertitel, die ja aus pragmatischer Sicht in der kommunikativen Situation verankert sein müssen, solche Kennzeichen berücksichtigen sollten. Im Falle von Koenigs' Rede wäre also nötig, dass die Untertitel, trotz der Beachtung der notwendigen Sprachreduktion, den nicht deutschsprechenden Zuschauern den kommunikativen Zweck, die illokutive Kraft und die Wirkung der Originaläußerungen treu wiedergeben (vgl. Gottlieb 2012: 50–51). Die Übertragung von Zeichen der Intensität und weiterer pragmatisch relevanter Elemente würde nämlich auf das Zielpublikum einen annähernd gleichen Rezeptionseffekt wie die Sprechhandlung im Originaldialog bewirken. Das stellt den Untertitler ohne Weiteres vor eine große Herausforderung, die darin besteht, den Originaldiskurs auf verschiedenen kommunikativen Ebenen genau nachzuvollziehen und ihn in seiner Polyfunktionalität adäquat in interlinguale Untertitel zu übertragen, was einen anspruchsvollen strategischen Entscheidungsprozess mit sich bringt.

## Literatur

Brambilla, Marina Marzia 2007. *Il discorso politico nei paesi di lingua tedesca. Metodi e modelli di analisi linguistica*. Roma: Aracne.
Bühler, Karl 1934/1999. *Sprachtheorie*. 3. Auflage. Stuttgart: UTB.
Burkhardt, Armin 1996. Politolinguistik. Versuch einer Ortsbestimmung. In Klein, Joseph/Diekmannshenke, Hajo (Hg.) *Sprachstrategien und Dialogblokaden. Linguistische und politikwissenschaftliche Studien zur politischen Kommunikation*, Berlin/New York: de Gruyter, 75–100.
Dieckmann, Walther 1981. „Inszenierte Kommunikation". Zur symbolischen Funktion kommunikativer Verfahren in (politisch-) institutionellen Prozessen. In Dieckmann, Walther (Hg.) *Politische Sprache, politische Kommunikation. Vorträge, Aufsätze, Entwürfe*. Heidelberg: Winter, 255–279.
Diekmannshenke, Hajo 2006. *Politische Kommunikation im historischen Wandel*. Tübingen: Groos.
Ehlich, Konrad 1998/2007. Funktionale Pragmatik – Terme, Themen und Methoden. In Ehlich, Konrad (Hg.) *Sprache und sprachliches Handeln*. Bd. 1. Berlin: de Gruyter, 29–46.
Fiehler, Reinhard 2016. Konflikte im Gespräch. Zur Rolle von Emotionen bei der Austragung von Gegensätzen. In Luth, Janine/Ptashnyk, Stefaniya/Vogel, Friedmann (Hg.) *Konflikt und Konfliktbewältigung im Spiegel der Sprache*. Mannheim: Institut für Deutsche Sprache, 74–91.
Gerzymisch-Arbogast, Heidrun 2004. Untertitel als sprachliche Herausforderung. In Schulte-Schlenker, Christa (Hg.) *Barrierefreie*

*Information und Kommunikation. Hören– Sehen – Verstehen in Arbeit und Alltag*, Villingen-Schwenningen: Neckar-Verlag, 185–195.
Gili Fivela, Barbara/Bazzanella, Carla 2009. Introduzione. In Gili Fivela, Barbara/Bazzanella, Carla (a cura di) *Fenomeni di intensità nell'italiano parlato*. Firenze: Franco Cesati, 13–24.
Girnth, Heiko 2002. *Sprache und Sprachverwendung in der Politik. Eine Einführung in die linguistische Analyse öffentlich-politischer Kommunikation*. Tübingen: Niemeyer.
Gottlieb, Henrik 1994a. „Subtitling: people translating people". In Dollerup, Cay & Lindegaard, Anne (eds.) *Teaching translation and interpreting 2*. Amsterdam/Philadelphia, John Benjamins Publ. & Co., 261–274.
Gottlieb, Henrik 1994b. Subtitling: Diagonal Translation. In: Perspectives Studies in *Translatology*, 2/1, 101–121.
Gottlieb, Henrik 2008. Screen Translation. In Schjoldager, Anne (ed.) *Understanding Translation*. Aarhus: Academica, 205–246.
Gottlieb, Henrik 2012. Subtitles – Readable dialogue? In Perego, Elisa (ed.) *Eye Tracking in audiovisual translation*. Rom: Aracne, 37–81.
Hoffmann, Ludger 1997. Koordination. In Zifonun, Gisela/Hoffmann, Ludger/Strecker, Bruno (Hg.) *Grammatik der deutschen Sprache*, Bd. 3, Teil H2. Berlin/New York: de Gruyter, 2359–2445.
Klein, Josef 1998. Politische Kommunikation – Sprachwissenschaftliche Perspektiven. In Otfried, Jarren/Sarcinelli, Ulrich/Saxer, Ulrich (Hg.) *Politische Kommunikation in der demokratischen Gesellschaft. Ein Handbuch mit Lexikonteil*. Opladen: Westdeutscher Verlag, 186–210.
Labov, William 1984. Intensity. In Schiffrin, Deborah (ed.) *Georgetown University Round Table on Language and Linguistic*. Washington: Georgetown Univ. Press, 43–70.
Niehr, Thomas 2014. *Einführung in die Politolinguistik*. Göttingen: UTB.
Niehr, Thomas 2019. „Mit Rechten sprechen" – Versuch einer Annäherung aus politoliguistischer Sicht. *Zeitschrift für Angewandte Linguistik* 2019/70, 1–18.
Niehr, Thomas/Killian, Jörg/Wengeler, Martin (Hg.) 2017. *Handbuch Sprache und Politik*. Bremen: Hempen.

Ontrup, Rüdiger/Schicha, Christian 1999. Die Transformation des Theatralischen. In Ontrup, Rüdiger/Schicha, Christian (Hg.) *Medieninszenierungen im Wandel. Interdisziplinäre Zugänge.* Münster: Lit Verlag 1999, 7–18.

Radtke, Edgar 2001. La manifestazione dell'*Abtönung* nell'italiano e nel tedesco. In Heinrich, Wilma/Heiss, Christine (a cura di) *Modalità e substandard.* Bologna: CLUEB, 23–40.

Redder, Angelika 2007. Konjunktor. In: Hoffmann, Lugder (Hg.) *Deutsche Wortarten.* Berlin: de Gruyter, 483–524.

Redder, Angelika 2010. Prozedurale Mittel der Diskurs- oder Textkonnektivit.t und das Verständigungshandeln. In Japanische Gesellschaft für Germanistik (Hg.) *Grammatik und sprachliches Handeln. Akten des 36. Linguisten-Seminars, Hayama 2008*. München: iudicium, 45–67.

Schwitalla, Johannes 2011. *Gesprochenes Deutsch.* 4. neu bearbeitete und erweiterte Auflage. Berlin: Erich Schmidt.

Weinrich, Harald 2003. *Textgrammatik der deutschen Sprache.* 2. revidierte Auflage unter Mitarbeit von Maria Thurmair, Eva Breindl und Eva-Maria Willkop. Hildesheim: Georg Olms Verlag.

*Zweiter Teil/Deuxième partie*

# Quand les décisions de justice rendent compte d'un état émotionnel à partir de smileys, émoticônes ou émojis

Cécile Desoutter

## 1 Introduction

L'expression et la perception des émotions jouent un rôle essentiel dans la régulation des interactions humaines et dans la construction des relations sociales (Gauducheau 2008). De fait, comme le rappellent les recherches en psychologie sociale, elles fournissent des informations sur les états mentaux (intentions, sentiments, croyances, désirs) des individus, permettant ainsi des ajustements interindividuels et la coordination avec autrui. Bien qu'elles apparaissent de façon plus naturelle et spontanée dans les interactions sociales en face à face, caractérisées par la présence de non-verbal et un contexte partagé, elles ne sont pas absentes des échanges écrits. Les dispositifs électroniques actuels permettent en effet aux individus d'adapter leur comportement langagier au support de communication. Ainsi, dans les discours numériques[1], des pictogrammes fixes ou animés, représentant des mimiques faciales ou des objets indices d'émotions, se mélangent au langage verbal pour produire « un sens qui dépasse celui, littéral, de la proposition logique énoncée » (Halté 2016 : 229).

---

1   Les discours numériques correspondent à « l'ensemble des productions verbales élaborées en ligne, quels que soient les appareils, les interfaces, les plateformes ou les outils d'écriture » (Paveau 2017 : 8).

Compte tenu du nombre croissant d'interactions médiées par dispositif électronique, en contexte privé ou professionnel, de tels énoncés plurisémiotiques finissent par être présents jusque dans les tribunaux lorsque les messages dans lesquels ils apparaissent sont versés au dossier d'une des parties. Mais de quelle façon les jugements et arrêts rendent-ils compte de l'expression des émotions lorsque celle-ci passe par une combinaison de codes intégrant de l'iconique dans du verbal ? Par ailleurs, dans quelle mesure les juges tiennent-ils compte de ces éléments pour étayer leur décision ? Nous nous attacherons dans cette étude à répondre à ces questions sur la base d'un corpus de jurisprudence française des dernières années.

## 2 Des pictogrammes indices d'émotions

A partir de la deuxième moitié du XX$^e$ siècle, plusieurs types de représentations graphiques ont fait leur apparition dans les énoncés numériques, sous des dénominations diverses : « smiley », « émoticône » et « émoji ». Un premier point terminologique s'impose puisque ces termes entrent souvent en concurrence.

### 2.1 Précisions terminologiques

#### 2.1.1 Le smiley

La représentation graphique d'un visage souriant est souvent appelée « smiley » en référence au dessin figurant une tête graphique ronde, jaune et joviale. Né aux Etats-Unis dans les années 1960[2], ce dessin est récupéré une décennie plus tard dans une campagne antimorosité du journal *France Soir* « Prenez le temps de sourire ». A la différence de ses prédécesseurs d'outre-Atlantique, l'auteur français de la campagne prend soin en 1972 de déposer officiellement le dessin comme un logo

---

2   La création du smiley est attribuée au graphiste Harvey Ball (1963)

au nom de « smiley » et de créer dans la foulée l'entreprise The Smiley World Ltd pour commercialiser la marque (Le Tutour 2018).

Dans le domaine de la communication numérique, *Larousse*[3] en ligne fournit la définition suivante de « smiley » :

> Dans un message électronique, ou lors d'autres échanges d'informations entre internautes (forums), figure schématique, représentée par une combinaison de symboles insérés dans une ligne de texte et renseignant sur l'humeur du rédacteur. (Il s'agit au départ d'un visage couché dont les yeux sont représentés par un deux-points ou un point-virgule, le nez par un trait d'union et la bouche par une parenthèse : « :-) ou « ;-) » ; d'autres combinaisons font autant d'expressions différentes).

Par extension, le mot désigne donc toutes les expressions du visage, qu'il s'agisse d'un sourire ou pas. L'Académie française recommande l'usage de « frimousse »[4], tandis que « binette » est préféré au Québec[5].

*2.1.2 L'émoticône*

Les représentations de mimiques faciales, créées à l'aide des caractères typographiques, font leur apparition dans les messages numériques parallèlement à la diffusion d'Internet dans le grand public. Toutes les sources ne concordent pas quant à la date d'émergence de tels signes. On en reconnait cependant souvent la paternité à Scott Fahlman, professeur d'informatique à la Carnegie Mellon University, qui suggère en 1982 de les utiliser pour distinguer les plaisanteries des messages à prendre au sérieux dans les échanges avec ses pairs[6]. C'est en tout cas, « un faisceau d'emplois au sein d'une communauté de locuteurs » (Halté 2016 : 232) qui contribue dans les années 1980 à l'utilisation et à l'expansion des mimiques faciales. Quant au mot-valise « *emoticon* » (*emotion+icon*), il n'apparait que beaucoup plus tard et aurait

---

3   <http://www.larousse.fr>
4   Journal officiel du 16/03/1999.
5   Office québécois de la langue française : <http://bdl.oqlf.gouv.qc.ca/bdl/gabarit_bdl.asp?id=2806>
6   Sur son site personnel, dans la rubrique *Smiley Lore :-)*, S. Fahlman raconte les circonstances dans lesquelles il a proposé l'usage des émoticônes en 1982. <http://www.cs.cmu.edu/~sef/sefSmiley.htm>

été utilisé pour la première fois dans un article du *New York Times* en janvier 1990.

En français « émoticône » est un calque de l'anglais et son orthographe ainsi que son genre grammatical féminin semblent avoir quelque difficulté à se stabiliser puisque, comme on le remarquera dans les énoncés du corpus, le mot apparait parfois sans accent circonflexe ou au masculin. Le *Petit Larousse*, qui accueille le lexème seulement en 2017, propose une définition plutôt large qui tient compte du fait qu'à cette date l'émoticône ne se présente plus uniquement sous forme de séquence de caractères typographiques mais aussi sous forme d'image :

> Dans un message électronique, représentation typographique (par combinaison de caractères) ou graphique (image fixe ou animée) figurant une émotion. → L'émoticône la plus connue est celle symbolisant un sourire. (→ smiley)

En effet, si à l'origine les émoticônes reproduisaient fidèlement les caractères ASCII[7] pour représenter un visage couché comme :-) ou :-(, aujourd'hui ces mêmes caractères, tapés sur un clavier d'ordinateur ou de téléphone, se transforment presque toujours automatiquement dans les pictogrammes ☺ et ☹.

### 2.1.3 L'émoji

Les émojis, créés par un opérateur téléphonique japonais à la fin des années 1990, se répandent partout dans le monde quand leur intégration au système Unicode[8] permet leur utilisation à partir des smartphones en 2010 et, par la suite, à partir des logiciels de courrier électronique et des réseaux sociaux. Leur incorporation native sur les versions Windows date de 2012.

Le mot « *emoji* » vient du japonais : « image » (*e*) + « lettre » (*moji*). Contrairement aux apparences, le signifiant n'est donc pas construit à partir de « émotion ». De fait, les émojis ne figurent pas seulement des

---

7   Le code ASCII (American Standard Code for Information Interchange) est la plus ancienne norme de codage des caractères courants en informatique.
8   Unicode est un standard informatique qui permet des échanges fluides entre toutes les langues sur Internet. Le Consortium Unicode, une organisation à but non lucratif, établit des normes applicables aux caractères du clavier et, plus récemment, aux émojis.

mimiques faciales ou d'autres objets indices d'émotions, mais aussi des animaux, des plantes, des signes, des bâtiments, des personnages. . . .

En 2015, Oxford University Press (Oxford Dictionaries) crée la surprise en choisissant comme « Mot de l'année » non pas un mot mais l'émoji[9] . Les éditions Larousse, pour leur part, n'ont toujours pas intégré le mot « émoji » dans leur dictionnaire à la date de publication de la présente contribution[10]. La lexie figure en revanche depuis 2017 dans *Le Petit Robert*[11] avec la définition suivante :

> Petite image utilisée dans un message électronique pour exprimer une émotion, représenter un personnage, une action. . .

## 2.2 Pictogrammes iconiques et indexicaux

Les différences entre « smiley », « émoticône » et « émoji » sont assez subtiles, comme l'illustrent les définitions ci-dessus. Les trois termes sont d'ailleurs utilisés souvent indistinctement pour désigner les marques non verbales, à peu près alignées sur le format des caractères typographiques, qui apparaissent dans le linéaire de l'énoncé.

Halté (2019) relève que, pour les différencier les uns des autres, les critères définitoires retenus sont en général : l'aspect formel (caractères ASCII *vs* figuration), les fonctions (indiquer une émotion *vs* représenter un objet), l'aspect technique (intégration aux appareils et standardisation). A cet égard, il trouve surprenant qu'« aucun chercheur ne propose de critère sémiotique et/ou énonciatif » (Halté 2019 : 374). Considérant les signes désignés par les termes « émoji », « émoticône », « smiley »

---

9   Selon le site de l'éditeur, le choix de cet émoji en particulier est le résultat d'une collaboration d'Oxford University Press avec la société SwiftKey qui mesure l'utilisation des émojis dans le monde. En 2015, le plus utilisé était précisément l'émoji qui pleure de rire, <https://languages.oup.com/word-of-the-year>.
10  Notons à cet égard que les termes « émoticône » et « émoji » ne sont pas attestés non plus dans la banque de données lexicographique CNRTL qui puise dans le *Dictionnaire de l'Académie française* et dans le *Trésor de la langue française informatisé.*
11  <http://www.lerobert.com>

comme des pictogrammes, il suggère de recourir à la sémiotique pierciennne pour différencier ceux qui sont utilisés comme de simples icônes de ceux qui sont des indices (ou index). Selon Pierce (1978), une icône se substitue à son objet en vertu de caractères propres analogues à l'objet (ex : 🚗 pour faire référence à une voiture). Un indice se substitue à son objet en vertu du fait qu'il est réellement affecté par celui-ci (ex : le sourire ☺ pour faire référence à la joie). Poussant plus loin la réflexion, Halté (2019 : 379) considère que les distinctions fondamentales entre les pictogrammes iconiques et les indexicaux « se font au regard de leurs rapports respectifs avec les différents éléments de la situation d'énonciation ». Partant, il désigne comme « émoticônes » tous les pictogrammes ayant une fonction de marqueurs énonciatifs et entrent à ce titre dans la catégorie des pictogrammes indexicaux. Dans cette perspective, les émojis ou les smileys sont des émoticônes chaque fois que, en interagissant avec le co(n)texte, ils sont « des indices, parmi d'autres, d'un état émotionnel général, sans en être forcément des marqueurs spécifiques » (Halté 2016 : 235).

Nous adhérons à ce classement terminologique et retenons donc que le terme « émoticône » désigne les représentations graphiques indices d'état émotionnel ou qui ont une « force illocutoire » (Dresner/Herring 2010), quel que soit par ailleurs leur aspect formel (caractères ASCII ou images). Toutefois, compte tenu que pour faire référence à ce que nous appelons « émoticône », notre corpus présente des occurrences des mots « smiley » et « émoji », nous aurons aussi recours à l'hyperonyme « pictogramme ».

## 3 Approche méthodologique et corpus

### 3.1 *La consultation des bases de données jurisprudentielles*

Pour constituer notre corpus, nous avons consulté trois bases de données de jurisprudence judiciaire et administrative française : celles des éditeurs privés Dalloz et Lexis-Nexis et de l'éditeur public Legifrance[12]. Ces bases de données permettent d'accéder à des actes appelés « décision de justice », terme générique qui englobe les jugements (rendus par les juridictions de 1$^{er}$ degré) et les arrêts (rendus par les juridictions d'appel et les hautes juridictions).

La décision de justice est un écrit très normé qui contient le résumé de l'affaire, la solution adoptée par la juridiction et les raisons qui ont conduit à son adoption. S'il est question d'émoticône, de smiley ou d'émoji dans une décision, c'est parce que des pictogrammes figuraient dans des courriels, textos ou messages sur réseaux sociaux soumis à l'appréciation du juge. Cependant, les énoncés, qui combinaient à l'origine code verbal et code iconique, sont rapportés exclusivement sous forme verbale dans les décisions. Il est assez peu probable, mais au demeurant possible, qu'une décision contienne la représentation graphique d'un visage couché, par exemple :-). Toutefois, les bases de données jurisprudentielles ne permettent pas l'extraction à partir de ces symboles typographiques. Cette limite technologique nous a amenée à faire porter la recherche non pas sur les pictogrammes mais sur les termes pouvant les désigner : « smiley »[13], « émoticône » et « émoji ». Les chercheurs confrontés au même obstacle aux Etats-Unis (Goldman 2018) et au Canada (Bich-Carrière 2019) ont procédé pareillement dans leurs travaux en anglais sur le sujet.

## 3.2 Une jurisprudence récente et limitée

Compte tenu de la date d'apparition relativement récente des pictogrammes recherchés, les décisions de justice impliquées ne concernent que la dernière décennie. Celles contenant les termes « smiley » et « émoticône » remontent seulement à 2011, celles concernant « émoji » à 2016.

En dehors de cet aspect temporel, d'autres éléments caractérisant le corpus sont à prendre en considération pour expliquer le nombre peu élevé de jugements ou arrêts pouvant entrer dans l'analyse. Un premier

---

12  <www.dalloz.fr>, <www.lexis360.fr>, <www.legifrance.gouv.fr>
13  La recherche avec « frimousse » n'a donné aucun résultat.

obstacle est linguistique, comme dans le cas-ci-dessous (1) qui illustre que le pictogramme n'est pas toujours désigné par l'un des trois termes-clés, et risque par conséquent d'échapper au relevé :

> (1) son nom précédé d'une petite main formant le V de la victoire (CA[14] Besançon, 11/09/2018, N° 17/01480)

Un second obstacle relève de la nature de la jurisprudence disponible dans les bases de données numériques. En effet, les fonds documentaires sont composés d'une sélection de décisions en matière civile et pénale qui tend à ignorer le contentieux du fond (les jugements de 1er degré) pour privilégier la façon dont les juridictions d'appel interprètent le droit. Il en résulte que les décisions accessibles en ligne sont principalement celles des cours d'appel, de la Cour de cassation ou du Conseil d'Etat, qui sont bien moins nombreuses que celles rendues par les juridictions de 1er degré[15]. A cela s'ajoute le fait que, comme le spécifie le site Legifrance, « les décisions mises en ligne sont réduites aux parties de leur texte qui suffisent pour comprendre la demande présentée au juge, le raisonnement qu'il a suivi et la solution à laquelle il a abouti ». Les textes publiés font donc référence aux pictogrammes uniquement si ceux-ci constituent un élément significatif de la décision.

### 3.3 La composition du corpus

Compte tenu de tout ce qui précède, la jurisprudence disponible en ligne et pouvant intéresser notre étude est quantitativement limitée. Ainsi, le terme-clé « smiley » est présent dans 20 décisions, « émoticône » dans 16, « émoji » dans 2. Par le jeu des reprises anaphoriques plusieurs termes-clés peuvent apparaitre dans le même texte, ce qui ramène à 36 le total des décisions de jurisprudence pour la période allant de 2011 à juin

---

14  CA = Cour d'appel ; CC = Cour de cassation
15  A titre indicatif, en 2017, selon les données du Ministère de la justice, les arrêts des cours d'appel ne représentaient en moyenne que 10 % des décisions de justice et ceux de la cour de cassation 1%. Les affaires enregistrées par les cours administratives d'appel représentaient quant à elles 13% et celles du Conseil d'Etat 4% de l'ensemble des requêtes auprès de la justice administrative, <http://www.justice.gouv.fr>.

2019. Plus de la moitié couvre l'intervalle janvier 2016–juin 2019. Toutes proportions gardées, on peut rapporter ces données à celles des études nord-américaines signalées supra (§3.1). Ainsi, à partir des mêmes critères de recherche, Bich-Carrière (2019) relève, dans la jurisprudence canadienne en anglais, 115 décisions pour la période 2002 – 2018 (dont 52,17 % à partir de 2016). Quant à Goldman (2018, 2020), le premier à s'être intéressé à la question, il constate qu'aux Etats-Unis les décisions faisant référence à des pictogrammes ne cessent de croitre depuis 2004 et que sur un total de 271 décisions, 101 datent de 2019. Il signale par ailleurs qu'en 2019 le terme « *emoji* » se rapporte à 90% des textes relevés, supplantant largement « *emoticon* » qui ne compte plus que pour 10%.

Sur les 36 décisions de justice prises en compte pour la France, 34 proviennent de cours d'appel, 1 de la Cour de cassation et 1 d'un conseil des Prud'hommes[16]. Il s'agit donc uniquement de la jurisprudence judiciaire, la recherche par mots-clés n'ayant donné aucun résultat pour la jurisprudence administrative. Par ailleurs, dans leur grande majorité, les litiges relèvent du domaine du droit du travail (contestation de licenciement) et les pictogrammes proviennent le plus souvent de messages considérés par l'une des parties au procès comme des actes de harcèlement ou d'atteinte aux droits au respect de la vie privée ou à l'image. Aux Etats-Unis et au Canada, Goldman (2019) et Bich-Carrière (2019) relèvent pour leur part une forte présence de cas d'infractions de nature sexuelle, suivis de procès concernant le droit du travail.

## 4 Le traitement des pictogrammes dans les décisions de justice

A partir du corpus constitué, nous avons dans un premier temps classé les décisions selon la façon dont elles rendaient compte de la présence des pictogrammes dans les dossiers qu'elles avaient eu à traiter.

---

16 Les conseils de Prud'hommes sont des juridictions de 1er degré chargées de régler les conflits individuels entre employeurs et salariés liés au contrat de travail de droit privé.

Comme nous l'avons déjà fait remarquer, aucun pictogramme formé de caractères typographique ou d'image, présent dans les pièces soumises à l'examen du juge, n'est reproduit tel quel dans les décisions de justice relevées. Les marques non verbales sont donc restituées par du code verbal. Pour distinguer les modalités de restitution, il nous a semblé possible de distinguer 3 catégories : le signalement, lorsque l'énoncé de la décision ne fait que signaler la présence d'un pictogramme en le désignant par l'un des trois termes-clés ; la description, lorsque le terme-clé est assorti de détails permettant au lecteur de se le représenter de façon plus précise ; l'interprétation, lorsque l'effet du pictogramme sur le contenu propositionnel est précisé.

*4.1 Le signalement*

A défaut de reproduction, certains arrêts de cours d'appel signalent la présence de pictogrammes dans les énoncés des courriels, SMS ou autres messages qu'ils rapportent :

(2) les propos échangés ne contiennent pas non plus d'insultes à l'encontre de M.T. qui répond sur le même ton et avec des **'smiley'**[17] (CA Poitiers, 5/9/2918, N° 17/01081)

(3) écrivant à la suite de celui-ci : « Quel pauvre con il n'a plus rien à foutre le vendredi après midi (smiley). Qu'il aille en clientèle chercher du boulot (**smiley**) Philippe S. » (CA Besançon, 11/09/2018, N° 17/01480)

(4) que le harcèlement se résume matériellement à un seul fait la diffusion de l'émoticône et qu'elle a fait cesser ce comportement reprochable [...] attendu que concernant l'**émoticone** diffusé par Monsieur D., avec une mention simultanée de demande d'excuses, la SAS a aussitôt prononcé une mise à pied conservatoire envers ce salarié (CA Colmar, 22/05/2018, N° 18/663)

« L'émoticône établit toujours des relations avec les énoncés qui suivent ou qui précèdent, modifiant, par inférences, l'interprétation qui en est faite » (Halté 2016 : 244–245). Encore faut-il que l'on puisse voir l'émoticône en question pour pouvoir interpréter l'énoncé. Or, dans les exemples cités, le simple signalement d'un pictogramme est tout à fait insuffisant pour

---

17 Les extraits reflètent l'orthographe et la ponctuation d'origine. Nous nous sommes limitée à utiliser le caractère gras pour mettre en évidence les termes-clés.

permettre au lecteur de l'arrêt de comprendre de quelle émotion il était l'indice. En effet, en (2) et (3) rien n'est précisé quant à l'expression faciale des smileys présents dans l'énoncé. Dans l'extrait (4), l'article défini utilisé pour la première occurrence de « émoticône » pourrait laisser penser que le mot est une reprise anaphorique, mais ce n'est pas le cas. L'émoticône n'étant pas décrite dans le texte, sa seule évocation ne permet pas de comprendre en quoi elle pouvait être indice de harcèlement.

*4.2 La description*

Il arrive que la décision de justice soit plus précise et rende compte de la présence des pictogrammes en les décrivant, avec pour effet de permettre au lecteur de se les représenter :

(5) « vous êtes un vilain je m'en charge' » avec un **clin d'œil sous forme** d'émoticône et celui ci répondant' : « 'oui je suis un grogrovilain et je vous présente mes excuses' ! » (CA Paris, 31/05/2018, N° 17/09933)

(6) le message de la salariée comporte un **smiley 'en colère'** en écho au message précédent de sa collègue Mme C. agrémenté d'**un 'smiley' qui pleure** (CA Angers, 31/05/2018, N° 17/00033)

(7) « [...] mais Muriel et moi avions la mémoire courte. » Cette phrase était ponctuée d'un « **Smiley** » **montrant un visage souriant** (CA Paris, 20/12/2012, N° 11/01184)

(8) en témoigne l'émoticône **aux multiples sourires** figurant à la fin de cet échange (CA Lyon, 6/07/2018, N° 16/06434).

Ces divers exemples de description illustrent tout d'abord que le terme « smiley » ne doit pas forcément être associé à un visage souriant mais qu'il peut aussi véhiculer une émotion comme la colère ou la tristesse (ex. 6). Cela dit, les descriptions demeurent limitées et, en l'absence d'une reproduction fidèle du pictogramme, il reste difficile dans certains cas de se le représenter : à quel pictogramme précis correspond l'« émoticône aux multiples sourires » (ex. 8) et comment sont les yeux et la bouche du « 'Smiley' montrant un visage souriant » (ex. 7) ? De fait, Unicode propose plus de 15 visages souriants. Selon le site *significationsmileys*[18], qui répertorie les smileys disponibles sur Whatsapp

---

18  <significationsmileys.fr>

et leur signification, le smiley qui rit bouche fermée avec les yeux rieurs (en caractères ASCII : « ^^ » ; en caractère unicode : U+1F60A) « exprime du bonheur, de la gaîté, de la sérénité ou de la reconnaissance ». En revanche, celui qui rit bouche ouverte les yeux fermés (en caractères ASCII : « XD » ou « >< » ; en caractère unicode : U+1F606), est « près du fou rire, en raison de quelque chose de ridicule ou d'incroyablement drôle ; il peut aussi rire avec malice et se moquer de ce qui arrive à quelqu'un ». On peut imaginer que l'interprétation donnée au message, par l'émetteur et par le destinataire, est influencée par le type de sourire. La description est donc insatisfaisante si elle ne permet pas de se représenter quelle émoticône était effectivement présente à l'origine.

Dans les exemples cités ci-dessus, la description du pictogramme est produite par le rédacteur de l'arrêt à partir des pièces déposées au procès. Sur le plan énonciatif, elle se distingue du fragment de discours rapporté : l'auteur de la description du pictogramme n'est pas l'auteur de l'énoncé qui, à l'origine, le contenait. Mais il arrive aussi que la description provienne d'une des parties au procès, ce qui ne suffit pas toujours à la rendre plus précise :

(9) « Durant nos conversations sur Internet il mettait des émoticônes **pornographiques** homosexuels (...) » (CA Grenoble, 30/11/2011, N° 10/05200)

L'extrait présenté en (9), rapporte le discours d'un plaignant qui reproche à la partie adverse un comportement de harcèlement sexuel. La citation au procès de l'envoi d'« émoticônes pornographiques homosexuels » contribue à renforcer l'acte d'accusation, laissant toutefois, là encore, la représentation précise de ces émoticônes à l'imagination. En effet, il n'existe pas à proprement parler de pictogrammes « pornographiques homosexuels », toutefois certains peuvent avoir une signification implicite lorsque leur forme ressemble à des attributs sexués ou lorsqu'ils sont combinés dans un énoncé.

Il ressort de ce qui précède que les décisions de justice prennent certes en considération les pictogrammes présents dans les énoncés soumis à leur appréciation, mais elles en rendent pauvrement compte par le langage verbal. Face au flou qui en résulte, le lecteur de l'arrêt peut difficilement se représenter l'énoncé tel qu'il était dans son environnement numérique d'origine. A la décharge des rédacteurs de décisions de justice, on peut toutefois présumer que le manque de précision est le résultat d'une exigence de concision, celle-ci faisant traditionnellement partie de la qualité rédactionnelle de l'arrêt. Par ailleurs, on peut supposer que des détails supplémentaires n'auraient rien apporté de plus à la décision. Cette supposition est étayée par le fait que les termes recherchés n'apparaissent en général qu'une fois dans chacun des textes de notre corpus, ce qui révèle que les pictogrammes n'ont eu qu'une incidence minime dans la décision.

## 4.3 L'interprétation

La signification des émoticônes varie selon les caractéristiques des messages dans lesquels elles apparaissent et selon la personne qui les interprète. Parfois, c'est le locuteur à l'origine du pictogramme qui en détaille lui-même la force illocutoire, comme le révèle l'îlot textuel ci-dessous :

(10) Mme M. argue que ces deux phrases étaient suivies d'un émoticône qui démontrerait « l'aspect second degré du message » (CA Paris, 4/12/2014, N° 12/10018)

Les travaux portant sur les émoticônes se focalisent le plus souvent sur leur production et donc sur la signification donnée par l'émetteur, plus rarement, ils portent sur leur compréhension par le destinataire (Gauducheau 2008). Dans notre cas, il s'agit de prendre aussi en compte leur compréhension par un tiers (l'avocat, le juge...). Les occurrences ne sont pas nombreuses, néanmoins certaines décisions de justice indiquent en quoi les émoticônes modalisent l'énoncé verbal :

(11) La cour ajoute que [...] une capture d'écran confirme la présence, en préalable au message litigieux, d'une **émoticône** exprimant la **préoccupation** suivi du mot 'inquiétude'. (CA Poitiers, 5/06/2019, N° 17/04069)

(12) Au surplus, les échanges de mails entre Mme V. et Mme A., dès le 16 juillet 2015 traitent expressément du départ de Mme R. 'il y aura un avant et un après Cécile R.' et traduisent leur **satisfaction** d'être 'débarrassées de cette sorcière' avec **ajouts de smiley** (CA Poitiers, 4/07/2018, N° 16/04483)

(13) M. L. ne s'offusque pas de la mention de sa rémunération mais au contraire s'étonne de celle élevée de sa collègue et sollicite avec **humour** (« smileys ») une augmentation. (CA Grenoble, 2/10/2018, N° 16/01704)

Ci-dessus, les décisions évoquent les états émotionnels d'inquiétude (11), de satisfaction (12) véhiculés par les smileys mais elles considèrent aussi la fonction renforçatrice (11, 12) ou de désambiguïsation (13) que ces pictogrammes exercent sur l'énoncé verbal.

Si dans les cas présentés l'interprétation ne pose pas trop de problèmes, il ne faut cependant pas oublier que l'émetteur et le destinataire ne voient pas toujours la même chose sur leur écran. De fait, le consortium Unicode donne un code et un nom à chaque pictogramme (par ex. U+1F63E = chat faisant la moue), mais chaque plateforme est ensuite libre d'en proposer sa propre réalisation graphique[19]. En cas de litige et d'interprétations divergentes, faut-il prendre en compte le pictogramme envoyé ou celui qui a été reçu ? A cet égard, une enquête américaine (Hillberg et al. 2018), menée auprès de 700 usagers de twitter, montre que 25 % d'entre eux ignoraient que le pictogramme envoyé pouvait être différent de celui reçu. Après avoir pu observer comment il changeait selon la plateforme, 20% des enquêtés ont répondu qu'ils n'auraient pas envoyé le tweet ou qu'ils l'auraient modifié. Ces résultats révèlent l'urgence d'une harmonisation entre les plateformes pour éviter d'éventuelles controverses judiciaires.

Mais, même si l'émetteur et le destinataire voient exactement la même réalisation graphique, ils peuvent en avoir une interprétation différente. En effet, celle-ci varie en fonction des individus et des cultures, ce qui n'est pas sans incidence dans la communication internationale. Parmi d'autres exemples, on peut citer le pictogramme des mains qui applaudissent. En Occident, il est en général l'indice d'une appréciation positive ou de félicitations mais, en Chine, il peut correspondre, selon Rawlings (2018), à l'acte sexuel. Le site *significationSmileys*[20] indique pour sa part que le visage dont le nez émet de la vapeur 😤 est utilisé par les Européens et les Américains pour exprimer la colère ou la rancœur, tandis qu'au Japon, il représente le triomphe. Quant au pictogramme 👌, il symbolise que tout se passe bien dans les pays occidentaux, alors qu'au Japon le geste sert à symboliser l'argent.

---

19 Emojipedia.org – un site encyclopédique d'émojis – donne une liste de 14 plateformes, ce qui signifie qu'il peut y avoir 14 présentations différentes d'un même caractère emoji Unicode <http://www.emojipedia.org>.
20 <significationsmileys.fr>

## 5 Le pictogramme entre-t-il en compte dans la prise de décision ?

Comme nous l'avons déjà précisé, la jurisprudence présente en ligne est réduite aux parties qui présentent un intérêt pour comprendre la décision du juge. On peut donc en déduire que la présence dans les textes de l'un de nos termes-clés implique que le pictogramme en question revêt une certaine importance. Nous avons donc relevé les traces discursives qui indiquent dans quelle mesure les décisions du corpus ont tenu compte du pictogramme.

### 5.1 *Le pictogramme comme preuve ou caractérisation d'une interaction numérique*

Le juge peut s'intéresser à la façon dont l'élément non verbal influence le contenu propositionnel qui l'entoure mais, de façon plus large, il peut aussi prendre en compte la façon dont la seule présence de l'élément caractérise l'environnement numérique dans lequel il s'insère. Dans ce second cas, le magistrat adopte ce que Paveau (2013 : 145) appelle « une approche écologique de la production des énoncés, impliquant que l'objet d'analyse n'est pas seulement l'énoncé mais l'ensemble du système dans lequel il est produit ». A cet égard, les deux exemples ci-dessous sont particulièrement significatifs :

(14) qu'outre Isabelle S., Vanessa M. et l'appelant, cinq autres personnes non identifiées ont fait savoir par la transmission d'un **émoticône** qu'elles partageaient l'opinion de Claudy C. à l'origine de ces échanges (CA Paris, 17/05/2018, N° 16/09174)

(15) les **émojies** du 14 juillet 2017 étant insuffisants pour établir la réalité des relations évoquées de même que les quelques séjours effectués en Tunisie par M. B. entre 2013 et 2016 (CA Rennes, 10/09/2018, N° 17/03061).

En (14), différentes personnes (certaines étant des salariés dont le nom apparait alors que d'autres ne sont pas identifiées) envoient une émoticône en réponse à un énoncé de Claudy (lui aussi un salarié). On ne sait pas si le pictogramme accompagne un énoncé verbal, mais il est présenté comme une réaction subjective de ces personnes à une opinion émise par Claudy. Or, dans l'affaire en question, ce n'est tant pas le sens attribué à l'émoticône qui va retenir l'attention de la cour que son cadre énonciatif, à savoir le fait qu'elle a été produite par plusieurs « personnes non identifiées », conférant ainsi un caractère public aux accusations du salarié Claudy. L'opinion du magistrat, selon laquelle Claudy savait que les messages échangés dépassaient la sphère privée des amis, se trouve ainsi renforcée. La cour conclut qu'en s'exprimant dans un espace public, le salarié a outrepassé sa liberté d'expression et commis des faits fautifs d'une gravité telle qu'ils rendent impossible son maintien dans l'entreprise.

De même, en (15), les juges ont retenu que les émojis – dont le texte de la décision ne fait état ni du nombre ni de la teneur – étaient « insuffisants » pour contribuer à démontrer l'existence d'une volonté de connaissance réciproque de deux soi-disant fiancés l'un français, l'autre tunisienne. Ici encore, ce n'est pas la signification des émoticônes qui retient l'attention de la cour mais leur présence – où plus précisément leur relative absence – alors que l'échange de nombreux pictogrammes aurait sans doute permis de caractériser une volonté de la part des « fiancés » de se saisir de la technologie numérique pour communiquer, même en l'absence d'une langue commune.

Ces décisions rendent bien compte du fait que les émoticônes sont objet d'interprétation de la part de la justice au même titre que le langage verbal. Dans la plupart des cas, ils ne constituent cependant qu'un indice parmi d'autres pour permettre au juge de se forger une opinion.

### 5.2 *Le pictogramme, un indice parmi d'autres*

Aucun des arrêts ou jugements auxquels nous avons eu accès n'a pour unique objet de litige un pictogramme. Cependant, ce dernier a pu faire partie du faisceau d'indices qui a amené le juge à prendre une décision. Ainsi, dans les cas suivants, il a été retenu que les smileys ou émoticônes avec d'autres signes, tels que des onomatopées ou une ponctuation expressive, apportaient des précisions au contenu propositionnel de l'énoncé :

> (16) si ces propos pouvaient être motif de licenciement, ils ne constituaient pas un dénigrement de l'entreprise et n'avaient qu'un but humoristique

démontré par l'usage de « **smiley** » et d'onomatopées dans le cadre de l'échange (Conseil des Prud'hommes Boulogne-Billancourt, 19/11/2010)

(17) que, cependant, la ponctuation, les termes et les **émoticônes** employées dans les méls ultérieurs permettent de constater le caractère ironique de l'expression de l'appelante ; qu'en conséquence, ce grief est établi (CA Dijon, 28/03/2019 N° 17/00090)

En (16), le caractère non dénigrant des propos est « démontré », entre autres, par le smiley ; en (17), le caractère ironique d'une expression utilisée par une des parties au procès est attesté par des émoticônes.

Un cas tout à fait particulier mérite d'être signalé, même s'il ne provient pas du corpus que nous avons exploité[21]. Il s'agit du procès en 1ère instance d'un jeune homme accusé en 2016 d'avoir proféré des menaces de mort après avoir envoyé l'émoticône « pistolet » par SMS à son ex-petite amie. Dans cette affaire, l'avocate du prévenu a émis le doute qu'un aussi petit dessin « de 2mm x 2mm, sans un mot d'explication, inerte » puisse avoir un tel impact et a soutenu que le pistolet pouvait signifier : « 'Notre relation est morte' ou à l'extrême limite 'Je ne suis pas content' ». Pour rendre son jugement condamnant le jeune homme, le tribunal a ici encore considéré que l'émoticône faisait partie d'un faisceau d'indices. De fait, lors de l'audience, la plaignante avait déclaré avoir été harcelée par des menaces de mort par téléphone beaucoup plus explicites que le dessin du pistolet. C'est donc précisément cet ensemble d'indices qui a permis de considérer que le pictogramme pouvait être aussi interprété comme une menace.

---

21 Jugement non publié rendu par le tribunal correctionnel de Valence (Drôme) en mars 2016 qui ne figure pas dans les bases de données jurisprudentielles mais a été abondamment commenté dans la presse, en particulier à partir d'un article du *Dauphiné libéré* (23 et 30-03-2016). Le jeune homme a été condamné à 6 mois de prison, dont trois ferme, et à 1000 euros de dommages et intérêts. <http://www.ledauphine.com>.

## 6 Conclusion

Ainsi que nous l'avons évoqué, une émoticône insérée dans un énoncé est susceptible de faire apparaitre des divergences à différents niveaux :

- les parties prenantes qui utilisent des plateformes différentes peuvent ne pas voir la même réalisation graphique de cette émoticône,
- si elles voient la même réalisation graphique, elles peuvent ne pas lui donner la même signification,
- si elles lui donnent la même signification en absolu, elles peuvent cependant ne pas être d'accord sur la façon dont l'émoticône en question modalise l'énoncé propositionnel dans une situation d'énonciation particulière.

Dans ces circonstances, on peut imaginer la difficulté que représente pour les juges la prise en compte de ces éléments non verbaux, indices d'état émotionnel.

Cette tâche est rendue encore plus ardue par le fait que, même dans les pays technologiquement très avancés, le processus de rédaction et de publication des décisions de jurisprudence n'est pas adapté à ce qui s'écrit dans les environnements connectés. Certes, les émoticônes n'ont pas encore envahi les tribunaux et les cours de justice, elles ne sont pas non plus au cœur des jugements ou arrêts de notre corpus. Néanmoins, la présente recherche, comme celles de Goldman (2018, 2019, 2020) aux USA ou de Bich-Carrière (2019) au Canada, montre leur croissance exponentielle dans les décisions judiciaires au cours des dernières années.

Dans ces circonstances, les énoncés numériques natifs pourront difficilement continuer à être traités comme les énoncés prénumériques. Pour pouvoir les analyser et en rendre compte correctement, il faudra donc nécessairement, dans les palais de justice comme ailleurs, « adopter une perspective qui dépasse l'idée d'une séparation entre le langage et ses extérieurs, en particulier techniques, et modifier la conception de la langue pour la penser comme coconstituée d'une altérité technique » (Develotte/Paveau 2017 : 206).

# Bibliographie

Bich-Carrière, Laurence 2019. Say it with [*A Smiling Face with Smiling Eyes*]: Judicial Use and Legal Challenges with Emoji Interpretation in Canada. *International Journal for the Semiotics of Law/Revue internationale de sémiotique juridique*. 32/2, 283–319.

Develotte, Christine/Paveau, Marie-Anne 2017. Pratiques discursives et interactionnelles en contexte numérique. Questionnements linguistiques. *Langage et Société*. 160–161, 199–215.

Dresner, Eli/Herring, Susan C. 2010. Functions of the Nonverbal in CMC: Emoticons and Illocutionary Force, *Communication Theory*. 20, 249–268.

Gauducheau, Nicole 2008. La communication des émotions dans les échanges médiatisés par ordinateur : bilan et perspectives. *Bulletin de psychologie*. 496/4, 389–404.

Goldman, Eric 2018. Emojis and the law. *Washington Law review*. 93, 1228–1291.

Goldman, Eric 2019. What's new with emoji law? An interview. *Technology and marketing law blog*, <https://blog.ericgoldman.org/archives/2019/02/whats-new-with-emoji-law-an-interview.htm> (28/03/2020).

Goldman, Eric 2020. 2019 Emoji law, Year in review. *Technology and marketing law blog*. <https://blog.ericgoldman.org/archives/2020/01/2019-emoji-law-year-in-review.htm> (28/03/2020).

Halté, Pierre 2016. Enjeux pragmatiques et sémiotiques de l'étude des émoticônes. *La Découverte « Réseaux »*.197–198, 227–252.

Halté, Pierre 2019. *Emojis*, émoticônes, smileys? Proposition de classement terminologique selon des critères sémiotiques et énonciatifs *Interfaces numériques*. 2, 366–386.

Hillberg, Hannah Miller/Levonian, Zachary/Kluver, Daniel/Terveen, Loren/Hecht, Brent 2018. What I See is What You Don't Get: The Effects of (Not) Seeing Emoji Rendering Differences across Platforms proceedings of the *ACM on Human-Computer Interaction*. Article 124 <https://doi.org/10.1145/3274393> (19.12.2019).

Le Tutour, Marie 2018. *Le* smiley a fait la fortune de cet homme. *Capital*. <https://www.capital.fr/votre-carriere/le-smiley-a-fait-la-fortune-de-cet-homme-1280552> (19.12.2019).

Paveau, Marie-Anne 2013. Technodiscursivités natives sur Twitter. Une écologie du discours numérique. *Épistémé (Revue internationale de sciences humaines et sociales appliquées, Séoul)*. 9, 139–176.

Paveau, Marie-Anne 2017. *L'analyse du discours numérique. Dictionnaire des formes et des pratiques*. Paris : Hermann, coll. « Cultures numériques ».

Pierce, Charles S. 1978. *Écrits sur le signe*, rassemblés, traduits et commentés par Gérard Deledalle, Paris : Le Seuil.

Rawlings, Alex 2018. Why emoji mean different things in different cultures. *BBC Future*. <https://www.bbc.com/future/article/20181211-why-emoji-mean-different-things-in-different-cultures> (28.03.2020).

ns in
deutschen Energiewende-Diskursstrategien: Das
Beispiel RWE

Iris Jammernegg

1 Einführung

Dieser Beitrag bereitet Teilergebnisse eines derzeit im Fachbereich Germanistik an der Universität Udine laufenden Forschungsprojekts[1] auf, das einen Ausschnitt des auf die erneuerbaren Energien bezogenen Diskursgeschehens im deutschen und italienischen Raum sowohl getrennt als auch vergleichend untersucht. Da insbesondere die linguistisch-textuelle Steuerung von Rezeption und Akzeptanz der Inhalte im Mittelpunkt steht, bilden multimodale, größtmögliche Breitenwirkung erzielende und/oder an diskursrelevante Zielgruppen gerichtete Online-Kommunikate von einflussreichen Akteuren des öffentlichen, profitorientierten und Dritten Sektors bzw. von Multiplikatoren die Korpusbasis.[2]

In Hinblick auf die für das Gesamtprojekt zentrale Analyse von Wissensaufbau bzw. -management in Diskurs steuernder Funktion sowie auf den diesem Band zugrunde liegenden Schwerpunkt soll nun anhand eines gewichtigen, oft umstrittenen Akteurs erforscht werden, ob Wissen generiert bzw. geteilt oder als ein die asymmetrische Beziehung festigender Machtfaktor eingesetzt wird. Dabei orientiert sich die Untersuchung zum einen an der Dynamischen Texttheorie von Fritz 2017, zum anderen an der SFL-Theorie (*Systemic functional linguistics*) von Martin/Rose 2007. Es wird vor dem Hintergrund der

---

[1] Zu der von der Verfasserin koordinierten Forschungsgruppe zählen Sonja Kuri und Federico Collaoni.
[2] Die RWE-Daten wurden im Zeitraum Mai-Juni 2019 erhoben.

angesprochenen bzw. bereitgestellten Wissensbestände framelinguistisch (Busse 2012) erörtert, welches für die Erfüllung der Kommunikationsabsicht entscheidende Verhältnis einerseits zwischen rational argumentativen sowie empfindungsbasierten, jeweils die Einstellung der Adressaten fokussierenden Diskursstrategien, andererseits zwischen den an den Kommunikaten beteiligten semiotischen Codes besteht.

Methodisch ergänzen einander in einem zyklischen Verfahren computergestützte Konkordanzanalyse und qualitativer Zugang, der sich auf saliente, Diskurs steuernde Textteile des Korpus konzentriert. Die Diskursanalyse stützt sich dabei auf ein breit angelegtes, frameorientiertes Linguistik- bzw. Textverständnis, das in Anlehnung an Stöckl (2010) und Fraas/Meier (2013: 137) Erkenntnisse der Text- und Bildlinguistik synergetisch nützt. Bei den untersuchten Kommunikaten handelt es sich folglich um Sprachtexte und Sprach-Bild-Texte des schriftlichen Mediums.[3] Bevor ich die hier gestellten Forschungsfragen behandle (Punkt 4, 5 und 6), präsentiere ich kurz das programmatische Selbstverständnis des Akteurs (Punkt 2) und erläutere die datenanalytische Vorgangsweise, die in Hinblick auf das Gesamtprojekt entwickelt wurde (Punkt 3).

## 2 Kontextualisierung des Akteurs RWE

Die folgende Kurzbeschreibung fasst Daten und Aspekte der im Webauftritt[4] nachzulesenden Selbstdarstellung zusammen, die auch zu den Anschuldigungen seitens der Öffentlichkeit bezüglich der

---

3   Audiolinguistik und das mündliche Medium bei Sprach-Bild-Texten wurden für das Gesamtkorpus berücksichtigt.
4   <https://www.group.rwe>. Dieser und alle in weiterer Folge angeführten URL-Belege zur Akteurs-Website sowie andere, meist auf RWE bezogene Internetressourcen werden aus Platzgründen nur in den Fußnoten, nicht aber in der Bibliografie ausgewiesen. Auch das Datum des letzten Zugriffs wird hier einmalig für erstere mit 30.6.2019 und für letztere mit 30.9.2019 angegeben.

Tagebauschäden Stellung nimmt. Andere Elemente des Fremdbilds wurden journalistischen Quellen[5] entnommen, die aus Platzgründen nicht gesondert angeführt werden können. Der Stromerzeuger RWE bietet einerseits Services zur Optimierung von Kraftwerks- und Bergbauanlagen sowie im Rückbau von Kernkraftwerken. Andererseits verteilt er über diverse Tochtergesellschaften Strom, Gas und Wasser an über 120 Millionen Kunden, vor allem in Deutschland, Großbritannien, Niederlande/Belgien und Osteuropa sowie Nordamerika. Durch eine stufenweise, bis Ende 2019 abzuschließende Transaktion ist RWE gemeinsam mit E.ON Energiemarktführer in Deutschland und einer der wichtigsten Energiekonzerne Europas, indem er sein konventionelles Erzeugungsgeschäft mit einem breitgefächerten Portfolio aus erneuerbaren Energien ergänzt.

Die *Mission* des Unternehmens verfolgt als Hauptziel des Energiehandelsgeschäfts langfristige Profitabilität, womit – neben dem Unternehmensgewinn – auf der einen Seite bezahlbare Sicherheit und Verlässlichkeit in der Energieversorgung, andererseits RWEs Beitrag zu wichtigen Marktentwicklungen zu verbinden sind, die es antizipiert und vorantreibt. Seine *Vision* zielt darauf, als aktiver Treiber neuer Lösungen für Versorgungssicherheit in der (europäischen) Energiewende zur nachhaltigen Gesamtentwicklung der Gesellschaft beizutragen.

Was seine Positionierung im durch die Interessen der anderen Akteure geprägten agonalen Feld des Energiediskurses betrifft, versteht es sich seiner *Vision* zufolge als verantwortungsvollen, an Transparenz und Nachhaltigkeit orientierten Partner der Energiewende. In der Fremdwahrnehmung werden vor allem seine durch die strategische Allianz mit E.ON extrem dominante Marktposition und mögliche monopolistische Entwicklungen thematisiert. Der Konzern steht insbesondere wegen durch Tagebauarbeiten im Rheinischen Braunkohlerevier verursachter Umweltschäden in der öffentlichen Kritik.

---

5   Stellvertretend <https://www.pressesprecher.com/nachrichten/rwe-hat-ein-hasskommentar-problem-610753351>, <https://www.spiegel.de/wissenschaft/natur/hambacher-forst-der-maerchenwald-a-1241613.html#>.

## 3 Methodische Anmerkungen

Die Analyse muss unterschiedliche Textdaten sowie Kontextinformationen berücksichtigen, die eine je spezifische Herangehensweise, aber auch eine Vergleichsbasis erfordern. Diesen Aspekten tragen Bildung und Bearbeitung des Korpus bzw. der Sub-Korpora Rechnung. Aus den Forschungsfragen resultierende Kriterien leiten die Zusammenstellung des Korpus. Dieses soll den Prinzipien der linguistischen Diskursanalyse entsprechend repräsentativ sein: Das Themenfeld muss in unterschiedlichen Texten, Textsorten und Kommunikationssituationen und aus diversen Sprecherperspektiven behandelt werden (vgl. Kämper 2015: 30). Die Datenauswahl innerhalb der Akteurs-Websites erfolgt exemplarisch: Es werden Schlüsseltexte selegiert, die konzeptuell-linguistisch Textserien antizipieren oder darauf verweisen (vgl. Fix 2016: 211–212). Sie finden sich mehrheitlich an vom Sender als Diskurs lenkend konzipierten Stellen. Daraufhin werden intertextuelle Beziehungen des jeweiligen Einzeltextes (im Sinne seines Textnetzes, vgl. Fix 2016: 211–213) sondiert. Als Diskriminierungsinstrument wird dazu die semiotische bzw. medienspezifische Salienzsetzung durch den Sender herangezogen. Als Einzeltexte werden dabei sowohl rein verbal konstituierte (von nun an VT) als auch Sprache-Bild-Kommunikate (BT) verstanden, während rein visuell basierte Texte im Korpus nicht aufscheinen.

In Hinblick auf den VT erfolgt der erste quantitative Analyse-Durchgang *corpus based* (Felder 2012: 124) mittels der dank eines europäischen Bildungsprojekts frei zugänglichen Data-Mining-Software *Sketch Engine*.[6] In einem *Bottom-up*-Verfahren werden von den eigenen Erwartungen und Intentionen als möglicher Rezipient und involvierter Forscher ausgehend *a priori* Frames (aktivierte Wissensbestände) gesetzt und als Schlüsselbegriffe im Korpus verifiziert. Die semantischen Beziehungen zwischen den so ermittelten Schlüsselausdrücken (wie etwa *Energiewende*, *Klimawandel* oder *Versorgungssicherheit*) tragen die Sinnstrukturen der Diskursausschnitte (Fraas/

---

6  <https://www.sketchengine.eu/>.

Meier 2013: 139–140). Daraus resultierende weitere Schlüsselwörter werden *corpus driven* einer erneuten quantitativen sowie einer qualitativen (bild-)linguistischen Analyse durch intensive Lektüre der salienten Kotext-Stellen bzw. extensive Lektüre des weiteren Kontexts unterzogen (s. dazu Abschnitt 5 und 6).

Die Analyse des Bildmaterials konzentriert sich auf die Funktion des Elements sowie seine Anordnung in der Fläche und stützt sich vorrangig auf Verfahren, die seine Relation zur verbalen Komponente untersuchen. Hingegen wird die Bildhermeneutik an sich weitgehend eingeschränkt. Obwohl nicht der ästhetische Gehalt im Vordergrund steht, berücksichtigt unsere Forschungsgruppe die u.a. von Bohnsack (2009: 35) und Mey/Dietrich (2016: Abs. 12) geäußerte Forderung, nicht durch ein starres Interpretationsschema bzw. nicht bildimmanente Assoziationen den Blick auf die Anordnung der jeweiligen Bildelemente zu verstellen, insofern, als wir Bildelemente, die kompositorisch[7] oder aufgrund der bildintern angeregten, durch das wahrnehmende Subjekt befolgten Blickrichtungen (Breckner 2010: 274–275) hervorgehoben werden, nach dem ersten Betrachten notieren. Wir übernehmen von der ikonografisch-ikonologischen Einzelbildinterpretation nach Pilarczyk/Mietzner (2005) die Erfassung der Bildinhalte (abgebildete Personen oder Dinge, dargestellte Handlungen etc.) und des relevanten Bildmotivs sowie der expressiven Mittel wie Bildausschnitt und Kameraführung, aber auch Schärfeverteilung, Licht- und Farbgebung, Vordergrund-Hintergrund-Gestaltung, Kontrast. Die Bildintention untersuchen wir hingegen nicht in Bezug auf den Urheber des Bildes, sondern den Sender, der es als relevant ausgewählt hat. Seine Salienzgebung resultiert dabei einerseits aus Dimension und Format in Verbindung mit der materiellen Position innerhalb des Textes, andererseits aus den im Bild eingesetzten gestalterischen Mitteln. Unsere serielle Analyse fasst die Einzelbilder zu den Kategorien *Titelbild* (der Homepage oder einer thematischen Startseite), *Bild im Fließtext*, *Bild als Hyperlink* und *Visual als Träger-(Material)*[8] zusammen. Bei der Verteilung

---

7   Wie in der Fläche durch szenische Choreografie Personen bzw. Objekte miteinander in Bezug gesetzt oder voneinander abgegrenzt werden (s. Bohnsack 2009: 58–72).
8   Damit ist die eventuelle Stofflichkeit der Bild- bzw. Textumgebung gemeint, die auch nur suggeriert sein kann (vgl. "periphäre Codes" in Fix 1996).

von VT und BT auf der Fläche werden Stöckl (2010: 56–58) folgend die jeweiligen räumlich-syntaktischen Muster erhoben, die linearisiert sein können, wobei horizontal oder vertikal Sprache auf Bild folgen, die umgekehrte, aber auch eine alternierende Reihenfolge vorliegen kann. In simultanen Mustern finden sich die konfigurierte Variante, in der die Schrift im Bild enthalten ist, und die transmutierende Form, bei der Schrift und Bild eine untrennbare Gestalt ergeben. Das semantische Verhältnis zwischen VT und BT wird in Anlehnung an Janich (2005: 191–192) auf Gleich- bzw. Unterwertigkeit hin untersucht. Bei ersterer sind beide semiotischen Codes erforderlich, um das Kommunikationsziel zu erreichen. Dabei können der eine oder der andere oder auch beide im Fokus stehen. Bei letzterer dominiert einer der beiden Codes, während der andere auch wegfallen könnte. Die von Moser (1990: 209) für den Kommunikationsbereich der Werbung formulierten Bildfunktionen wie *Aufmerksamkeit wecken, motivieren, Informationen verarbeiten* oder *organisieren, ein Vorstellungsbild generieren, Wissen aktivieren, Beispiel geben, unterhalten* und die *Erinnerung fördern* erweitern wir a priori um die Aspekte *Argumentationen stützen* und *emotionsbetonte Reaktionen fördern*. Der Analyse der Werbekommunikation entlehnt ist auch die Unterscheidung in Aufmerksamkeit und Rezeptionsbereitschaft des Lesers weckendes *Catch Visual* und *Key Visual*, das das fokussierte Thema in Verbindung mit dem Senderbrand darstellt und ein großes Erinnerungspotential enthält (nach Zielke 1991: 82). Es wird außerdem untersucht, ob die salient gesetzten Bilder „von [den] Akteuren in Anlehnung an diskursiv etablierte Bildinventare ausgewählt" werden (vgl. Gredel 2017: 159) oder auch diskursiv erst zu positionieren sind, da sie den dominierenden Meinungen entgegenstehende oder noch unbeachtete diskursrelevante Aussagen in verdichteter Form darstellen (vgl. Spieß 2017: 116).

## 4 Ergebnisse der Bildanalyse

RWE weist vor allem die ganze Breite des oberen Seitenviertels einnehmende Banner-Titelbilder auf, die gemeinsam mit jenen Fotos die

Orientierungsfunktion erfüllen, die hauptsächlich gegen Seitenende in einem horizontalen Dreierblock gleichen Formats angeordnet sind und zu thematischen Unterseiten führen. Dazwischen liegen Fließtext und/ oder abwechselnd in den Hausfarben Dunkel- und Hellblau unterlegte Blöcke, deren Textelemente weitere Seiten verlinken. In Banner-Bildern ist der Text im Bild enthalten, ansonsten folgt er vertikal auf den visuellen Teil. Auf Unterseiten können VT und BT auch alternieren. Es dominiert die verbale Komponente, nur Banner-Bilder zeigen ein gleichwertiges, jedoch text-zentriertes Verhältnis. Allein im das Unternehmens-Motto veranschaulichenden Homepage-Bannerbild, einem der wenigen *Key Visuals*, stehen beide Codes im Fokus (s. auch Punkt 6). Die visuelle Komponente soll generell Aufmerksamkeit wecken und auf den Unterseiten ein Beispiel der beschriebenen Inhalte liefern, während die Informationsverarbeitung bzw. -organisation auf Grafiken und Tabellen beschränkt bleiben. Je höher die Hypertextebene, desto zahlreicher sind die untereinander logisch-funktional zusammenhängenden Funktionen, die auf den in die diversen Themen einführenden Banner-Bildern verschränkt werden: *Motivieren, emotionsbetonte Reaktionen fördern, Wissen aktivieren, Argumentationen stützen*. RWE setzt in allen Bild-Kategorien an diskursiv etablierte Bildinventare anknüpfende *Visuals* ein (z.B. Ausschnitt eines Straßenzugs mit Reihenhäusern im Start-Banner zum Thema *Nachbarschaft*). An Stellen, die zentrale Aspekte des Selbstverständnisses betreffen, finden sich jedoch Fotos, die vom herkömmlichen Repertoire abweichen, wie das erste, abstrakt wirkende Text-Bild-Gefüge des Homepage-Banners, das Ausgangspunkt und Kerngehalt der den gesamten Internet-Auftritt umschließenden bzw. RWEs *Mission* verkörpernden Rahmenmetapher ist: Es schließen sich jeweils fächerartig ausgebreitet die links gezeigten Metallflächen und die rechts abgebildeten Farnkräuter zu einem Kreis. Darüber legt sich in der linken Hälfte der Textblock: „Zukunft. Sicher. Machen./Wie wir denken. Was wir tun. Woran wir arbeiten"[9], den der Vertiefungslink „Mehr erfahren" ergänzt. Die Metallleisten erkennt der Betrachter dann in dem thematischen Banner-Bild zur

---

9   <https://www.group.rwe>.

Gasanlage „GuD Gundremmingen"[10] wieder, in dem sie anhand der dazugehörigen Titelüberschrift „Gaskraftwerke sind fester Bestandteil der Energieversorgung von morgen" als zentrales Element der Anlage identifiziert werden können. Durch Licht- und Perspektiveffekte des Ausschnitts wirken beide Aufnahmen futuristisch und ästhetisch ansprechend und heben sich von herkömmlichen Anlagendarstellungen ab. Auch das Banner-Bild zum Text „Aussichtspunkt Tagebau Hambach/: terra nova"[11] unterscheidet sich von den üblichen Aufnahmen von Tagebau-Landschaften, indem das Areal selbst den blassen Hintergrund für die fokussierten roten Liegestühle und Sonnenschirme auf der Terrasse bildet, die den im folgenden verbalen Text – wie in der gesamten dem heftig debattierten Thema Tagebau gewidmeten Sektion – betonten Mehrwert als Naherholungsgebiet veranschaulichen.

## 5 Aktivierte Wissensbestände

Framelinguistisch (Busse 2012) sind unter den hier behandelten alle auf deklaratives und prozedurales Wissen bezogenen Bestände zu verstehen, die als Interpretationsrahmen bzw. Kategorisierungshilfe bei der Aneignung sowie der Vermittlung von Realitätsausschnitten dienen. Diese Frames können folglich Sachverhalte, Themen, Werte, aber auch Instrumente enthalten. Zu den im RWE-Teilkorpus durch den Sender aktivierten Aspekten dieses *Framings* zählen einerseits beim Rezipienten als vorhanden vorausgesetzte und für die eigenen Zwecke aktivierbare, andererseits wenig bekannte oder in der öffentlichen Meinung negativ konnotierte Bestände.

Dem Adressaten bereits zur Verfügung stehende Frames, vor allem instrumenteller Art, werden oft implizit über den visuellen Code angesprochen, wie etwa das biologische Interpretationsmuster

---

10 <https://www.group.rwe/innovation-wissen-nachbarschaft/innovation-und-technik/projektvorhaben/gud-gundremmingen>.

11 <https://www.group.rwe/innovation-wissen-nachbarschaft/rwe-vor-ort/nachbarschaft/aussichtspunkt-terra-nova>.

des Kindchenschemas (vgl. Lange/Schwab 2017), das in Zusammenhang mit Rechtfertigungstexten rund um den Hambacher Forst über ein Foto[12] abgerufen wird, auf dem ein kleines schutzbedürftiges Tier dank der Merkmale *großer Kopf; große, runde Augen* und *direkter Blickkontakt mit dem Betrachter* in diesem den Pflegeinstinkt weckt. Ein weiteres Beispiel ist die von Kress und van Leeuwen (1996) als in der westlichen Kultur übliche Bildrezeption beschriebene *grammar of visual design*. Eine explizite thematische Bezugnahme erfolgt meist verbal und betrifft den aktuellen Energiewendediskurs sowie öffentliche Kritik an RWE. Die damit verbundenen Schlüsselthemen *Nachhaltigkeit, Versorgungssicherheit, Finanzierbarkeit* werden mit folgender Gewichtung dargestellt: relevant für die Gesellschaft, für Kunden, als Rentabilität für RWE.

Zu den im öffentlichen Bewusstsein noch nicht oder negativ positionierten Wissensbeständen, die explizit hauptsächlich verbal-argumentativ angesprochen werden, gehören technologische Innovationen am Energiemarkt und RWEs Rolle dabei, gesamtgesellschaftliche Implikationen von RWEs Ansatz, Schwierigkeiten bei rahmenrechtlichen Verhandlungen mit politischen Entscheidern. Die Rangordnung spiegelt sich makrostrukturell in den Ergebnissen der Lemma-Suche *Wissen*, die senderseitig den an den organisationalen Sektionsbereich gebundenen Kernpfad <https://www.group.rwe/innovation-wissen-nachbarschaft/> erkennen lassen, an den je nachdem die Themen *Verantwortung, Engagement, Technik, Umweltschutz bei RWE* bzw. *RWE vor Ort* anknüpfen. So wird z.B. das lokal bei Anrainern vorhandene Wissen als *pars pro toto* auf das in der gesamten Öffentlichkeit aufzubauende Wissen übertragen: „Bürger wissen, wie wichtig uns eine gute Nachbarschaft ist. Sie wissen, welche kommunalen und medialen Bemühungen uns diese Nachbarschaft wert ist".[13]

Die kognitionspsychologisch verankerte binäre Kategorisierung der wahrgenommenen Umweltphänomene, die sich im Energiediskurs als (unüberwindbarer) Kontrast zwischen fossilen Energieträgern und erneuerbaren Ressourcen herauskristallisiert und zu der entsprechenden Beurteilung als gut oder schlecht geführt hat, versucht der Akteur

---

12  <https://www.hambacherforst.com/renaturierung>.
13  <https://www.group.rwe/innovation-wissen-nachbarschaft/rwe-vor-ort>.

sowohl explizit durch fachspezifische Erklärungen als auch implizit durch das rhetorisch-logische Instrument des Dreiklangs bei beschreibenden und wertenden Adjektiven, aber auch bei der Auflistung von Argumenten aufzubrechen. Explizit wird etwa die erwünschte Sichtweise auf kritische Aspekte der Energiewende in einem typografisch vom explikativen Fließtext abgehobenen Zitat des Vorstandsvorsitzenden der Braunkohle- und Kernenergiegesellschaft RWE Power Frank Weigand angesprochen: „Klimaschutz, Versorgungssicherheit, bezahlbarer Strom: Dieses Dreieck müssen wir gemeinsam betrachten".[14] Visuelle, in Punkt 4 beschriebene Dreierblock-Gestaltung und Dreiklang (oder Häufung der charakterisierenden bzw. definierenden Wortarten) als rhetorisches Mittel in textsemantischer, argumentationsstützender Funktion helfen dann, diese konzeptuelle Triangulation[15] sowohl zu veranschaulichen als auch als Lesart zu aktivieren: „Um eine sichere, lückenlose und bezahlbare Energieversorgung in Einklang mit den Klimazielen zu bringen, wird es noch zahlloser neuer Technologien bedürfen".[16]

Auf evolutionspsychologische Zusammenhänge zwischen Emotionen, Kognition und Verhaltensaktivierung wird bei verbal und visuell konstituierter Argumentation zurückgegriffen, wie wir in Punkt 6 erörtern.

## 6 Rational und emotional operierende Vertextungsmuster

Die übergeordnete, im Bereich der Öffentlichkeitsarbeit angesiedelte Kommunikationsabsicht der untersuchten Website zielt auf eine Bewusstseins- bzw. Einstellungsänderung in der öffentlichen Wahrnehmung in Bezug auf die von RWE vertretene Haltung zum Thema

---

14  <https://www.en-former.com/innovation-fuer-konventionelle-und-erneuerbare-energien>.
15  Diese ist bereits durch die Energiepolitik der Bundesregierung vorgegeben, s. <https://www.bmwi.de/Redaktion/DE/Artikel/Energie/zielarchitektur.html>.
16  <https://www.en-former.com/innovation>.

*Energiewende.* Zu diesem Zweck wird auf der Inhaltsebene spezifisches Wissen weitergegeben, während auf der Ausdrucksebene unterschiedliche Stimuli verknüpft werden, um persuasiv die Informationsverarbeitung beim Rezipienten zu lenken. Es verschränken sich einerseits rationale und emotionale Elemente, andererseits unterschiedliche semiotische Codes. Die Themenentfaltung erfolgt dabei vorrangig deskriptiv-beschreibend und argumentativ, in weiterer Folge explikativ und deskriptiv-berichtend. Narrative Stellen sind auf den integrierten Blog „en: former" beschränkt.

Der Sender thematisiert Rationalität und die damit verbundenen Sprechhandlungen als für sein Verhalten prägend sowie Emotionalität als im Energiediskurs hinderlich. Um die auf diskursrelevantes Themenwissen ausgerichteten Teiltexte bzw. Textstrategien anhand einschlägiger Thematisierungen seitens des Senders zu orten, wurden bei der Lemma-Suche die Basen *wiss\**, *kenn\**, *ratio\** eingegeben. Gleichzeitig wurde nach grammatikalischen Indikatoren für Sprechhandlungen gesucht, z.B. *weil, denn, da* zur Handlung *begründen*. Komplexe Sprechhandlungen wie *argumentieren* lassen sich jedoch nicht durch einzelne Suchwörter erfassen, einerseits weil spezifische Konjunktionen wie die kausalen oder konditionalen respektive für die Handlungen des Begründens oder Erklärens stehen können, andererseits die Relationen der impliziten Argumentation überhaupt nur durch den Leseakt erkannt werden können. Ergiebiger war daher eine Suche nach RWEs dargestelltem Selbstverständnis anhand der Suchbegriffe *RWE* bzw. *wir* und anschließender extensiver Lektüre. In den so eruierten selbstdarstellenden Teiltexten, die sich an markanten Stellen befinden, reflektiert RWE seine einflussreiche Machtposition als „einer der größten Energieerzeuger Europas"[17], volkswirtschaftlich „bedeutender Arbeitgeber und Investor"[18] und „Innovationstreiber"[19].

Die ermittelten Konkordanzen geben auch Aufschluss darüber, wie RWE zu seiner Machtposition steht. Der Wahrnehmung seiner in

---

17 <https://www.group.rwe/der-konzern/verantwortung/cr-berichterstattung>.
18 <https://www.group.rwe/innovation-wissen-nachbarschaft/verantwortung-engagement>.
19 <https://www.group.rwe/innovation-wissen-nachbarschaft/innovation-und-technik/technologie-forschung-entwicklung>.

der veröffentlichten Meinung immer wieder als monopolverdächtig und umweltschädlich kritisierten Vormachtstellung versucht der Konzern entgegenzuwirken, indem er im Text zum einen konstant die mit Macht verbundene Verantwortung fokussiert und zum anderen signalisiert, die asymmetrische Sender-Empfänger-Beziehung korrigieren zu wollen. Eine zentrale Rolle spielen dabei die thematisierten (Sprech-)Handlungen des Teilens von Wissen – „Wir informieren über Innovationen und erläutern wichtige Hintergründe der Energiewirtschaft"[20] – bzw. des partnerschaftlichen Kooperierens, wie in der Absatz-Überschrift „Gemeinsamer Dialog ist wichtig – intern wie extern" und dem dazugehörenden Schlusssatz „Wir wollen fairer (Ansprech-)Partner für Mitarbeiter, Geschäftspartner und verschiedenste Interessengruppen sein"[21] zu erkennen ist.

Der vom Akteur für sich in Anspruch genommene faktenbasierte rationale Argumentations- bzw. Diskussionsstil lässt sich in auf fachliche Aspekte der Energiebranche fokussierten Textteilen nachvollziehen, während er bei mit der eigenen Identität verknüpften Belangen stärker persuasiv wird. Unsere Argumentationsanalyse stützt sich auf die Toulminschen Kategorien (1958), die Brinker (1980: 64–65), Habermas (1973) folgend, als für den praktischen Diskurs geeignet erachtet, der den „Geltungsanspruch von 'Geboten' und 'Bewertungen' argumentativ ein[...]löst" und dessen „Schlußregel 'Handlungs'- bzw. 'Bewertungsnormen' oder '-prinzipien' an[gibt] und die Stützung 'gedeutete Bedürfnisse (Werte)', 'Folgen', 'Nebenfolgen' usw." (Brinker 1980: 65). Als Beispiel dafür ziehen wir den in Punkt 4 als Rahmenmetapher vorgestellten Sprache-Bild-Text heran, dessen Wortlaut wir nochmals zitieren: „Zukunft. Sicher. Machen./Wie wir denken. Was wir tun. Woran wir arbeiten".[22] Das das perfekte Zusammenspiel von Technik und Natur symbolisierende Bild stellt die Konklusion dar, die in der Möglichkeit einer geglückten, nachhaltigen Energiewende besteht. Die Schlussregel wird sowohl durch die sprachliche als auch die visuelle Komponente induziert und lautet *Vorausgesetzt, dass jetzt an der Versorgungssicherheit gearbeitet wird, kann die Energiewende*

---

20 <https://www.en-former.com/editorial>.
21 <https://www.group.rwe/innovation-wissen-nachbarschaft>.
22 <https://www.group.rwe>.

*erfolgreich vollzogen werden.* Als Stützung fungiert der Umstand, dass ein wichtiges Unternehmen wie RWE diese Versorgungssicherheit zur Priorität macht, wie ausdrucksseitig der Parallelismus innerhalb sowie zwischen der jeweils dreigeteilten Einheit der elliptischen Strukturen bzw. der die Sprecherpespektive einnehmenden indirekten Fragesätze unterstreicht. Die vage syntaktische Struktur des Mottos, die einen synkopierten Infinitivsatz oder auch drei Einwortsätze realisieren kann, lässt sowohl die Interpretation als kategorische Tatsachenaussage als auch als kategorischer Imperativ zu.

Neben sprachlich als explizite Argumentation gekennzeichneten Stellen beobachten wir auch implizite Formen, bei denen die Prämisse nicht unter logischen Gesichtspunkten von einem (aufgrund räumlicher Nähe zuzuordnenden) gegebenen Satz vorausgesetzt wird, sondern durch eine semantisch-pragmatische Textanalyse zu ermitteln ist – und vom Rezipienten durch die Textlektüre intuitiv verstanden wird (vgl. Brinker 1980: 59). So beziehen sich z.B. in der den gesamten Webauftritt rahmenden Transparenz-Argumentation die vielen, als Belege anderer argumentierender Stellen ausgewiesenen Unternehmensmaterialien[23] auf die Prämissen *Transparent handeln bedeutet Dritten Einblick in die eigenen Materialien gewähren* und *RWE erhebt den Anspruch, ein transparentes Unternehmen zu sein*, wobei die Schlussregel *Vorausgesetzt, RWE macht seine Unterlagen Dritten zugänglich, dann ist es ein transparentes Unternehmen* angesichts dieser Belege zur Konklusion der Transparenz führen muss, unabhängig von der inhaltlichen Korrektheit oder Pertinenz der Dokumentation.

Auf der Ausdrucksebene werden sehr wohl emotionsbezogene Mittel eingesetzt, was angesichts der Bedeutung von Emotionen für kognitive Wahrnehmungs- und Handlungsprozesse, wie sie die beschriebene Kommunikationsabsicht voraussetzt, auch nicht verwundert. Diesen Zusammenhang zwischen Kognition und Emotionen fasst Goschke (2013: 10)[24] folgendermaßen zusammen: „Emotionen lenken Aufmerksamkeit, Gedächtnis und Entscheidungsprozesse in Richtung auf

---

23   Wie etwa auf <https://www.group.rwe/der-konzern/verantwortung/verantwortungsvolle-unternehmensfuehrung>.
24   Die Seitenangabe bezieht sich auf die jeweilige Folie in der PDF-Datei. Das Gleiche gilt für alle folgenden.

motivational bedeutsame Informationen". Es können z.B. im von etablierten Bildinventaren abweichenden Banner-Bild zur Tagebau-Aussichtsplattform: terra nova (s. Punkt 4) die Basisemotionen *Erwartung* und *Überraschung* (nach Plutchik 1980, zitiert in Goschke 2013: 38) ausfindig gemacht werden, die evolutionär der Bewältigung basaler adaptiver Probleme dienen, aber auf einer metaphorischen Ebene auch respektive die *Exploration* und *(Neu-)Orientierung* in Bezug auf das Thema *Tagebau* fördern können. Auch komplexe (sekundäre) Emotionen – Goschke (2013: 37) nennt als Beispiel „moralische Empörung" – sprechen im erlebenden Subjekt kognitive Bewertungsmuster an (Goschke 2013: 50). Je nach vorangegangenen Erfahrungen und entsprechendem Wiedererkennungseffekt haben für einzelne Rezipienten verbale oder visuelle Elemente das größere Erregungspotential, wobei der dadurch ausgelöste physiologische Zustand das Subjekt dazu bewegt, das die empfundene Emotion auslösende Objekt – das auch ein Sachverhalt oder Gedanke sein kann – als bedeutend wahrzunehmen.

Erwartungsgemäß findet sich der einzige über die Lemma-Suche ermittelte Eintrag zu Gefühlen oder Emotionen in der folgenden Passage, in der RWE für einen emotionsfreien, faktenbasierten öffentlichen Argumentationsstil plädiert und seinen Gegnern gleichzeitig eine entgegengesetzte Haltung vorwirft, die auch die Berater[25] der Entscheidungsträger zu beeinträchtigen droht:

> Die Arbeit der KWSB wurde in den vergangenen Monaten von einer emotional geführten öffentlichen Debatte über Ausstiegsdaten aus der Kohle begleitet, in der auch der Hambacher Forst eine große, symbolhaft aufgeladene Rolle spielte.[26]

Emotional betonte Konnotationen dienen jedoch oft der Perzeptionssteuerung. Dabei kommen sie sowohl bildlich zum Einsatz – wie in der zum Kindchenschema beschriebenen Aufnahme (s. Punkt 5) – als auch sprachlich im metaphorischen Gebrauch: „Energie ist Leben. Sie ist

---

25 In diesem Fall die KWSB (Kommission „Wachstum, Strukturwandel und Beschäftigung").
26 <https://www.group.rwe/presse/newsletter-rwe-ag/03-2019/prozess-schnell-in-gang-setzen>

das Nervensystem der modernen Industriegesellschaft"[27]. Komplexer sind die Verweise in dieser Stelle der Hambacher-Sektion:

> „Kohlekraftwerke schnell komplett abschalten klingt populär. Aber seriös ist es überhaupt nicht, weil es Versorgungssicherheit gefährdet, Unternehmen erheblich belastet, Arbeitsplätze kostet und den Menschen in den Regionen den Boden unter den Füßen wegzieht", warnte Schmitz vor einem übereilten Kohleausstieg."[28]

Dem im Webauftritt diskursiv etablierten Hochwort *Versorgungssicherheit* steht die verbreitete und hier im übertragenen wie auch im wörtlichen Sinn verwendete Redensart *jemandem den Boden unter den Füßen wegziehen*[29] gegenüber. Sie ist in mehrfacher Hinsicht konnotiert, denn sie bezieht sich zum einen auf den wertvollen Boden, dessen Wiedergewinnung im Zuge der Rekultivierungsmaßnahmen Thema der Sektion ist und der die Lebensgrundlage der dort angesiedelten Menschen darstellt. Zum anderen steht die abgebildete Handlung im Gegensatz zur Redensart *(auf dem) Boden der Tatsachen (bleiben)*, die die von RWE für sich beanspruchte sachlich-vernünftige und transparente Haltung markiert.[30]

## 7 Fazit und Ausblick

Angesichts der zu erfüllenden Senderintention, die auf eine Einstellungsänderung in der Öffentlichkeit gerichtet ist, was den zeitlichen Vollzug der Energiewende bzw. RWEs Rolle dabei betrifft, wird sowohl mit rational-sachlichen als auch mit persuasiven Mitteln versucht, Perzeption und Informationsverarbeitung der Rezipienten zu lenken. Erstere Dispositive werden vor allem bei der Diskussion fachspezifischer Aspekte des Energiesektors eingesetzt, letztere nehmen

---

27  <https://www.group.rwe/innovation-wissen-nachbarschaft/verantwortung-engagement>.
28  <https://www.group.rwe/presse/newsletter-rwe-ag/02-2019/beitrag-3>.
29  Vgl. <https://www.redensarten-index.de/>.
30  Vgl. ebenfalls <https://www.redensarten-index.de/>.

zu, sobald die eigene Identität gegen Angriffe abgesichert werden soll. In diesem Fall dienen oft emotional betonte Konnotationen visueller als auch sprachlich-metaphorischer Art der Wahrnehmungssteuerung.

Es erscheint unmöglich, den verbalen bzw. visuellen Code einem rationalen oder emotionsbezogenen Kommunikationsansatz zuzuordnen, denn beide Codes finden sich in dem einen oder anderen Typus. Emotionsauslöser können sowohl bildliche als auch sprachliche Elemente sein, wie etwa in der Sektion zum Hambacher Forst[31] die Aufnahme eines schutzbedürftigen – und in der rekultivierten Tagebaulandschaft Schutz findenden – Tiers sowie die im korrespondierenden verbalen Teil eingestreuten Schlüsselwörter wie „neues Zuhause", „neue Heimat", „Paradies" zeigen. Visuelles – z.B. als Grafik – kann wiederum objektive Relationen zwischen konkreten Daten darstellen. Argumentationstragende Schlussregeln können durch beide Codes aktiviert werden. Der visuelle Code gibt nicht nur aus Senderperspektive bevorzugte Blickrichtungen bei der simultanen Verarbeitung der Bilddaten an, sondern aktiviert auch die für die erwünschte Rezeption des verbalen Teils erforderlichen, dem Adressaten bereits bekannten Frames.

Je höher die Hypertextebene ist bzw. je näher sie der Orientierung schaffenden und zugleich die Kernaussagen des Gesamttextes resümierenden Homepage liegt, desto vielschichtiger sind die Funktionen ihrer Sprache-Bild-Konstrukte. So aktivieren die visuellen Elemente nicht nur Wissen, sondern fördern auch emotionsbetonte Reaktionen und sind Teil von Argumentationslinien, um Wissensbestände zu überformen. An diesen Knotenpunkten werden oft auch zentrale Aspekte des Selbstverständnisses thematisiert, denen eine von gewohnten Repertoires abweichende Bildauswahl entspricht. Diese Texte neigen auch dazu, größere Bereiche des Webauftritts – meist implizit – argumentativ zu rahmen sowie rationale und emotionale Strategien synergetisch zu nützen.

Wir können zusammenfassen, dass der Akteur Fach- und Hintergrundwissen teilt, um die asymmetrische Beziehung zum Rezipienten zu reduzieren und sich dadurch als glaubwürdiger Ansprechpartner zu profilieren. Er generiert auch neues Wissen, insofern als er bereits

---

31 <https://www.hambacherforst.com/renaturierung/>.

etablierte Bestände durch eine Perspektivenverlagerung neu gewichtet verknüpft. Dieses Ziel verfolgt er mit subtilen semantischen Strategien, die vor allem die öffentlich wahrgenommene Dichotomie zwischen konventionellen und erneuerbaren Energieträgern durch sprachlichen wie auch visuellen Dreiklang auflösen.

Weitere Forschungsdesiderate wie die Untersuchung der hier erhobenen Merkmale im Umfeld der diversen Gesellschaftssektoren oder die Präzisierung der angewandten Analyseinstrumente werden in das Gesamtprojekt zum Energiewendediskurs einfließen.

## Literatur

Bohnsack, Ralf 2009. *Qualitative Bild- und Videointerpretation. Die dokumentarische Methode.* Opladen: Budrich.
Breckner, Roswitha 2010. *Sozialtheorie des Bildes. Zur interpretativen Analyse von Bildern und Fotografien.* Bielefeld: transcript.
Brinker, Klaus 1980. Zur logischen Analyse von natürlich-sprachlichen Argumenten. In Ballweg, Joachim/Glinz, Hans (Hg.): *Grammatik und Logik. Jahrbuch 1979 des Instituts für deutsche Sprache.* Düsseldorf: Schwann, 53–71.
Busse, Dietrich 2012. *Frame-Semantik: Ein Kompendium.* Berlin/Boston: de Gruyter.
Felder, Ekkehard 2012. Pragma-semiotische Textarbeit und der hermeneutische Nutzen von Korpusanalysen für die linguistische Mediendiskursanalyse. In Felder, Ekkehard/Müller, Marcus/Vogel, Friedemann (Hg.) *Korpuspragmatik. Thematische Korpora auf Basis diskurslinguistischer Analyse.* Berlin/Boston: de Gruyter, 115–174.
Fix, Ulla 1996. Textstil und KonTextstile. Stil in der Kommunikation als umfassende Semiose von Sprachlichem, Parasprachlichem und Außersprachlichem. In Fix, Ulla/Lerchner, Gotthard (Hg.) *Stil und Stilwandel.* Frankfurt a.M.: Peter Lang, 111–132.

Fix, Ulla 2016. Diskurslinguistik und literarische Texte. *Tekst i dyskurs – text und diskurs.* 9, 207–241.
Fraas, Claudia/Meier, Stefan 2013. Multimodale Stil- und Frameanalyse – Methodentriangulation zur medienadäquaten Untersuchung von Online-Diskursen. In Roth, Kersten/Spiegel, Carmen (Hg.) *Angewandte Diskurslinguistik. Felder, Probleme, Perspektiven.* Berlin: Akademie Verlag, 135–161.
Fritz, Gerd ²2017. *Dynamische Texttheorie*, Linguistische Untersuchungen Bd. 5. Gießener Elektronische Bibliothek. <http://d-nb.info/1132058031/34> (12.10.2019).
Goschke, Thomas 2013. Motivation, Emotion, Volition. Emotionspsychologie I. Vorlesung WS 2013/14. Technische Universität Dresden. <https://tu-dresden.de/mn/psychologie/ifap/allgpsy/ressourcen/dateien/lehre/lehreveranstaltungen/goschke_lehre/ws_2013/vl_motivation/VL-Emotion-1.pdf?lang=de> (12.10.2019).
Gredel, Eva 2017. Diskurssensitivität von Bildern. Semiotische Strategien in Zeitungsartikeln zu den Olympischen Spielen in Sotschi. In Hess-Lüttich, Ernest W.B./Kämper, Heidrun/Reisigl, Martin/Warnke, Ingo H. (Hg.) *Diskurs – semiotisch. Aspekte multiformaler Diskurskodierung*, Berlin/Boston: De Gruyter, 145–163.
Habermas, Jürgen 1973. Wahrheitstheorien. In: Fahrenbach, Helmut (Hg.) *Wirklichkeit und Reflexion. Walter Schulz zum 60. Geburtstag.* Pfullingen: Neske, 211–265.
Janich, Nina 2005. *Werbesprache. Ein Arbeitsbuch.* Tübingen: Günter Narr.
Kämper, Heidrun 2015. Diskurslexikografie als gesellschaftsbezogene Wortforschung. Vorstellung eines Wörterbuchkonzepts. In Eckhoff, Jan/Killian, Jörg (Hg.) *Deutscher Wortschatz – beschreiben, lernen, lehren: Beiträge zur Wortschatzarbeit in Wissenschaft, Sprachunterricht, Gesellschaft.* Frankfurt a.M./Berlin/Bern/Bruxelles/New York/Oxford/Wien: Peter Lang, 21–38.
Kress, Gunther/van Leeuwen, Theo 1996. *Reading Images: The Grammar of Visual Design.* Abingdon: Routledge.
Lange, Benjamin P./Schwab, Frank 2017. Das Kindchenschema bei Medienfiguren. In Schwender, Clemens/Lange, Benjamin P./Schwarz, Sascha (Hg.) *Evolutionäre Ästhetik.* Lengerich: Pabst.

Martin, James R./Rose, David ²2007. *Working with discourse: meaning beyond the clause.* London: Continuum.

Mey, Günter/Dietrich, Marc 2016. Vom Text zum Bild – Überlegungen zu einer visuellen Grounded-Theory-Methodologie [61 Absätze]. *Forum Qualitative Sozialforschung/Forum: Qualitative Social Research*, 17/2, Art. 2. <http://nbn-resolving.de/urn:nbn:de:0114-fqs160225> (12.10.2019).

Moser, Klaus 1990. *Werbepsychologie.* München: Psychologie Verlags Union.

Pilarczyk, Ulrike/Mietzner, Ulrike 2005. *Die seriell-ikonografische Fotoanalyse in den Erziehungs- und Sozialwissenschaften.* Bad Heilbrunn: Klinkhardt.

Plutchik, Robert 1980. A General Psychoevolutionary Theory of Emotion. In Plutchik, Robert/Kellerman, Henry (Hg.) *Emotion: Theory, research, and experience: Vol. 1. Theories of emotion.* New York: Academic Press, 3–33.

Spieß, Constanze 2017. Multimodale Bedeutungskonstitution in der Kunstkommunikation. In Hess-Lüttich, Ernest W.B./Kämper, Heidrun/Reisigl, Martin/Warnke, Ingo H. (Hg.) *Diskurs – semiotisch. Aspekte multiformaler Diskurskodierung.* Berlin/Boston: De Gruyter, 113–143.

Stöckl, Hartmut 2010. Sprache-Bild-Texte lesen. Bausteine zur Methodik einer Grundkompetenz. In Diekmannshenke, Hajo/Klemm, Michael/Stöckl, Hartmut. (Hg.) *Bildlinguistik: Theorien – Methoden – Fallbeispiele.* Berlin: Erich Schmidt, 43–70.

Toulmin, Stephen 1958. *The Uses of Argument.* Cambridge: Cambridge University Press.

Zielke, Achim 1991. *Beispiellos ist beispielhaft oder: Überlegungen zur Analyse und zur Kreation des kommunikativen Codes von Werbebotschaften in Zeitungs- und Zeitschriftenanzeigen.* Pfaffenweiler: Centaurus-Verlagsgesellschaft.

# Le médecin locuteur en ligne : l'empathie à l'épreuve de l'objectivité scientifique

Aurora Fragonara

## 1 Introduction

Le discours médical peut être considéré comme un terrain d'étude fertile pour les rapports entre raison et émotions pour deux raisons fondamentales qui tiennent à la typologie du discours et à la spécificité des situations de communication. La première intéresse le degré de spécialisation et scientificité des propos qui doivent être communiqués sous forme de diagnostic ; la seconde interroge le rapport interpersonnel que le médecin, en tant que locuteur spécialisé, établit avec le patient, locuteur non spécialisé au moment de l'échange communicatif (Carrettier *et al.* 2010). Cette dynamique est particulièrement visible lors de l'entrée en contact – et donc en interaction – de ces deux instances. Le succès dans le transfert de connaissance du locuteur spécialisé au locuteur non spécialisé prévoit une rencontre à mi-chemin, un ajustement entre les connaissances préalablement asymétriques des deux instances de discours. Cette transmission de connaissance a, à son tour, un but pragmatique. Elle vise en effet à faire agir le patient, en prescrivant des traitements ou des comportements à adopter (prise de médicaments, changement des styles de vie). Cependant, la communication d'informations n'est pas la seule variable qui rentre en jeu au moment des consultations médicales.

Dans les pages qui suivent, nous étudions d'autres paramètres qui permettent de décrire le caractère interpersonnel de la relation entre soignant et soigné, ainsi que les manifestations possibles de la subjectivité du locuteur/médecin. À ces fins, nous définissons, dans un premier temps, *l'ethos* du locuteur/médecin ; ensuite nous présentons le concept d'empathie et montrons l'intérêt de le convoquer lors de l'étude de ce type de discours ; enfin nous proposons une classification des différents niveaux d'expression empathique à partir de l'analyse des réponses données par des médecins lors des consultations en ligne via un site Internet.

## 2 *L'ethos* du médecin entre scientificité et subjectivité du propos

Outre l'ajustement des connaissances, d'autres paramètres méritent d'être pris en compte, lors des consultations médicales. Ils peuvent être définis en considérant la capacité du médecin de s'expliquer, de comprendre et inclure dans son discours l'état d'âme, les doutes et les craintes éventuelles du patient, au moment de la consultation et du diagnostic. Des travaux récents menés en Italie par des chercheurs en médecine de l'Université de Udine[1] ont montré comment une écoute attentive du patient de la part du médecin contribue au succès de la thérapie prescrite. Sous cet aspect de la relation de soin, le locuteur/médecin représente ainsi une instance de discours intéressante. Son *ethos* préalable (Amossy 2010) est celui d'un professionnel qui doit fournir un diagnostic véridique et précis, qui ne peut pas être perturbé par des appréciations personnelles ou orienté par ses impressions et jugements. En effet, la dimension de la subjectivité pourrait jouer un rôle dans le choix du contenu à communiquer, voire interférer avec la structure du message (Plantin 2003). Cependant, lors des consultations, les locuteurs/médecins sont toujours confrontés à l'Autre, dans la personne et dans la position discursive de l'allocutaire/patient. Or, ce dernier ne peut pas être réduit à sa pathologie, ni à son tableau clinique. Cette considération est valable, bien évidemment, en termes de déontologie

---

1   Les résultats ont été présentés lors du colloque organisé par la fondation Giancarlo Quarta (Milan, 12 février 2019) et mettent l'accent sur les modifications neurobiologiques qui se produisent dans notre cerveau en fonction du type de relation de soin qui est instaurée entre le soignant et le soigné (<https://www.fondazionegiancarloquarta.it> pour les actes du colloque).

médicale (comme il émerge des résultats de l'étude que nous venons de mentionner), mais également en termes linguistiques et discursifs. À ce propos, nous rappelons que la théorie de l'énonciation s'attache à définir l'échange entre subjectivités (Benveniste 1974) dans un contexte de communication défini. Le patient s'inscrit donc dans ce genre de discours avant tout comme une personne, une unité psychique et physique qui présente des symptômes au niveau physique (à cause d'une pathologie), mais qui se caractérise également par une vie intérieure. Il éprouve des sentiments et des émotions (angoisse, curiosité) vis-à-vis du monde extérieur ainsi que vis-à-vis de lui-même, de son existence, de son corps et de son état de santé. Le médecin est donc confronté à la subjectivité d'autrui au moment du diagnostic, de l'explication des symptômes et ensuite lors de la prescription du traitement. De plus, la gestion de cette composante subjective et émotive s'opère sur deux niveaux : le médecin doit en effet gérer l'émotivité d'autrui ainsi que la sienne, tout en maintenant son *ethos* professionnel qui exige que l'on adopte une posture objective, véridique et scientifique.

## 3 L'empathie et la gestion de la subjectivé dans la communication

Cette dynamique complexe des rapports entre soignant et soigné en termes de gestion discursive des rapports entre raison et émotion peut être appréhendée en mobilisant le concept d'empathie, d'abord étudié par d'autres domaines des sciences humaines et sociales (Berthoz/Jorland 2004 ; De Waal 2011[2] ; Brunel/Cosnier 2014 ; Pinotti 2016) et ensuite en linguistique (Rabatel 2017). Même si la définition et les études finalisées à mieux cerner cette disposition mentale et ses manifestations

---

2   Les travaux en éthologie de De Wall ont contribué à montrer et définir le caractère inné de l'empathie. Chez les animaux sociaux (par exemple, les chimpanzés) l'empathie est à la base des actions coopératives et solidaires, nécessaires à la survie. Au vu de ce focus sur la socialité et la psyché des animaux, ils se situent à la frontière entre les sciences naturelles et les sciences humaines.

sociales sont en cours, l'empathie peut être définie comme l'opération mentale qui consiste à « se mettre à la place d'autrui », à adopter sa vision des faits ou d'une réalité donnée. La disposition empathique permet de redimensionner sa propre dimension émotive, voire de la mettre de côté, afin d'adopter la perspective d'une autre instance discursive. L'empathie mobilise la faculté imaginative, qui est considérée par Turner/Fauconnier (2002) comme l'une des trois facultés primaires de l'esprit humain[3]. Cette opération imaginative intéresse non seulement la partie émotive, mais requiert également un effort intellectuel afin de reconstruire et adopter le point de vue d'autrui. Pour cette raison, elle ne relève pas de l'émotivité pure et simple mais s'appuie également sur la réflexion (Pinotti 2016). Elle permet ainsi d'entrer en relation avec la subjectivité d'une autre personne, qui est à son tour le résultat d'un ensemble d'interactions entre raison et émotions (Damasio 2000). En termes discursifs, l'adoption d'une démarche empathique repose sur deux opérations mentales qui permettent de considérer la réalité à partir d'un angle d'attaque différent de la part d'une seule source énonciative. S'il ne fait aucun doute que l'énonciation empathique repose sur la mobilité des points de vue (Rabatel 2017 : 65), et donc sur la possibilité de se décentrer afin de reconstruire les pensées, les émotions, les sentiments, les intentions et les actions de quelqu'un d'autre (Rabatel 2017 : 60–63), il n'est pas moins vrai, comme le montrent les travaux de Decety (2004, 2005), que ce décentrement doit être temporaire et maîtrisé, afin de permettre l'expression et l'action. En d'autres termes, cette phase de décentrement doit être accompagnée d'un recentrement sur soi, qui réinstalle une distance entre les individus concernés et permet d'éviter le glissement de l'empathie vers la contagion émotionnelle, c'est-à-dire le brouillage des frontières entre les subjectivités et le partage du même état d'âme sans aucune forme de régulation émotionnelle de la part du sujet empathisant. En termes pragmatiques, ce recentrement est nécessaire à l'acte même d'énonciation ainsi qu'à l'introduction dans son discours du point de vue d'autrui, sous différentes formes de co- ou sous-énonciation, de prise en charge ou de prise en compte (Rabatel 2017 : 87–122).

---

3   Les deux autres sont l'identification et l'intégration conceptuelle.

Au vu du caractère interpersonnel de la relation de soin, il est donc plausible que des comportements ou des traces empathiques soient présentes dans le discours du médecin, qui est orienté vers le patient lors de l'exercice de sa profession, même si son *ethos* professionnel demeure plutôt caractérisé par l'objectivité et la factualité. Ci-dessous, nous allons analyser un ensemble de réponses écrites fournies par des médecins sur un forum de consultations en ligne, afin de voir si et à quel degré le point de vue d'autrui est intégré à leur discours[4].

## 4 Présentation et intérêt du corpus choisi

L'analyse a été menée à partir des 205 pages qui composent la rubrique « Avis Médecin » consultable dans la section « Bibliothèque Santé » du site d'Information médicale « Docteurclic », consulté en juin 2019. Il s'agit d'une archive réunissant des interactions du type questions-réponses entre des patients qui demandent des explications ou des diagnostics à distance et des médecins spécialistes de différentes branches. Le site Internet regroupe les consultations non seulement en fonction de la spécialisation médicale, mais présente également des regroupements des réponses en fonction du locuteur/médecin qui a fourni les diagnostics. La lecture des réponses fournies par ces médecins a permis d'étudier les mises en perspective différentes ainsi que les degrés variés de considération du point de vue d'autrui. La configuration des discours analysés est dialogale : l'unité de sens est toujours coconstruite et prise en charge par deux locuteurs (Kerbrat-Orecchioni 2005 ; Adam 2008; Maingueneau 2014). Comme nous l'avons anticipé plus haut, les positionnements discursifs sont différents en termes épistémologiques, ce qui peut engendrer des problèmes au moment de l'échange. Des deux interlocuteurs, le médecin est le locuteur expert alors que le patient

---

4   L'analyse des échanges du type question/réponse, qui fait actuellement l'objet d'une autre étude, n'a pour l'instant montré une corrélation assurée entre l'expression des sentiments et des émotions dans les questions des patients et l'expression d'une posture empathique de la part du médecin.

est un locuteur non spécialiste du domaine, non familiarisé au jargon médical ainsi qu'à la structure du raisonnement qui fait abstraction de son quotidien et de son ressenti au sens physique et psychique. Ce clivage est révélateur des dynamiques du pouvoir qui sont susceptibles de s'installer dans cet échange, entre le locuteur-répondeur (le médecin) et le locuteur-questionneur (le patient), le premier possédant le capital gnoséologique qui profite au bien-être du second[5]. Ce déséquilibre peut représenter en outre une entrave pour la performativité de l'énoncé et plus en général pour le succès de la communication. L'interlocuteur-patient peut ne pas être en mesure de comprendre la réponse donnée, ou bien ne pas se sentir vraiment compris et pris en charge, voire se méfier du médecin. Cette différence risque ainsi de porter atteinte à la face (Goffman 1967, Brown/Levinson 1987) du soigné, ce qui comporterait un échec communicatif. C'est dans ce sens que l'empathie peut jouer un rôle dans la communication et afin de persuader le patient à suivre les conseils du médecin et adopter des comportements bénéfiques pour la santé. Dans le cadre de notre analyse, cette expression de la compréhension et prise en compte de la situation d'autrui est d'autant plus importante que l'interaction dialoguée est médiatisée par écran. Ces consultations médicales ne peuvent pas tirer profit de l'échange en présentiel et donc des informations concernant l'attitude du médecin qui peuvent être déduites du ton de sa voix, aussi bien que de ses gestes et de la mimique de son visage. Le propre du média, dans ce cas du site Internet, est d'installer de la distance (Debray 1991 ; Charaudeau 1995, 2005) entre les deux interlocuteurs. Cette spécificité fait en sorte que

---

5  Nous citons à titre d'exemple l'échange suivant qui montre par le biais de la dynamique question/réponse les disparités en matière des connaissances médicales préalables. Lors de la description de ses symptômes, le soigné a recours surtout à des tournures interrogatives « *On dirait qu'elles surviennent quand mon cœur ralentit. Est-ce possible ? (.).j'ai peur que mon cœur arrête. peut-on mourir d'extrasystole ? ».* Alors que les réponses fournies par le soignant nient les hypothèses proposées par le patient et fournissent des explications : « *après ce battement anormal, le cœur se met en « repos compensateur » pendant un très court instant (1 ou 2 secondes), ce qui peut donner cette impression que le cœur s'arrête. En fait, il ne s'arrête pas et le risque n'est pas là. (.).Ce n'est pas votre cas puisque vos extrasystoles sont supraventriculaires (au-dessus des ventricules) ».*

le corpus tiré de *Docteurclic*[6] peut être considéré comme représentatif pour notre problématique. Vu que, à cause de cet écart spatio-temporel, les traits suprasegmentaux ainsi que la mimique du visage sont absents de la communication, nous pouvons émettre l'hypothèse que le corpus analysé présente un effet-loupe (Ghebaur 2017) sur la problématique de l'expression linguistique de l'empathie, dont l'expression – si elle a lieu – ne peut passer que par le contenu verbal.

Le décalage temporel permet en outre au médecin de prendre du temps pour formuler la réponse et, nous pouvons le supposer, pour reconstruire à travers sa capacité imaginative le point de vue et l'univers mental de l'interlocuteur-patient. Cette reconstruction prend donc la forme d'un texte qui, étant « un objet intermédiaire entre émetteur et destinataire » (Rocci 2003, nous traduisons) permet d'organiser la pensée (Viprey 2015) et de choisir des structures et tournures qui peuvent faire émerger l'adoption de cette attitude empathique.

## 5 Cadre théorique et méthodologique

Ces considérations sur la disposition mentale empathique et la nature du corpus nous permettent d'interroger les réponses données en convoquant des cadres théoriques issus de la linguistique énonciative – spécialement la construction du point de vue – et de la linguistique textuelle, de laquelle nous avons retenu surtout les aspects ayant trait à la pragmatique des actes de discours (classification des actes, connecteurs). Par ailleurs, le recours à ces deux théorisations, énonciative et textuelle, permet d'inscrire ces réflexions dans le cadre de l'analyse de discours et de réfléchir aux modalités d'inscription du locuteur dans son discours, à son *ethos* et à la dialogicité des points de vue. L'articulation de ces concepts est nécessaire, au vu de la nature complexe de cette expression empathique qui ne peut faire abstraction ni du cotexte, ni du contexte d'énonciation. L'identification des marques d'empathie est donc effectuée au cas par cas, en prenant en compte plusieurs

---

6 <https://www.docteurclic.com>

paramètres qui comprennent non seulement les dynamiques d'interaction précédemment observées, mais également des données contextuelles, comme la branche médicale et/ou la gravité de la maladie ou de la pathologie traitée. La méthodologie adoptée est par conséquent qualitative, ce qui permet d'analyser les textes en tant qu'unités, suivre leur structuration linéaire, reconstruire le réseau du sens et les contextualiser discursivement (Adam 2008).

Dans la partie suivante, nous allons présenter les résultats de notre analyse, qui s'articulent suivant trois degrés d'expression empathique.

## 6 Analyse du corpus et résultats

L'analyse a montré la présence de trois différents types d'expression empathique (ou non empathique) du locuteur-médecin qui interagissent avec la gestion de son image à l'intérieur de son discours professionnel. La classification en trois degrés proposée ici reflète l'absence (le degré 0) ou la présence d'une démarche empathique ainsi que le niveau d'intégration entre les deux images que le locuteur souhaite donner de soi, l'une objective et professionnelle et l'autre plus compréhensive et empathique (les degrés 1 et 2). Une première manifestation de cette intégration consiste dans l'expression de ces deux attitudes à l'intérieur du discours, mais à des moments distincts (les îlots textuels du premier degré). Les deux exigences communicatives peuvent également fusionner, faisant en sorte que les marqueurs de l'attitude empathique émergent par moments dans le discours professionnel (le degré 2).

Ci-dessous, nous présentons et analysons des exemples qui permettent d'éclairer les spécificités de chacune de ces typologies d'expression.

### 6.1 Le degré 0 : le diagnostic non empathique

Ce degré énonciatif est le plus objectif, où les traces d'empathie sont presque ou totalement absentes. Il est caractérisé majoritairement par des explications pures et simples des symptômes ou du fonctionnement du corps humain. Cette tendance se traduit au niveau de la réponse écrite dans une organisation énonciative et textuelle (inscriptions à la première personne, prise en charge des portions du texte, modalisateurs aléthiques) et des choix lexicaux (jargon médical et scientifique) spécifiques et calibrés qui reflètent uniquement *l'ethos* scientifique du médecin, et non sa prise en compte de l'univers mental d'autrui.

Considérons l'exemple suivant :

> (1) Bonjour, visiblement, tout se passe dans le côté gauche (narine bouchée, sifflement d'oreille à gauche, perte de vision à gauche avec des douleurs brèves dans l'oreille) PH–1. Il est clair que si les patchs ou l'arrêt du tabac étaient responsable de ces troubles, ceux-ci auraient été des 2 côtés. On peut donc éliminer cette hypothèse comme cause première. **(Exclusion de l'hypothèse).** Cela dit, ces symptômes ont-ils un lien ? Les troubles touchent a priori 4 fonctions nerveuses proches pilotées par des nerfs crâniens : nerf optique, nerf olfactif, nerf auditif et nerf trijumeau, tous du même côté gauche. Ces troubles ne sont pas permanents, sauf les acouphènes. Je pense que c'est du côté de la neurologie qu'il faut s'orienter. Je n'ai pas de diagnostic véritablement satisfaisant à envisager, si ce n'est une névralgie du trijumeau, mais il manque des signes, en particulier des maux de tête dont vous ne semblez pas vous plaindre. **(proposition mitigée d'une nouvelle hypothèse).** Quoi qu'il en soit, et malgré la négativité du scanner, il serait je pense nécessaire de faire un IRM demandée par un neurologue hospitalier afin de vérifier la zone du tronc cérébral où se trouve la zone d'émergence de tous ces nerfs. Je dis neurologue hospitalier d'un CHR ou d'un CHU, car c'est à l'hôpital que l'on sera le plus à même de faire le diagnostic qui n'est pas évident à poser. Tout cela ne sont que des pistes de réflexion, car seul un examen complet et une IRM pourront poser le diagnostic. **(Conclusion/suggestion d'un examen diagnostic)**

Ce texte est une anamnèse : une suite de macro-actes de langage constatifs (Adam 2008 : 125–130) qui permettent la construction de l'argumentation sur laquelle le diagnostic informé du médecin est fondé. Néanmoins, la subjectivité du médecin se manifeste par moments et avec des buts différents (adjectifs évaluatifs et emploi du syntagme « je+ verbe »), selon l'étape de l'organisation textuelle dans laquelle les macro-actes se situent. Le texte structure le raisonnement en trois temps : l'exclusion d'un premier diagnostic peu probable, la focalisation sur un autre diagnostic vraisemblable et la conclusion avec suggestion de l'examen médical.

Dans la première partie, le locuteur passe en revue les constats-symptômes mentionnés par le patient :

> (1a) Bonjour, visiblement, tout se passe dans le côté gauche (narine bouchée, sifflement d'oreille à gauche, perte de vision à gauche avec des douleurs brèves dans l'oreille) PH–1. Il est clair que si les patchs ou l'arrêt du tabac étaient responsable de ces troubles, ceux-ci auraient été des 2 côtés. On peut donc éliminer cette hypothèse comme cause première.

La perception de la constatation est exprimée par l'adverbe *visiblement*, qui, à défaut de communiquer une vraie perception visuelle – à cause de la distance – atteste des processus mentaux qui relèvent et sélectionnent, dans l'énoncé du locuteur-patient, les symptômes nécessaires pour formuler son diagnostic. Il s'agit d'une diagnose qu'il ne valide pas et dont il s'écarte par le biais de la modalisation aléthique (*« il est clair que »*) qui introduit un irréel hypothétique démontrant l'impossibilité de cette première anamnèse. La phrase suivante présente le connecteur argumentatif/conclusif *donc* qui a une double portée : marquer la conclusion du raisonnement autour de cette hypothèse et introduire le changement de topique vers d'autres types de causes.

La deuxième partie débute en effet par l'anaphore résomptive « *cela* », qui a ici encore une double fonction de clôture et ouverture par rapport au domaine médical concerné (Perrin *et al.* 1995) :

> (1b) Cela dit, ces symptômes ont-ils un lien ? Les troubles touchent a priori 4 fonctions nerveuses proches pilotées par des nerfs crâniens : nerf optique, nerf olfactif, nerf auditif et nerf trijumeau, tous du même côté gauche. Ces troubles ne sont pas permanents, sauf les acouphènes. Je pense que c'est du côté de la neurologie qu'il faut s'orienter. Je n'ai pas de diagnostic véritablement satisfaisant à envisager, si ce n'est une névralgie du trijumeau, mais il manque des signes, en particulier des maux de tête dont vous ne semblez pas vous plaindre.

Cette deuxième partie du diagnostic reprend dans un premier temps la même structure que l'hypothèse qui a été écartée, c'est-à-dire, le constat des organes atteints (les nerfs) et l'appréciation médicale de la gravité des symptômes (ces troubles ne sont pas permanents). La suite du raisonnement est marquée par l'inscription du locuteur dans son discours. Ce changement est introduit par la séquence verbale « *je pense que c'est...* » qui présente plusieurs spécificités énonciatives et textuelles relatives à la manifestation de la subjectivité dans le discours. Si le déictique *« je »* inscrit le locuteur dans son discours ; son association au verbe *« penser »* permet de faire en sorte que la locution *« je pense que »* fonctionne comme marge textuelle (Récanati 1979) qui place explicitement tout le contenu qui suit sous son contrôle et sa responsabilité. Par rapport à l'affirmation impersonnelle, *« il est clair »* et à l'emploi du pronom *« on »* de la première partie, le niveau de certitude de cette affirmation peut paraître moins avéré, même s'il est conforté par *l'ethos* préalable du locuteur/médecin qui présuppose une compétence solide dans ce domaine. Quant à l'emploi du présentatif-démonstratif *« c'est »*, il introduit et souligne le changement de topique.

La présence du locuteur est à nouveau manifeste dans la troisième partie de ce raisonnement, sous forme de deux retours, réflexif et autonymique, sur son discours :

> (1c) Quoi qu'il en soit, et malgré la négativité du scanner, il serait je pense nécessaire de faire un IRM demandée par un neurologue hospitalier afin de vérifier la zone du tronc cérébral où se trouve la zone d'émergence de tous ces nerfs. Je dis neurologue hospitalier d'un CHR ou d'un CHU, car c'est à l'hôpital que l'on sera le plus à même de faire le diagnostic qui n'est pas évident à poser. Tout cela ne sont que des pistes de réflexion, car seul un examen complet et une IRM pourront poser le diagnostic

Le second *« je pense »* présent dans ce texte (*« il serait, je pense, nécessaire »*) montre un retour réflexif sur la modalité énonciative déontique (la nécessité) de l'action. Tout comme dans l'exemple précédent, cette locution qui rend manifeste l'activité de la pensée sous-jacente l'énonciation, contribue également à la mise en perspective et fonctionne comme marge textuelle modalisante (Récanati 1979). En revanche, la locution *« je dis neurologue hospitalier »* est une reprise autonymique simple (Authier-Revuz 1984) qui fait référence à la nouvelle information présentée précédemment, la thématise et ajoute une explication (introduite par le *« car »*) sur la raison et le but de l'examen qui a été conseillé précédemment.

Quant aux choix lexicaux, ce texte se caractérise par la présence de plusieurs termes scientifiques et médicaux (par exemple : les nerfs crâniens et leur dénomination, les mots : *« névralgie »*, *« IRM »*, *« tronc cérébral »*). Ce choix relève encore de *l'ethos* du médecin qui montre sa propre compétence et expertise au cours de cette consultation à distance. Le recours à cette terminologie pourrait rendre le message abscons pour l'allocutaire/patient qui ne maîtrise pas ce langage spécialisé. Cependant, le médium choisi vient en aide aux allocutaires à travers la mise en place de liens hypertextuels pour les mots les plus scientifiques : par exemple, en cliquant sur *« nerfs »* ou *« tronc cérébral »*, il est possible d'accéder à des fiches explicatives.

Globalement, ce genre de réponse est indicatif d'un discours où le locuteur/médecin choisit de mettre en avant surtout son *ethos* professionnel et scientifique. On retrouve un discours centré sur le raisonnement logique, comme le montre le recours aux connecteurs argumentatifs. Les rares manifestations de la subjectivité du locuteur (le pronom déictique *« je »*) ne marquent aucun signe de décentrement propre à la démarche empathique. Les verbes associés à ce pronom (*penser* et *dire*) expriment l'opinion du médecin et rendent en effet compte de ses démarches. La seule trace discursive qui rende manifeste la présence de l'allocutaire est la séquence verbale *« dont vous ne semblez pas vous plaindre »*, employée par le locuteur/médecin au moment d'évoquer les symptômes du patient. Il s'agit dans ce cas d'une manifestation polyphonique parce que les propos de l'allocutaire sont synthétisés et intégrés dans le discours du locuteur. Cependant, ce dernier maintient entièrement le contrôle de l'activité énonciative et subordonne, par le biais du discours rapporté indirect, le point de vue de l'allocutaire à sa visée globale de professionnel de la santé. Cette locution implique en effet une mise à distance (le verbe *sembler*) entre ce qui est ressenti par le patient et la prise en compte (Rabatel 2009, 2017) du locuteur qui résume l'absence de symptômes chez celui-ci par la forme négative du verbe se *plaindre*.

*6.2 Degrés 1 et 2 : les manifestations de la démarche empathique*

Les observations menées sur notre corpus ont montré que d'autres médecins structurent leurs réponses différemment. Le patient et son point de vue sont intégrés dans le discours à différents titres et par des moyens d'expression variés. Nous avons repéré deux types de stratégies discursives et d'organisation textuelle qui permettent cette intégration. La première est plus manifeste, alors que la seconde présente des entrelacements plus profonds entre le point de vue du locuteur et celui de

*Le médecin locuteur en ligne : l'empathie* 175

l'allocutaire. L'ensemble de ces deux manières de s'adresser à l'allocutaire présente en tout cas des traces d'une attitude empathique.

### 6.2.1 Degré 1 : les îlots textuels empathiques

Dans le deuxième type d'interaction, le médecin maintient son centrage formel sur lui-même, mais montre une compréhension présupposée des attentes du patient. Considérons les exemples suivants :

> (2) Bonjour. Il pourrait y avoir deux principales interprétations : – votre gêne est fonctionnelle : il se pourrait, (hypothèse à revoir éventuellement avec le neurologue), que la motricité de l'œsophage soit un peu perturbée, via son innervation, par la malposition de chiari. Mais cela peut expliquer la gêne, pas vraiment les vomissements, et j'ai cru comprendre que ce n'étais pas la première fois – elle pourrait être aussi anatomique, avec un diverticule, pourquoi pas une malformation associée de l'œsophage, qui stockerait les aliments au passage (d'où la gêne selon le remplissage), et qui pourrait les restituer sous forme de rejets. Dans ce dernier cas, l'examen recommandé est plutôt de l'imagerie (transit baryté œsophagien, ou scanner). Voilà les premières hypothèses que m'évoque votre histoire. Je reste à votre disposition, Cordialement.
>
> (3) Bonjour. Ce tableau évoquerait en premier une névralgie cervicobrachiale, avec un nerf en conflit avec de l'arthrose cervicale, plus rarement une hernie. Vous aurez sans doute du mal à vous en débarrasser sans le concours de votre médecin, mais en attendant de consulter, un collier cervical soulageant les vertèbres du poids de la tête, peut contribuer à atténuer la douleur. Je reste à l'écoute sur Questions à nos spécialistes, cordialement.

Dans ces réponses, on remarque d'abord que la communication se structure en deux parties nettement distinctes. La première présente des caractéristiques semblables aux réponses précédemment analysées. On relève donc la présence de connecteurs logiques (« *mais* »), organisateurs textuels (« *dans ce dernier cas* » ; « *aussi* » ; « *voilà* » ; « *en premier* ») et anaphores résomptives (« *cela* ») qui structurent le raisonnement ; l'emploi du conditionnel (« *pourrait* ») ainsi que d'adverbe (« *sans doute* ») pour exprimer la composante hypothétique intrinsèque au diagnostic à distance ; le recours au jargon médical et scientifique à différents degrés de spécialisation (« *œsophage* », « *innervation* », « *diverticule* », « *transit baryté œsophagien* » ; « *névralgie cervicobrachiale* », « *arthrose cervicale* », « *hernie* », « *vertèbres* »). Dans les deux textes, la seconde partie, conclusive, présente des formules de politesse qui suggèrent une orientation vers le patient/allocutaire. Ce dernier est inscrit dans le discours par l'emploi de l'adjectif possessif déictique (« *votre* »), alors que le locuteur s'y inscrit également par l'emploi du « *je* »[7]. Les actions/rester à disposition/et/rester à l'écoute/ présentent des aspects pragmatiques parce qu'elles sont performées en tant qu'actes au moment où elles sont énoncées (Searle, 1982), mais elles relèvent également des pratiques de politesse, puisqu'elles font partie des stratégies de préservation de la face du locuteur (Kerbart-Orecchioni 2005). Dans ce sens – et en adoptant la terminologie de Récanati (1979) – au niveau du dit, elles perform des actions alors qu'au niveau du montré, elles communiquent la prise en compte et l'attention envers le patient. Le locuteur préserve donc sa face tout en montrant son intérêt pour la situation d'autrui. Cette considération permet de relier ces formules, non seulement aux rituels de politesse, mais également à l'expression de l'empathie. La sémantique des performatifs, « rester à disposition » et « rester à l'écoute » implique en effet une ouverture vers l'autre et active ainsi le sème de la/relation/ (la disposition, l'écoute). Au vu de cette implication relationnelle, ces formules de politesse reposent sur un implicite qui est révélateur d'une projection mentale. La force illocutoire des actes de langage/être à disposition/et/ être à l'écoute/présuppose une opération de décentrement cognitif : le locuteur se met à la place de son interlocuteur, imagine et reconstruit ce que le patient attend de lui avant de récupérer cette attente dans son discours. Cette dynamique de décentrement/recentrement est donc indicative de la démarche empathisante sous-jacente à ces formules de politesse.

*6.2.2 Degré 2 : expression contrôlée de l'empathie par entrelacement des points de vue*

La troisième typologie se caractérise par une alternance continue entre le point de vue du médecin et celui du patient. Les marqueurs empathiques sont parsemés dans le texte et non clairement isolés dans une

---

7  Dans le premier texte, le locuteur s'inscrit dans la première partie par la locution « *j'ai cru comprendre que* » qui reproduit les mêmes dynamiques de retour réflexif sur l'énoncé présentées plus haut.

partie spécifique, comme dans le cas des exemples précédemment analysés. On assiste par conséquent à des va-et-vient continus entre les perspectives.

Considérons l'exemple suivant qui présente différentes typologies d'alternance :

> (4) Bonjour. La première idée qui me vient est que votre douleur peut venir d'un petit blocage vertébral, au niveau des articulations postérieures qui font un trépied en arrière des vertèbres, et supportent tous les mouvements. Vous avez peut-être trop sollicité le haut du dos en soulevant votre enfant à répétition, et ensuite, il suffit d'un petit mouvement très anodin pour que cela bloque cela irradie ensuite le long de petits rameaux nerveux sensitifs et des muscles correspondants. Cela augmente en respirant profondément parce que gonfler le thorax mobilise ces petites articulations. Allez donc consulter sans angoisse, projection, pour avoir un traitement, ou de la kinésithérapie, selon les habitudes de votre médecin. Il est plus que probable que l'on arrive à vous soulager avec des moyens simples.

L'alternance des points de vue comporte des allers-retours continus entre le point de vue du médecin et celui du patient. Cette alternance se réalise entre le discours scientifique et objectif, propre au jargon médical, et la projection imaginative sous-jacente à l'expression de l'hypothèse, où le médecin s'adresse directement au patient (« *vous avez peut-être* »). La faculté imaginative permet la projection dans le vécu du patient et la reconstruction de sa vie quotidienne, sous forme d'un mini-récit, afin d'identifier les causes de son problème de santé (situation initiale : condition physique saine de la patiente ; déclencheur : soulever l'enfant ; action principale : répétition de l'action/déclencheur ; dénouement : mouvement anodin mais nocif ; conclusion : blocage vertébrale dont la patiente est atteinte). En termes énonciatifs, par le biais de ce récit, le point de vue du patient est représenté (Rabatel 2003) : il dépend de l'instance énonciative du médecin et est intégré à son discours, comme le témoigne la locution d'ouverture « *vous avez peut-être* » qui introduit le récit des actions accomplies par autrui. Cette locution permet de placer le mini-récit sous le contrôle du médecin qui s'adresse à l'allocutaire présumé en entrelaçant par la suite les opérations de décentrement et recentrement. L'adresse par l'emploi de « *vous* » revêt en effet une double fonction en termes d'expression de l'empathie. D'un côté, elle permet au locuteur d'inscrire l'allocutaire dans son discours et de montrer ainsi son intérêt pour sa situation et sa vie quotidienne. De l'autre, et simultanément, elle permet également de marquer l'altérité par rapport au sujet protagoniste de l'épisode décrit. Dans ce sens, l'emploi du pronom déictique, qui introduit la suite d'actions décentrée, dont l'allocutaire est le sujet, marque l'actualisation du recentrage du locuteur sur lui-même. L'emploi du modalisateur hypothétique « *peut-être* » participe également de cette opération. L'expression de l'hypothèse contribue à la mise à distance entre le locuteur/énonciateur et sujet du récit, le premier proposant une reconstruction imagée d'un aspect de la vie quotidienne du second, en relation avec son problème de santé.

L'imbrication des deux points de vue se manifeste également dans ce passage, « *Allez donc consulter sans angoisse* ». Le syntagme prépositionnel « *sans angoisse* » cristallise la coprésence des deux postures du locuteur, médicale-scientifique et empathique. L'angoisse qui est convoquée ici est l'état d'âme attribué au patient par la faculté d'imagination et le décentrement empathique du locuteur. La préposition « *sans* », qui introduit une négation sémantique de ce sentiment, exprime au contraire le point de vue clinique propre au médecin. Elle est donc porteuse du jugement du spécialiste, qui se recentre, montre son ethos de spécialiste par la négation et se profile comme l'instance discursive qui contrôle les propos.

## 7 Conclusion

Les différents exemples analysés montrent que le degré d'inclusion du patient dans le discours du médecin peut varier, en fonction du degré de projection et décentrement empathique du locuteur. Tout en maintenant le contrôle du fait énonciatif par les biais des modalisateurs (« *peut-être* », « *sans doute* », « *sans* ») et de l'emploi d'un jargon scientifique et médical qu'ils maîtrisent, certains locuteurs montrent qu'ils prennent également en compte le point de vue de leurs allocutaires, à travers une projection imaginative de leurs sentiments (l'angoisse), de leur situation (les mini-récits) ou de leurs attentes (rester à l'écoute, rester à disposition). Cette coprésence de la projection imaginative et des marques de contrôle est la manifestation textuelle de la dynamique sous-jacente de décentrement et recentrement propre à l'expression de l'empathie. Le fait de montrer une certaine prise en compte de la situation et du point de vue de l'allocutaire peut être considéré une stratégie pour rassurer le patient. Cependant, ce genre de référence permet de dire la compétence de médecin autrement, par l'attention qu'il porte non seulement à la maladie et aux symptômes, mais également à l'état psycho-physique du soigné ainsi qu'à son vécu. Pour cette raison, elle ne rentre pas en conflit avec l'ethos professionnel du médecin et permet de mieux asseoir son autorité auprès de ses locuteurs au-delà de l'écran. À ce propos, nous nous intéressons également à la fréquence des différentes manifestations de décentrement empathique à l'intérieur de ce corpus, pour des recherches ultérieures.

## Bibliographie

Adam, Jean-Michel 2008 [2005]. *La linguistique textuelle, introduction à l'analyse textuelle des discours.* Paris : Armand Colin.
Amossy, Ruth 2010. *La présentation de soi : Ethos et identité verbale.* Paris : PUF.
Authier-Revuz, Jacqueline 1984. Hétérogénéité(s) discursive(s). *Langages,* 73, 98–111.
Benveniste, Émile 2011 [1974]. *Problèmes de linguistique générale* Tome 2. Paris : Gallimard.
Berthoz, Alain/Jorland, Gérard (éds) 2004. *L'empathie.* Paris : Odile Jacob.
Brown, Penelope/Levinson, Stephen C. 1987. *Politeness: Some Universals in Language Usage.* Cambridge : Cambridge University Press.
Brunel, Marie-Lise/Cosnier, Jacques (éds) 2014. *L'empathie. Un sixième sens.* Lyon : Presses Universitaires de Lyon.
Carretier, Julien/Delavigne, Valérie/Fervers, Béatrice 2010. Du langage expert au langage patient ; vers une prise en compte des préférences des patients dans la démarche informationnelle entre les

professionnels de santé et les patients. *Sciences-Croisées.* <https://hal.archives-ouvertes.fr/hal-00918119/document>, (20.09.2019).

Charaudeau, Patrick 1995. Une analyse sémiolinguistique du discours. *Langages*, 117, 96–111.

Charaudeau, Patrick 2005. *Les médias et l'information.* Bruxelles : DeBoeck.

Damasio, Antonio 2000 [1999]. *Emozione e coscienza.* Milano : Adelphi.

De Waal, Francis 2011. *L'age de l'empathie.* Arles : Actes Sud (traduit de l'anglais par Marie-France de Paloméra).

Debrey, Régis 1991. *Cours de médiologie générale.* Paris : Gallimard.

Decety, Jean 2004. Neurosciences : les mécanismes de l'empathie, propos recueillis par Gaëtanne Chapelle. *Sciences Humaines,* 150, 26.

Decety, Jean 2005. Une anatomie de l'empathie. *PSN Psychiatrie, sciences humaines, neurosciences,* 11/3, 16–24.

Fauconnier, Gilles/Turner, Mark 2002. *The way we think.* New York : Basic books.

Ghebaur, Cosmina 2017. Enquêter sur les non-publics de la culture : quelle posture de recherche pour quel dispositif méthodologique ? *¿Interrogations ?* 24 <https://www.revue-interrogations.org/Enqueter-sur-les-non-publics-de-la> (21.08.2019).

Goffman, Erving 1967. *Interaction Ritual: Essays on Face-to-Face Behavior.* Chicago : Aldine Publishing Company.

Kerbrat-Orecchioni, Catherine 2005. *Le discours en interaction.* Paris : Armand Colin.

Maingueneau, Dominique 2014. *Discours et analyse du discours.* Paris : Armand Colin.

Perrin, Claude/Masseron, Caroline/Auricchio, Alice 1995. L'anaphore démonstrative à fonction résomptive. *Pratiques. Linguistique, littérature, didactique,* 85, 27–52.

Pinotti, Andrea 2016. *L'empathie. Histoire d'une idée de Platon au posthumain.* Paris : Vrin (traduit de l'italien par Sophie Burdet).

Plantin, Christian 2003. Structures verbales de l'émotion parlée et de la parole émue. In Colletta, Jean-Marc/Tcherkassof, Anne (éds) *Les émotions. Cognition, langage et développement.* Liège : Mardaga, 97–130.

Rabatel, Alain 2003. Les verbes de perception en contexte d'effacement énonciatif : du point de vue représenté aux discours représentés. *Travaux de linguistique,* 46, 49–88.

Rabatel, Alain 2009. Prise en charge et imputation, ou la prise en charge à responsabilité limité. *Langue française,* 162, 71–87.

Rabatel, Alain 2017. *Pour une lecture linguistique et critiques des médias. Empathie, éthique, point(s) de vue.* Limoges : Lambert-Lucas.

Récanati, François 1979. *La transparence et l'énonciation.* Paris : Seuil.

Rocci, Andrea 2003. La testualità. In Bettetini Gianfranco/Cigada Sergio/Raynaud Savina/Rigotti Eddo (éds) *Semiotica II.* Brescia : La Scuola, 257–319.

Searle, John 1982 [1979]. *Sens et expression.* Paris : Éditions de minuit.

Viprey, Jean-Marie 2015. Ouverture. *L'analyse textuelle des discours et son informatisation.* Adam, Jean-Michel (éd.) *Faire texte. Frontières textuelles et opérations de textualisation.* Besançon : Presses Universitaires de Franche-Comté.

# Anredeformen als Waffen. Ein pragmatischer Ansatz zu der an Angela Merkel gerichteten Hassrede in den *Social Networks*

Maria Francesca Ponzi

## 1 Einleitung

Ziel dieser Arbeit ist es, den potenziell verletzenden Wert von Anredeformen empirisch herauszuarbeiten. Zu diesem Zweck werden zwei verschiedene Forschungsgebiete miteinander verbunden: einerseits das interdisziplinäre Studiengebiet der sogenannten Hassrede (vgl. § 2), andererseits das Thema der Anredeformen, das in pragmatischer Perspektive behandelt wird (vgl. § 3).

Obwohl Anreden in mehreren (sprach)wissenschaftlichen Fachgebieten schon lange analysiert wurden, ist ihre emotive bzw. potenziell hassvermittelnde Funktion bisher eher vernachlässigt worden.[1] Jedoch spielt Emotivität im Gebrauch von Anredeformen eine sehr wichtige Rolle, da sie sowohl die sozialen Rollenverhältnisse als auch die psychologischen Vorbedingungen der Interaktion von Gesprächspartnern auf bedeutende Weise zum Ausdruck bringt. Anhand einer empirischen Analyse politischer Facebook- und Instagram-Kommentare wird die Gewalttätigkeit von Anreden auf qualitativer Ebene untersucht (vgl. §. 4).

Besondere Aufmerksamkeit wird hier dem Zusammenhang zwischen der beleidigenden Natur der Anrede und der weiblichen Identität der Adressatin, Angela Merkel, gewidmet, da diese Relation besondere kommunikative Auswirkungen auslöst (vgl. § 5). Dieser Aspekt gilt als

---

[1] Zur allgemeinen Tendenz der Marginalisierung von Emotionen in der (Sprach)Wissenschaft vgl. u. a Fiehler (1990: 20–26); Schwarz-Friesel (2013: 7–11).

bedeutend für die Hervorhebung sowohl sprachspezifischer, als auch soziokultureller Eigenschaften.

## 2 Hassrede: Definition und Forschungsüberblick

Dass die Hassrede ein sprachlicher Ausdruck der Emotion des Hasses ist, ist zweifellos eine von mehreren Forschern festgestellte Tatsache (vgl. u. a. Meibauer 2013: 3). Allerdings war die Beziehung zwischen Sprache und Emotionen lange ein vernachlässigtes Kapitel der (Sprach)Wissenschaft (vgl. Fußnote 1). Im Besonderen ist diese Geringschätzung auf den Erfolg von zwei – wenn auch zeitlich und räumlich weit von einander entfernten – linguistischen Ansätzen zurückzuführen: einerseits den kontinentalen Strukturalismus, andererseits den amerikanischen Generativismus (vgl. Ortner 2014: 47 ff.). Trotz der unterschiedlichen Natur dieser linguistischen Strömungen scheint es – *mutatis mutandis* –, dass sich hinter der Vernachlässigung der Emotionen in beiden Ansätzen ähnliche Ursachen verbergen: Es ist der Mangel an Berücksichtigung der saussure'schen *parole* und des konkreten sprachlichen Kontextes, der zur Marginalisierung von Emotionen führt. Diese werden als Störfaktoren angesehen, da sie die Theorie einer Sprache 'en elle-même et pour elle-même'[2] in Frage stellen. Ein solch stark autonomistisch ausgerichteter Ansatz eignet sich

---

2　Einer strengen strukturalistischen Tradition zufolge wurde diese bekannte Äußerung lange Saussure zugeschrieben (vgl. Saussure 1931 [1922]: 317). Wie De Mauro in Fußnote 305 seiner kritischen Edition des *Cours* erklärt (vgl. Saussure 1967 [1922]: 476), wurde schon von Robert Godel offenbart, dass der letzte Satz des oben zitierten Werkes eine Schlussfolgerung der Herausgeber ist. Dieser Satz wurde von Saussure weder ausgesprochen noch gibt er seinen theoretischen Ansatz wieder. Tatsächlich ist bekannt, dass der *Cours* nicht eigenhändig von Saussure geschrieben wurde, sondern dass dieses Werk nach Saussures Tod von seinen Schülern Charles Bally und Albert Sechehaye anhand einer Reihe studentischer Notizen herausgegeben wurde. De Mauros bedeutendes kritisches und philologisches Werk eröffnete eine große bis heute noch nicht abgeschlossene Debatte in Bezug auf Saussures Quellen (vgl. u. a. De Palo/Gensini 2018).

gegebenenfalls für mathematische Kodexe, für die Erklärung emotiver Ausdrücke jedoch bedarf es, wie später vertieft wird (vgl. § 3), einer pragmatisch ausgerichteten Herangehensweise.

Trotz der oben thematisierten historischen Vernachlässigung des Emotionsausdrucks im Allgemeinen und des Hasses im Besonderen entwickelte sich in den letzten Jahrzehnten ein gewisses Interesse für das Thema der sprachlichen Gewalt vor allem in Bezug auf die „neuen" Medien:

> Der Begriff Hate Speech/Hassrede ist in den letzten Jahren durch die Debattenkultur und die Effekte des Web 2.0, im Kontext der Debatte um die steigende Zahl von Asylsuchenden und durch die Diskussionen um das sog. Netzwerkdurchsetzungsgesetz zu einem zentralen Konzept des sprachkritischen Diskurses avanciert. (Scharloth 2017: 2)

Je nach Fachgebiet und theoretischem Ansatz wird das betreffende Phänomen unterschiedlich benannt. Diesbezüglich seien beispielsweise die Definitionen *harmful speech* (vgl. Leets/Giles 1999), *exitable speech* (vgl. Butler 1997), Sprachliche Gewalt (vgl. Krämer 2010), *les insultes* bzw. *axiologique négative* (vgl. Kerbrat-Orecchioni 1980 ; Lagorgette/ Larrivée 2004 ; Lagorgette 2007) erwähnt. In diesem Beitrag gilt Meibauers Terminologie und dessen daraus folgende Definition als wesentlicher Bezugspunkt:

> Unter Hate Speech – hier übersetzt mit „Hassrede" – wird im Allgemeinen der sprachliche Ausdruck von Hass gegen Personen oder Gruppen verstanden, insbesondere durch die Verwendung von Ausdrücken, die der Herabsetzung und Verunglimpfung von Bevölkerungsgruppen dienen. (Meibauer 2013: 1)

Im Rahmen der Studien zum Thema können grundsätzlich zwei verschiedene Studienbranchen differenziert werden: einerseits diejenigen, die sich auf morphologische und lexikalische, mit anderen Worten, auf formelle Aspekte konzentrieren, andererseits diejenigen, die einen pragmatischen bzw. kommunikativen Ansatz verfolgen (vgl. Lagorgette/Larrivée 2004: 5 ff.). Im ersten Fall handelt es sich hauptsächlich um Forschungen, die beispielsweise auf das Sammeln und Ordnen des pejorativen Wortschatzes basieren (vgl. u. a. Kapeller/Voigt 1964, Pfeiffer 1997, Nübling/Vogel 2004). Zu dieser ersten Gruppe gehören auch die Untersuchungen, die auf pejorative Morpheme wie „-ler",

„-ling" usw. fokussieren (vgl. Meibauer 2013). Der zweiten Studienbranche zufolge liegen das Gewalttätige und das Verletzende hingegen nicht in der Sprache als solche: Es sind die in einer konkreten Situation geäußerten sprachlichen bzw. kommunikativen Akte, die Hass zum Ausdruck bringen (vgl. Hermann/Kuch 2007: 17). Aufgrund der hier aufgestellten Forschungshypothese des emotiven bzw. gewalttätigten Werts der Anrede wird sich diese Studie einer pragmatischen Perspektive anschließen. Austin schlug diese in seinem bekannten Werk *How to do things with words* (1962) vor: Sagen und Tun stehen nicht im Widerspruch, sondern sie sind eng miteinander verbunden. Diesbezüglich definiert er in der ersten Vorlesung der oben erwähnten Arbeit die performativen Akte folgendermaßen:

> I propose to call it a performative sentence or a performative utterance, or, for short, 'a performative'. [...] It indicates that the issuing of the utterance is the performing of an action – it is not normally thought of as just saying something. (Austin 1962: 6–7)

Laut dieser Perspektive entspricht die Äußerung einer Hassrede einem gewalttätigen Akt, was also die Diskussion zwangsläufig von einer rein linguistischen auf eine eher interdisziplinäre Ebene verschiebt. Diesbezüglich lässt sich sagen, dass sich mit dem betreffenden Thema verschiedene Forschungsbranchen befassen (vgl. Hermann/Kuch 2007: 17–22), wie beispielsweise sozialphilosophische (vgl. Schick 1997), juristische (vgl. Matsuda 1993), ethnolinguistische (vgl. Labov 1978), ethische (vgl. Erzgräber/Hirsch 2001) und feministische (vgl. Kotthoff/Nübling 2018) Perspektiven. In diesem interdisziplinären Sinne ist es interessant, an Judith Butlers Ansatz zu erinnern. In ihrem bekannten Werk *Exitable speech. A politics of the performative* (1997) setzt sich die Philosophin mit dem austinianischen Konzept des performativen Akts auseinander. Wenn für Austin die sprachliche Verletzung aus dem individuellen Sprechakt resultiert, liegt für Butler die Kraft der *Hatespeech* in ihrer Konventionalität. Es ist also nicht die Performance des Einzelnen, sondern eher die kollektive Zitathaftigkeit bzw. die Wiederholung der sprachlichen Verletzung des Horizonts, in dem die rituellen Dimensionen sprachlicher Gewalt konzipiert werden:

> If agency is not derived from the sovereignty of the speaker, then the force of the speech act is not sovereign force. [...] The legal effort to curb injurious speech tends to isolate the "speaker" as the culpable agent, as if the speaker were at the origin of such speech. The responsibility of the speaker is thus misconstrued. The speaker assumes responsibility precisely through the citational character of speech. The speaker renews the linguistic tokens of a community, reissuing and reinvigorating such speech. Responsibility is thus linked with speech as repetition, not as origination. (Butler 1997: 39)

Butlers Ansicht nach entsteht also ein Paradox: Es sei der Staat, der sich vornimmt, Hassrede zu verhindern, dennoch erzeugt aber gerade er Hate Speech, indem er diskriminierende Äußerungen verbreitet und wiederholt. Bulters Perspektive zufolge lässt sich also in Bezug auf das Thema der Hassrede eine Schnittstelle zwischen Sprach- und Politikwissenschaft feststellen, „da es hier einerseits um die juristische Bewertung bestimmter sprachlicher Äußerungen geht, anderseits um bestimmte politische Normen, die Eingang in das Strafgesetzbuch finden" (Meibauer 2013: 9).

Zusammenfassend wurde mit diesem knappen Überblick, der nur auf einige Elemente des komplexen Themas der Hassrede eingehen konnte, hervorgehoben, dass die Erforschung der *Hatespeech* einerseits einen pragmatischen, andererseits einen interdisziplinären Zugang erfordert.

## 3 Anreden als Waffen: ein pragmatischer Ansatz

Wie oben angesprochen wird hier im Rahmen der zahlreichen linguistischen Strategien, die in der Lage sind, einen gewissen Hass zum Ausdruck zu bringen, auf Anredeformen fokussiert. Insbesondere handelt es sich um eine spezifische Unterkategorie von Anreden, und zwar diejenigen, die eine beleidigende Funktion ausüben.

Laut dem *Lexikon der Germanistischen Linguistik* (1980) ist die Anrede folgendermaßen zu definieren:

> Begrüßung und Anrede dienen der Kontaktherstellung, der Definition, wer als Teilnehmer des Gesprächs gelten soll, sowie schon ansatzweise der Definition der Beziehungen zwischen den Teilnehmern. (Schank/Schwitalla 1980: 319)

Aus dieser Definition geht hervor, dass Anreden eine doppelte pragmatische Funktion aufweisen.

Einerseits üben diese Formen eine vokative Funktion aus, indem sie im Rahmen des Diskurses als Incipit gelten. Andererseits sind Anredeformen in der Lage, die sozialen Beziehungen zwischen den Sprechern festzusetzen.

Aus diesen Gründen ist es offensichtlich, dass die Wahl einer bestimmten Anredeform keinesfalls allein als eine rein stilistische Wahl angesehen werden darf. Auf einer pragmatischen Ebene übt diese vielmehr wichtige kommunikative Funktionen aus, unter denen hier die emotive im Vordergrund steht (vgl. Brown/Gilmans 1960: 253).

In diesem Zusammenhang lässt sich als Bezugspunkt für die Untersuchung von Anredeformen die Forschungsbranche zum Thema Höflichkeit (engl. *Politeness*) erwähnen in deren Rahmen das Werk *Politeness. Some universals in language usage* (1987) von Brown und Levinson zweifellos eine zentrale Rolle spielt. In dieser Studie wird das von Goffman (1967) eingeführte soziologische Konzept „Gesicht" (engl. *face*)[3] in linguistischer bzw. pragmatischer Sicht angewendet. Das „Gesicht" gilt hier als das gewünschte öffentliche Selbstbild eines Sprechers im Rahmen seiner sozialen Interaktion (vgl. Brown/Levinson 1987: 61). Brown und Levinson (1987) gehen von einem positiven und einem negativen Gesicht (*positive* und *negative face*) aus. Ersterem entspricht "*the positive consistent self-image or 'personality' (crucially including the desire that this self-image be appreciated and approved of) claimed by inter-actants*" (Brown und Levinson 1987: 61), letzterem "*the basic claim to territories, personal pre-serves, rights to non-distraction – i.e. freedom of action und freedom from imposition*" (Brown und Levinson 1987: 61). Interessant erscheint hierbei, dass das „Gesicht" im Rahmen der sprachlichen Interaktion entwickelt

---

3  Laut Goffman Definition lässt sich „Gesicht" folgendermaßen definieren: „[...] the positive social value a person effectively claims for himself by the line others assume he has taken during a particular contact" (Goffman 1967: 5).

wird. Für die Bewahrung eines vernünftigen „Gesichts" ist also der Gebrauch bestimmter linguistischer Muster nötig, unter denen Anredeformen eine hochrelevante Rolle spielen. In diesem Sinne ist der Gebrauch beleidigender bzw. hassvoller Anreden keineswegs zufällig und bedeutungslos. Hingegen erfüllt dieser bedeutende kommunikative Zwecke: die Verletzung des „Gesichts" des Gesprächspartners sowie den Ausdruck bestimmter negativer Emotionen.

Auch Bulter hebt in ihrem schon zitierten Werk hervor, dass im Rahmen der *Hatepeech* Beleidigungen eine besondere gewalttätige expressive Kraft ausüben:

> And yet, we may understand something of linguistic vulnerability through a consideration of the power of the name. Lacan writes that 'the name is the time of the object'. But it is also the time of the Other. One is, as it were, brought into social location and time through being named. And one is dependent upon another for one's name, for the designation that is supposed to confer singularity. (Butler 1997: 28–29)

Aus diesem Zitat geht hervor, dass Butler die Anrede als primäres Instrument der sozialen Verortung und der individuellen Konstituierung ansieht.

Es ist wichtig zu betonen, dass, im Einklang mit Butlers schon erörterter Theorie (vgl. § 2), die Gewalt einer beleidigenden Anrede nicht nur dem einzelnen Sprecher zuzuschreiben ist, sondern der gesamten sozialen Kollektivität:

> If we understand the force of the name to be an effect of its historicity, then that force is not the mere causal effect of an inflicted blow, but works in part through an encoded memory or a trauma, one that lives in language and is carried in language. (Butler 1997: 36)

Für die Erforschung von Anredeformen scheint eine pragmatische Herangehensweise somit vielversprechend und die Berücksichtigung und Zusammenstellung nicht nur intra-, sondern vor allem extralinguistischer Faktoren wie vor allem die soziale, kontextuelle und psychologische Lage der Gesprächspartner erscheint ausschlaggebend.

## 4 Qualitative Analyse

Wie oben eingeleitet (vgl. § 1) fokussiert die hier vorgeschlagene Analyse auf die Erforschung des hassvollen bzw. verletzenden Werts einer Reihe von an die Kanzlerin Merkel gerichteten Facebook- und Instagram-Kommentaren. Nach einigen methodischen Prämissen (vgl. § 4.1) werden die Ergebnisse einer qualitativ durchgeführten Analyse, die auf pragmatischen bzw. kontextuellen Parametern basiert, dargestellt. Zu diesem Zweck wird die Kategorisierung von König und Stathi (2010) – wenn auch mit gewissen Abweichungen[4] – angewendet. Wichtig ist es hierbei zu betonen, dass diese Wahl zwei bedeutende Vorteile mit sich bringt. Einerseits ermöglicht diese Perspektive nicht nur eine semantische Untersuchung aggressiver Anreden, sondern auch die Erforschung der hassvollen Handlung selbst. Andererseits umfasst Königs und Stathis Taxonomie die Frage nach dem Schweregrad eines gewalttätigen Sprechakts, da die einzelnen Parameter, die im Raster als aggressiv identifiziert werden, auf einer Stärkeskala geordnet werden (vgl. König/Stathi 2010: 59):

> Unsere Parameter können in den meisten Fällen zwei Werte haben, z.B. A und B, aber auch skalar sein. Nach dem Vorbild von Hierarchien in der Sprachtypologie werden wir im ersten Fall eine Rangordnung für diese beide Werte vorschlagen, die unserer Intuition über den Grad der Gewalttätigkeit entspricht. Die Rangordnung A > B ist also so zu lesen, dass der Grad der Aggression im Falle A größer ist als im Falle B. (König/Stathi 2010: 51)

Konkret handelt es sich um folgende Parameter, die dazu dienen, die Intensität einer gewalttätigen Äußerung jeweils als mehr (> aggressiv) oder weniger (< aggressiv) stark zu betrachten:

---

4 Aus Gründen der besseren Übersichtlichkeit wurde die Kategorie „negative Präsupposition/Stereotyp > explizite Assertion" zusammen mit dem Parameter der „Gerichtetheit gegen Individuen oder Angehörigen einer Gruppe" besprochen. Außerdem wurde das Parameter der „Wahrheit" (vgl. König/Stathi 2010: 56–58) aufgrund der Unmöglichkeit einer exakten Überprüfung sowie der hochproblematischen Natur des Konzepts *per se* ausgelassen.

**Tab. 1.** Parameter und Typen kommunikativer Gewaltakte nach König/ Stathi 2010: 50 ff.

| Parameter | > Aggressiv | < Aggressiv |
|---|---|---|
| Gerichtetheit | Adressiert | Nicht-adressiert |
| Gerichtet gegen Individuen oder Angehörige einer Gruppe | Gerichtet auf Angehörige einer Gruppe | Gerichtet an Individuen |
| Beziehungen zwischen Sprecher/in und Adressat/in | Asymmetrische Machtverhältnisse | Symmetrie |
| Anwesenheit eines Publikums | Öffentlich | Nicht öffentlich |
| Iteration | Iteration | Einmaligkeit |

Ziel der vorliegenden Analyse ist es grundsätzlich zu zeigen, dass die hier untersuchten gewalttätigen Anreden von einem hochintensiven Hass geprägt sind. Wie in den folgenden Abschnitten anhand einiger besonders repräsentativer Beispiele ausführlicher erörtert, erfüllen alle hier in Betracht gezogenen Anredeformen den Parameter einer verstärkten Aggressivität (> aggressiv). Wichtig ist es zu betonen, dass diese Tatsache für die oben aufgestellte These (vgl. § 2) einer emotiven bzw. hassvermittelnden Interpretation von Anredeformen spricht.

*4.1 Methodische Prämissen und einige quantitative Daten*

Das hier untersuchte Korpus besteht insgesamt aus 500 Angela Merkel gewidmeten Anredeformen, die aus deren offiziellen Facebook- und Instagram-Seiten[5] innerhalb des Bienniums 2018–2019 stammen. Diese Anreden sind Teil längerer Kommentare mit denen die Gesprächspartner auf einige von der Kanzlerin geposteten Äußerungen reagieren. Aufgrund der oben erörterten Zwecke dieser Arbeit werden von diesen 500 Anreden nur diejenigen in Betracht gezogen, die die Emotion ‚Hass' zum Ausdruck bringen, was ein Subkorpus von insgesamt 185 Anreden ausmacht. Es handelt sich also um 37% des gesamten Korpus. Wichtig ist hierbei zu berücksichtigen, dass diese Zahl – wenn auch schon *per se* bemerkenswert – mit großer Wahrscheinlichkeit

---

5  Von jetzt an FB- und IG-Seite.

wesentlich unterbewertet ist. Da es sich um die öffentlichen Seiten der Kanzlerin handelt, muss man sicherlich mit dem Effekt eines strengen Zensursystems rechnen, ohne das die Anzahl der verletzenden Anreden erheblich höher hätte sein können.

Dass Angela Merkel als Adressatin der hier untersuchten Anredeformen ausgewählt wurde, ist durch mehrere Gründe gerechtfertigt. Erstens ist es offensichtlich, dass sie als Kanzlerin der Bundesrepublik Deutschland eine starke Popularität genießt. Diesbezüglich lassen sich folgende Daten anführen: Einerseits verfügte Angela Merkels FB-Seite über mehr als 2,5 Millionen Likes[6], andererseits verzeichnet ihre IG-Seite aktuell mehr als eine Million Followers. Des Weiteren spielt die weibliche Identität der Kanzlerin im Rahmen dieser Studie eine wichtige Rolle. Wie insbesondere im Abschnitt 4.3 vertieft wird, ist die Zuschreibung diskriminierender und sexistisch markierter Stereotype eine beliebte Strategie, um durch Anredeformen einen gewissen Hass zum Ausdruck zu bringen.

*4.2 Adressiert > nicht adressiert*

Um die Stärke der Gewalt einer Anrede festzustellen, gilt als erster Parameter die Frage nach ihrer Gerichtetheit. Offensichtlich ist, dass der Grad der Aggression adressierter Anreden größer als der von nicht adressierten Anreden ist (vgl. König/Stathi 2010: 51). Aufgrund des Kontaktmediums durch welches die Anreden vermittelt werden, sind die Anredeformen des betreffenden Korpus systematisch adressiert. Wie schon im obigen Abschnitt erläutert, handelt es sich hier um eine Reihe von Äußerungen, die aus Angela Merkels persönlichen und offiziellen FB- und IG-Seiten stammen. Im folgenden Beispiel (1) ist also

---

6   Wichtig ist zu präzisieren, dass die FB-Seite von Angela Merkel von der Kanzlerin am 01.02.2019 geschlossen wurde (vgl. https://www.spiegel.de/netzwelt/web/angela-merkel-verlaesst-facebook-seiten-ende-per-videoclip-angekuendigt-a-1251197.html, Letzter Zugriff 27.08.2019). Die hier untersuchten Materialien, die sich auf Merkel beziehen, wurden also vor diesem Zeitpunkt gesammelt.

*Anredeformen als Waffen. Ein pragmatischer Ansatz* 193

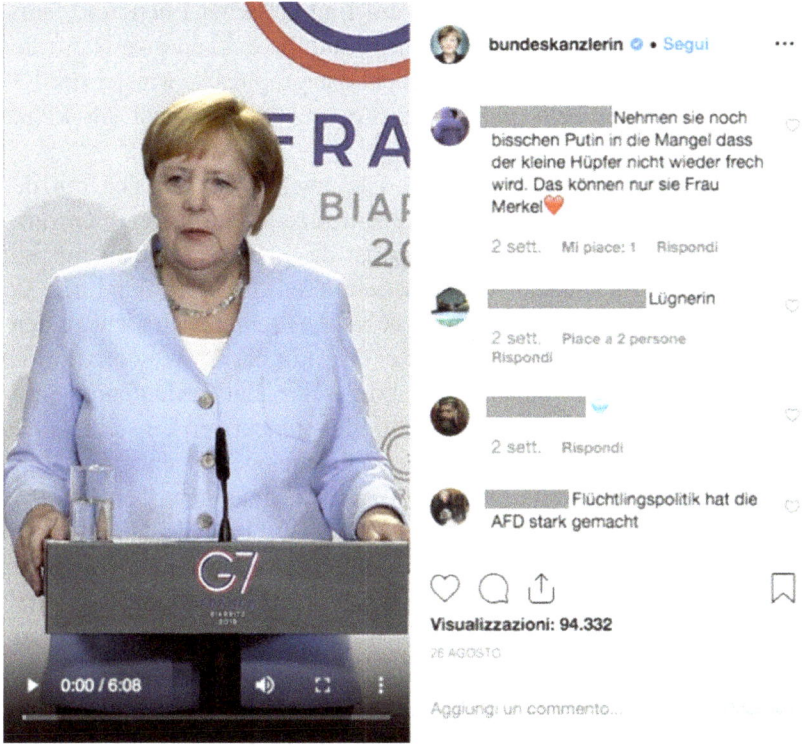

**Bild 1.** Beispiel (1) aus der IG-Seite von A. M., 02.09.2019

die Gerichtetheit der Anrede „Lügnerin" (vgl. Bild 1 aus der IG-Seite von A. M., 02.09.2019) eindeutig:[7]

Interessant ist hervorzuheben, dass in dem obigen Beispiel sowohl sprachliche als auch visuelle Spuren einer klaren Gerichtetheit zu

---

[7] Alle zitierten Beispiele werden von jetzt an folgendermaßen zitiert: zuerst in runden Klammern die Nummerierung des Beispiels, danach der Hinweis auf die Typologie des betreffenden *Social Network* (FB oder IG) und zum Schluss das Datum der Veröffentlichung des Posts. Da die hier betrachteten Plattformen ihren Nutzern jederzeit ermöglichen, ihre Kommentare zu löschen, ist die Online-Verfügbarkeit der hier erörterten Daten mit Sicherheit nur am Zeitpunkt meines letzten Zugriffs, und zwar am 05.11.2019, nachgewiesen worden. Die Namen der Autoren werden aus Datenschutzgründen systematisch anonymisiert.

erkennen sind. Erstens lassen sich auf linguistischer Ebene die feminine Flexion des Substantivs „Lügner" und die exklamative Natur der Äußerung hervorheben. Zweitens dient das graphische Muster der IG-Seite, das Merkels Bild und Namen systematisch vorsieht, als klarer Hinweis einer gezielten Adressierung.

Was die Semantik der Anrede (1) angeht, lässt sie sich mit der Kategorie der beschimpfenden Anredeformen identifizieren. Schwarz-Friesels (2013) Terminologie zufolge ist die Form „Lügnerin" als ein „emotionsausdrückendes" Wort zu definieren, da es in der Lage ist, eine bestimmte Emotion zu zeigen, obwohl es semantisch nicht zu dem emotiven Wortschatz gehört.[8] Das Lexem „Lügnerin" weist eine starke negativ evaluierende Funktion auf und gilt daher als bedeutender emotiver Indikator der Intensität und Natur der subjektiven Einstellung des Schreibers der Kanzlerin gegenüber. Genauer gesagt entspricht eine solche negative Beurteilung dem Ausdruck eines gewissen hassvollen emotiven Inhalts. (vgl. Butler 1997: 28–29). Im Folgenden werden weitere im Korpus vorhandene Anredeformen aufgelistet, die zu der Kategorie der emotionsausdrückenden Wörter gehören: „Heuchlerin" ((2) aus der FB-Seite von A. M., 03.10.2018), „Sesselkleberin" ((3) aus der FB-Seite von A. M., 08.03.2018), „Frau ex Sekretärin für Agitation und Propaganda" ((4) aus der FB-Seite von A. M., 03.10.2018), „Rechtsbrecherin und Lügnerin" ((5) aus der IG-Seite von A. M., 01.09.2019), „Dumme Kuh und Volksverräter" ((6) ebd.), „du bitch" (dt. „du Schlampe") ((7) aus der IG-Seite von A. M., 03.09.2019), „Vaterlandsverräterin" ((8) aus der IG-Seite von A. M., 03.09.2019), „Verbrecherin" ((9) aus der IG-Seite von A. M., 03.09.2019), „buttana" (dt. „Schlampe") ((10) aus der IG-Seite von A. M., 21.11.2018).

---

8   Laut der bekannten Monographie *Sprache und Emotion* von Monika Schwarz-Friesel (2013) unterscheiden sich emotionsausdrückende von emotionsbezeichnenden Lexeme. Emotionsbezeichnend sind die Wörter, die explizit auf Emotionen referieren. Hingegen weisen emotionsausdrückende Wörter nicht auf Emotionen hin, „sondern vermitteln über ihre semantische Information primär emotionale Eindrücke und Einstellungen, fokussieren also die expressive Ausdrucksfunktion" (Schwarz-Friesel 2013: 151).

### 4.3 Gerichtet auf Angehörige einer Gruppe > gerichtet an Individuen

Zusätzlich zu der Gerichtetheit *per se* spielt auch die spezifische Identität des Adressaten, an den die Beleidigung gerichtet ist, eine wichtige Rolle:

> Dass individuelle Diffamierungen weniger schwer wiegen als aggressive Akte, die auf die Zugehörigkeit einer Person zu einer Gruppe Bezug nehmen, ist allgemein bekannt und akzeptiert. Unter den besonders gefährlichen kommunikativen Gewaltakten werden daher in besonderem Maße rassistische und sexistische Äußerungen sowie Diskriminierungen aufgrund des Alters oder der sexuellen Orientierung diskutiert. (König/Stathi 2010: 52)

Im Einklang mit der oben zitierten These sind zahlreiche Anredeformen dieses Korpus von einer starken sexistischen Rhetorik geprägt. In diesem Zusammenhang lassen sich drei wesentliche weibliche Figuren erwähnen mit denen die Kanzlerin oft identifiziert wird: die Mutter, die Braut und die Tante[9]:[10]

(11) **Mama** Merkel! (Aus der FB-Seite von A. M., 08.03.2018, Fettschrift von mir)

(12) Frau Merkel.. sie **Satansbraut**!!.. (Aus der FB-Seite von A. M., 08.03.2018, Fettschrift von mir)

(13) Gott schütze dich **Tante Merkel** (Aus der IG-Seite von A. M., 02.09.2019, Fettschrift von mir)

Im Einklang mit aktuellen kognitiven Ansätzen[11] können die zitierten Metaphern keinesfalls allein als marginale rhetorische Stilmittel angesehen werden. Hinter diesen Axiomen verbirgt sich eine klare diskriminierende Denkweise, wonach die Rolle einer Frau den Haushalt und die Kindererziehung betrifft und nicht die Führung eines Landes.

---

9 Für den beleidigenden Wert der Anrede „Tante" sei das betreffende Lemma in DUDEN online zitiert: „ ‚Tante': [...] Frau, Gebrauch umgangssprachlich abwertend. Beispiel: eine alte, blöde, alberne, komische Tante".
10 Ähnliche Ergebnisse werden auch in der Studie von Grenz (2018) diskutiert.
11 Für eine ausführliche Erörterung eines kognitiven Ansatzes zum Thema der Metapher sei zuerst das bekannte Werk *Metaphors we live by* (1980) von Lakoff und Johnson zitiert. Unter den moderneren deutschsprachigen Texten sei beispielsweise auf das Buch *Metapher* (2013) von Schwarz-Friesel und Skirl hingewiesen.

Eine weitere Strategie, um die Kanzlerin als Frau zu beleidigen und die Autorität ihrer Rolle zu vermindern, betrifft den unkorrekten Gebrauch ihrer femininen Berufsbezeichnung. Obwohl in Deutschland schon 1976 die Richtlinie der Europäischen Gemeinschaft zur Gleichstellung der Frau im Arbeitsleben in der Bundesrepublik mehrere gesetzliche Maßnahmen für die Verwendung sowohl männlicher als auch weiblicher Berufsbezeichnungen bewirkt hat (vgl. Samel 1995), ist das analysierte Korpus nicht frei von gewissen Schwankungen. Es scheint so, als ob die FB- und IG-Nutzer die oben angedeutete sprachliche Problematik dazu ausnutzen, um eine diskriminierende bzw. hassvolle Einstellung der Kanzlerin gegenüber zu äußern:

(14) Bravo **Herr Merkel**... (Aus der Facebook-Seite von A. M., 08.03.2018, Fettschrift von mir)

(15) **Herr Angela Merkel** (Aus der Facebook-Seite von A. M., 08.03.2018, Fettschrift von mir)

(16) lächerlich diese „**Frau**" (Aus der Facebook-Seite von A. M., 08.03.2018, Fettschrift von mir)

In (14) und (15) wird die Kanzlerin auf ironische Weise als „Herr" angesprochen. In (16) wird ihre weibliche Identität durch die Setzung der Anführungszeichen in Frage gestellt. Es ist offensichtlich, dass hinter dem Gebrauch dieser sexistisch markierten Anredeformen ein provokatorisches und hochverletzendes Verhalten steht. Zwischen den Zeilen ist deutlich zu lesen, dass eine Frau einer politischen *Leadership* nicht gewachsen sei.

*4.4 Asymmetrische Machtverhältnisse > Symmetrie*

Der hier behandelte Parameter ist eng mit dem vorher erörterten Konzept verbunden: Die Gewalttätigkeit der an Merkel gerichteten sexistischen Anreden ist von den Machtverhältnissen, die von den *Haters* innerhalb der Konversation inszeniert werden, gesteigert. Laut Orlettis Ansatz (2000: 40) kann mittels typischer sexistisch markierter Anreden eine bestimmte exogene konversationale Asymmetrie erzeugt werden. Dabei handelt es sich um eine Asymmetrie, die von extralinguistischen Merkmalen verursacht ist, wie z.B. der Gesellschaftsschicht, dem Alter oder – wie im vorliegenden Fall – dem Geschlecht.

Orlettis These lässt sich im Rahmen eines breiten bibliographischen Hintergrunds betrachten, und zwar in dem der sogenannten Genderlinguistik.[12] Diesem Ansatz zufolge neigen Männer im Prinzip dazu, die sprachlichen Strategien auszuwählen, mit denen sie mehr Macht und Autorität gewinnen und mit denen sie eine gewisse Herrschaft den Frauen gegenüber herstellen (vgl. Trömel-Plötz 1984: 358). Außer der in § 4.4 genannten Anwendung sexistischer Stereotype lassen sich noch weitere diskriminierende Typologien von Anreden erwähnen, durch die die oben erörterte konversationale Asymmetrie gestaltet wird. In verspottender Absicht wird beispielsweise die Kanzlerin oft mit märchenhaften weiblichen Heldinnen identifiziert. „Aschenputtel" ((17) aus der IG-Seite von A. M., 01.09.2019), „Cinderella" ((18), ebd.), „Wonder Women" ((19), ebd.), „Königin der Welt" ((20) aus der IG-Seite von A. M., 03.09.2019), „queen" ((21), ebd.) sind beispielsweise einige im Korpus vorhandenen Anredeformen, die zu dieser Kategorie gehören. Des Weiteren lässt sich sagen, dass sich die männliche Herrschaft oft ebenfalls durch eher subtile sprachliche Strategien zeigt. In diesem Zusammenhang sei auf den Gebrauch von Diminutiven[13] wie z.B. „Mütterchen" ((22), ebd.) oder „Angie" ((23) aus der FB-Seite von A. M., 08.03.2018) und den von Kosenamen wie z.B. „mein Schatz", ((24), aus der IG-Seite von A. M., 03.09.2019), „lovely Madam" ((25) aus der IG-Seite von A. M., 01.09.2019), „sweet Merkel" ((26), ebd.) oder „looking cute Angela" ((27) aus der IG-Seite von A. M., 08.09.2019) hingewiesen.

---

12  Für eine ausführliche Erörterung der Genderlinguistik vgl. Kotthoff/Nübling (2018).
13  Ausführlicher zu dem diskriminierenden Wert von Diminutiven vgl. u. a. Schneider/Schneider (1991). Insgesamt können Diminutiven aber auch Nähe und Zuwendung signalisieren, was mit positiven Werten und Schätzungen einhergeht.

*4.5 Öffentlich > nicht öffentlich*

Ein weiterer ausschlaggebender Parameter, um den Grad der Gewalttätigkeit einer Anrede zu quantifizieren, ist die Anwesenheit eines Publikums:

> Redewendungen wie „Er hat mich vor versammelter Mannschaft (*coram publico*) abgekanzelt (beschimpft beleidigt etc.)" bringen deutlich zum Ausdruck, dass verbale Aggressionen vor einem Publikum besonders verletzend sein können, da unsere Existenz als soziale Wesen, unser Ansehen davon betroffen ist. (König/Stathi 2010: 56)

In diesem Zusammenhang ist es wichtig hervorzuheben, dass der hier behandelte sprachliche Kontext der *Social Networks* diese öffentliche Dimension noch weiter amplifiziert. Die Merkel gewidmeten Beleidigungen können jederzeit von allen FB- bzw. IG-Nutzern nicht nur gelesen, sondern auch verbreitet werden, was die Gewaltigkeit ihres Hasses noch mehr steigert.

*4.6 Iteration > Einmaligkeit*

Allen Mobbing-Theorien zufolge gewinnt eine verletzende Handlung an Gewalt und Bedrohung, wenn sie wiederholt auftritt (König/Stathi 2010: 58). Interessant ist es, in diesem Zusammenhang wieder auf Butlers (1997) Theorie hinzuweisen, die genau in der kollektiven Zitathaftigkeit bzw. in der konventionalisierten Wiederholung der Beleidigungen die wahre Gewalt der Hassrede sieht. In diesem Sinne lässt sich sagen, dass insbesondere die diskriminierenden bzw. sexistisch markierten Anredeformen dieses Korpus auf der Kumulierung gewisser Stereotype basieren. Was zum Beispiel die schon diskutierte Metapher Merkel/Mutter angeht (vgl. § 4.3), ist es wichtig hervorzuheben, dass sie nicht nur quantitativ, sondern auch qualitativ eine wichtige Rolle spielt. Wie im Folgenden aufgelistet, kommt die betreffende Identifikation mehrmals und in zahlreichen Varianten vor: „Mütterchen" ((28), aus der IG-Seite von A. M., 03.09.2019), Mutty" ((29), ebd.), „Mother" ((30), aus der IG-Seite von A. M., 01.09.2019), „Mum" ((31), ebd.), „Müttchen" ((32), aus der IG-Seite von A. M., 07.09.2019), „mimi

Deutschland" ((33), aus der IG-Seite von A. M., 21.09.2018), „Mutti"
((34), aus der FB-Seite von A. M., 08.03.2018), „Bundesmutti" ((35),
ebd.), „mama" ((36), aus der FB-Seite von A. M., 03.10.2019). Außerdem taucht auch das Axiom Merkel/Braut in mehreren Formen auf wie
„Stasibraut" (37), aus der FB-Seite von A. M., 03.10.2019), Satansbraut"
((38), aus der FB-Seite von A. M., 08.03.2019), „Ehefrau" ((39), ebd.).

Es scheint so, als ob die Iteration solcher Anreden ein kollektives Denkmodell schaffen würde, laut dem das Konzept „Weiblichkeit" mit dem der „Macht bzw. der politischen Regierung" nicht kompatibel ist. Die bisher erörterten Beispiele bringen also einen hochintensiven Hass zum Ausdruck, da Merkels Beleidigung auf mehreren Ebenen erfolgt: Sie wird als Politikerin, als Präsidentin und vor allem als Frau insultiert.

## 5 Schlussfolgerungen und Ausblick

Zusammenfassend lässt sich feststellen, dass die durchgeführte empirische Analyse die hier erörterte These der Anrede als beliebter Ort für den Ausdruck von Hass und Gewalt bestätigt. Die untersuchten Anreden sind von einem hochintensiven Hass geprägt, da sie alle Königs und Stathis (2010) Parameter einer gestärkten Aggressivität (> aggressiv) erfüllen. Es ist interessant zu beobachten, wie der spezifische kommunikative Kontext der *Social Networks* oft dazu führt, verletzende Anredeformen sogar als „$>^2$ aggressiv" bzw. als hyperaggressive Sprechakte zu interpretieren. Der untersuchte kommunikative Kanal ist nämlich in der Lage, Texte mit einer außerordentlichen Schnelligkeit in einem unglaublich ausgeweiteten Raum zu verbreiten, was die Gefahr ihrer Gewalttätigkeit extrem steigert.

Als Ausblick stellt sich die Frage, welche möglichen sowohl theoretischen als auch methodischen Beiträge die Sprachwissenschaft zum komplexen und multidisziplinären Thema der *Hatespeech* leisten kann. Diesbezüglich lässt sich die hier vorgeschlagene Analyse im Rahmen des maßgeblichen und aktuellen Ansatzes von Schwarz-Friesel (2013; 2017) einordnen. Letzterer zufolge ist der sprachliche

Emotionsausdruck keine chaotische Nebulöse, sondern eher ein – wenn auch komplexes – systematisch und genau beschreibbares Phänomen. Eine linguistische Perspektive zu dem sehr interessanten und aktuellen Bereich der Hassrede lässt sich also letztendlich sowohl aus wissenschaftlichen (vgl. Schwarz-Friesel 2013; 2017) als auch aus ethischen Gründen (vgl. Butler 1997) rechtfertigen.

## Literatur

Austin, John Langshaw 1962. *How to do things with words*. Cambridge: Harvard University Press.
Brown, Penelope/Levinson, Stephen C. 1987. *Politeness. Some Universals in Language Usage*. Cambridge: Cambridge University Press.
Brown, Roger/Gilman, Albert 1960. The pronouns of power and solidarity. In Sebeok, Thomas A. (ed.) *Style in Language*. Cambridge (MA): Cambridge Massachusetts Institute of Technology Press, 253–276.
Butler, Judit 1997. *Exitable Speech. A Politics of the Performative*. New York/London: Routledge.
De Palo, Marina/Gensini, Stefano (a cura di) 2018. *Saussure e i suoi interpreti italiani. Antonino Pagliaro, la scuola romana e il contesto europeo*. Pisa: Edizioni ETS.
Erzgräber, Ursula/Alfred Hirsch (Hg.) 2001. *Sprache und Gewalt*, Berlin: Berliner Wissenschafts-Verlag.
Fiehler, Reinhard 1990. *Kommunikation und Emotion. Theoretische und empirische Untersuchungen zur Rolle von Emotionen in der verbalen Interaktion*. Berlin/New York: De Gruyter.
Goffman, Erving 1967. *Relations in public: Microstudies of the public order*. New York: Basic Books.
Grenz, Frauke 2018. „Das muß ihr als Frau erstmal eine oder einer nachmachen!" Sind Angela Merkel und Ségolène Royal Beispiele für hegemoniale Weiblichkeit? *Budrich Journals. Frauen- und Geschlechterforschung in der Erziehungswissenschaft*, 1, 69–83.

Herrmann, Steffen Kitty/Kuch, Hannes (Hg.) 2007. Verletzende Worte. Eine Einleitung. In Herrmann, Steffen Kitty/Krämer, Sybille/ Kuch, Hannes (Hg.) *Verletzende Worte. Die Grammatik sprachlicher Missachtung.* Berlin/New York: De Gruyter, 7–30.

Kapeller, Ludwig/Voigt, Helmut 1964. *Das Schimpfbuch. Von Amtsschimmel bis Zimtziege.* Herrenalb/Schwarzwald: Erdmann.

Kerbrat-Orecchioni, Catherine 1980. *L'énonciation de la subjectivité dans le langage.* Paris: Colin.

König, Ekkehard/Stathi, Katerina 2010. Gewalt durch Sprache: Grundlagen und Manifestationen. In Krämer, Sybille/Koch, Elke (Hg.) *Gewalt in der Sprache: Rhetoriken verletzenden Sprechens.* München: Fink, 45–60.

Kotthoff, Helga/Nübling, Damaris 2018. *Genderlinguistik. Eine Einführung in Sprache, Gespräch und Geschlecht.* Tübingen: Narr Verlag.

Krämer, Sybille 2010. ‚Humane Dimensionen' sprachlicher Gewalt oder: Warum symbolische und körperliche Gewalt wohl zu unterscheiden sind. In Krämer, Sybille/Koch, Elke (Hg.), 21–44.

Labov, William 1978. Regeln für rituelle Beschimpfungen. In Labov, William (Hg.) *Sprache im sozialen Kontext.* Königstein: Scriptor Verlag, 2–57.

Lagorgette, Dominique 2007. Termes d'adresse et insultes: discours sur l'autre ou sur moi ? In Ayres-Bennett, Wendy/Jones, Mari (eds.) *The French Language and questions of identity.* Oxford: MHRA, 116–128.

Lagorgette, Dominique/Larrivée, Pierre 2004. Introduction. *Langue française. Les insultes : approches sémantiques et pragmatiques*, 144, 3–12.

Lakoff, George/Johnson, Mark 1980. *Metaphors we live by.* Chicago: University of Chicago Press.

Leets, Laura/Giles, Howard 1999. Harmful Speech in Intergroup Encounters: An Organizational Framework for Communication Research. *Communication Yearbook*, 22, 91–137.

Matsuda, Mari et al. (Hg.) 1993. *Words That Wound. Critical Race Theory, Assaultive Speech, and the First Amendment.* Colorado: Westview Press.

Meibauer, Jörg 2013. Hassrede – von der Sprache zur Politik. In Meibauer, Jörg (Hg.) *Hassrede/Hate Speech Interdisziplinäre Beiträge zu einer aktuellen Diskussion.* Gießener Elektronische Bibliothek, 1–16.

Nübling, Damaris/Vogel, Marianne 2004. Fluchen und Schimpfen kontrastiv. Zur sexuellen, krankheitsbasierten, skatologischen und religiösen Fluch- und Schimpfwortprototypik im Niederländischen, Deutschen und Schwedischen. *Germanistische Mitteilungen. Zeitschrift für Deutsche Sprache, Literatur und Kultur*, 59, 19–33.

Orletti, Franca 2000. *La conversazione diseguale. Potere e interazione*, Roma: Carocci.

Ortner, Heike 2014. *Text und Emotion. Theorie, Methode und Anwendungsbeispiele emotionslinguistischer Textanalyse.* Tübingen: Narr Verlag.

Pfeiffer, Herbert 1997. *Das große Schimpfenwörterbuch. Über 10000 Schimpf-, Spott- und Neckwörter zur Bezeichnung von Personen.* Frankfurt am Main: Eichborn.

Samel, Ingrid 1995. *Einführung in die feministische Sprachwissenschaft.* Berlin: Schmidt.

Saussure de, Ferdinand 1931 [1922]. *Cours de linguistique générale.* Payot : Paris.

Saussure de, Ferdinand 1967 [1922]. *Corso di linguistica generale.* De Mauro, Tullio (a cura di), Roma/Bari: Laterza.

Schank, Gerd/Schwitalla, Johannes 1980. Gesprochene Sprache und Gesprächsanalyse In Althaus, Hans Peter/Henne, Helmut/Wiegand, Herbert Ernst (Hg.) *Lexikon der Germanistischen Linguistik.* Berlin/New York, 313–322.

Scharloth, Joachim 2017. Hassrede und Invektivität als Gegenstand der Sprachwissenschaft und Sprachphilosophie: Bausteine zu einer Theorie des Metainvektiven. *Aptum*, 2, 116–132.

Schick, Frederic 1997. On Humiliation. In *Social Research*, 64, 131–146.

Schneider, Iris/Schneider, Klaus 1991. ‚Ach Kindchen, davon verstehen Sie nichts!'. Über den sexistischen Gebrauch deutscher Diminutivformen. Feldbusch, Elisabeth/Pogarell, Reiner/Weiß, Cornelia (Hg.) *Neue Fragen der Linguistik. Akten des 25. Linguistischen Kolloquiums.* Paderborn 1990, Bd. 2, Berlin/New York; de Gruyter, 169–174.

Schwarz-Friesel, Monika 2013. *Sprache und Emotion*. Tübingen: Francke.
Schwarz-Friesel, Monika 2017. Das Emotionspotenzial literarischer Texte. In Betten, Anne/Fix, Ulla/Wanning, Berbeli (Hg.) *Handbuch Sprache in der Literatur*. Berlin/Boston: de Gruyter, 351–370.
Schwarz-Friesel, Monika/Skirl Helge 2013. *Metapher*. Heidelberg: Universitätsverlag Winter.
Trömel Plötz, Senta 1984. Weiblicher Stil – männlicher Stil. In Trömel Plötz, Senta (Hg.) *Gewalt durch Sprache. Die Vergewaltigung von Frauen in Gesprächen*. Frankfurt: Fischer.

# Les « influenceurs » : construction d'une légitimité en ligne à travers le discours. Le cas des élections européennes 2019 en Roumanie

Camelia Cusnir

## 1 Introduction

L'émergence des réseaux sociaux (Facebook, Instagram, Twitter, YouTube, etc.) a mené à l'apparition d'une nouvelle catégorie de leaders d'opinion : les leaders d'opinion virtuels ou « influenceurs ». Le comportement, les valeurs et l'attitude de l'utilisateur des réseaux sociaux peuvent être influencés par ces leaders d'opinion virtuels et, souvent, dans les débats publics, l'agora antique est remplacée par une publication sur les réseaux sociaux qui peut déclencher des réactions, des commentaires, des partages en continu, bref, un débat. Beaucoup d'utilisateurs d'Internet se servent de cette possibilité pour créer et distribuer du contenu mais aussi pour promouvoir leurs projets personnels, leurs intérêts et leurs valeurs. Certains de ces utilisateurs, qui hier étaient des anonymes, parviennent à gagner une notoriété importante et à être suivis, parfois, par des millions d'« abonnés ».

Cette contribution s'intéresse à une catégorie particulière d'influenceurs, les influenceurs politiques, et se propose d'identifier les stratégies discursives, rationnelles et émotionnelles, mises en place par ces leaders d'opinion afin de construire leur autorité en ligne dans un contexte spécifique, celui de la campagne pour les élections européennes en Roumanie. Nous considérons que l'appréhension du monde se fait à travers le langage et, plus particulièrement avec Berger/Luckmann (1966) et Van Leeuwen (2007), que toute manifestation langagière représente une action de légitimation. Nous nous plaçons dans la logique de l'analyse critique de discours (*Critical discourse analysis* ou *CDA*) qui vise à rendre explicites les structures et les relations de pouvoir, fréquemment obscures et cachées (Wodak 2009) ; à expliquer comment les structures du discours créent, confirment, légitiment, reproduisent ou provoquent les relations de pouvoir et de domination en société (Van Dijk 2001). Le modèle d'analyse de Van Leeuwen (2007) sera utilisé afin de repérer, dans les publications des macro-influenceurs politiques roumains, les mécanismes mobilisés pour inciter leurs communautés à aller voter ou même pour orienter leur vote.

## 2 Les influenceurs

Depuis quelques années, une importante littérature se préoccupe d'analyser et de cartographier le nouveau phénomène des influenceurs : les non-professionnels qui gagnent leur notoriété en ligne et viennent concurrencer les professionnels de l'information et du divertissement. On parle de « quidam », d'« amateur », de « professionnel-amateur » (Flichy 2010), de « *prosumer* » (Töffler 1980, Jenkins 2006, Tapscott 2008), « *produser* » (Bruns 2008) ou, tout simplement, d'« influenceur » car, le plus souvent, c'est par l'effet qu'ils sont susceptibles d'avoir sur des audiences plus ou moins grandes qu'on les définit. Les influenceurs actifs dans le domaine de la mode et de la beauté imposent des modes et des styles de vie et agissent comme vecteurs d'image pour des produits et des marques. Les influenceurs de voyages font rêver leurs abonnés en alimentant leur besoin d'évasion tandis que, les influenceurs politiques sont évalués sur la base de leur capacité à mobiliser leur communauté en faveur d'une idée, d'une cause, d'un mouvement.

« Les quidams ont conquis l'Internet », « les amateurs occupent le devant de la scène », « leurs productions (...) se trouvent aujourd'hui au cœur du dispositif de communication », « leur parole est devenue omniprésente, indispensable », remarque Flichy (2010 : 7). Le sociologue met en garde sur le fait que ces amateurs remettent en question le statut des experts et des professionnels en se plaçant au cœur du phénomène de « démocratisation des compétences » (Flichy 2010 : 17).

Lorsqu'il s'agit de l'effet de l'Internet sur le débat public et sur la participation citoyenne, les opinions sont partagées. Certains considèrent que l'Internet « est un outil précieux qui permet d'étendre la citoyenneté en facilitant l'expression publique de tous les citoyens » (Flichy 2010 : 43), tandis que d'autres restent sceptiques quant à ses possibilités pour revitaliser la démocratie en accusant sa fragmentation et sa commercialisation excessive (Dahlgren 2005). La production des informations ou des opinions dans le débat public est une démarche qui « nécessite un mode d'écriture différent de celui de l'écriture amateur » car « il ne s'agit plus de parler de soi, de son intériorité, mais de traiter de questions publiques, donc de sujets impersonnels » (Flichy 2010 : 44). Pour Cardon (2010 : 46), le web participatif « permet à un simple amateur d'accéder à la visibilité en rendant compte des activités de personnages publics » et cette « nouvelle population de producteurs et de commentateurs a bruyamment poussé les portes de l'espace public ». Dans cette « blogosphère citoyenne », l'auteur inclut les publications parallèles de journalistes en marge de leur écriture salariée, la contre-information locale assurée par les habitants, les commentaires de l'actualité par des citoyens ordinaires, ainsi que les mobilisations de militants autour d'un enjeu international (Cardon 2010).

Dans cette approche optimiste, l'utilisateur-créateur est en fait un consommateur qui a retrouvé ses « droits » (Bouquillion/Mathews 2010 : 52). Plusieurs théoriciens font l'effort de définir ce passage de l'utilisateur/consommateur/amateur au statut de producteur en compétition avec les professionnels. Ainsi, Jenkins (2006) observe qu'au lieu de parler des producteurs et des consommateurs de médias comme de rôles séparés, nous pouvons les regarder actuellement comme des participants qui interagissent entre eux selon un nouveau set de règles que personne ne comprend totalement.

Les réseaux sociaux ont fait en sorte que le récepteur passe d'un rôle passif à un rôle actif de producteur et émetteur de messages, en alternant les positions de producteur et récepteur ainsi que les flous uni- et multi-directionnels. Certains appellent *new new media* (Levinson 2013) ces réseaux sociaux comme Facebook, Twitter, Youtube, etc. qui permettent aux utilisateurs de participer au processus de création de contenu. Castells (2009 : 55) propose le terme de *mass self-communication* pour dénommer cette nouvelle forme de communication interactive « de plusieurs à plusieurs » dans laquelle chaque utilisateur peut produire son propre contenu dont l'impact dépendra de l'étendue de son réseau d'influence. De l'autre côté, le récepteur pourra décider si le contenu représente un intérêt pour lui, une décision toutefois influencée par les algorithmes des plateformes.

C'est de cette catégorie d'utilisateurs-producteurs de contenu, qu'émerge la sous-catégorie des « influenceurs ». Il s'agit d'auteurs de blogs ou d'utilisateurs des réseaux sociaux qui jouissent d'une large popularité et qui deviennent des modèles pour la communauté qui les suit et a tendance à imiter leur comportement, à adopter leurs valeurs et leurs intérêts, à répondre et à interagir avec le contenu qu'ils produisent.

Selon Abidin (2016), les influenceurs représentent une forme de micro-célébrité qui attire un public sur les blogs et sur les réseaux sociaux à travers les narrations textuelles et visuelles de leur vie quotidienne. Souvent, ce type de micro-célébrité devient très attirant pour les marques et les produits qui font appel aux influenceurs pour devenir leurs porte-paroles.

Dans une recherche (Cusnir 2019) que nous avons menée sur la définition de l'influenceur par des jeunes de la tranche d'âge 19–24 ans – l'une des plus actives sur les réseaux sociaux –, la définition donnée est intimement liée à la popularité et à l'influence que l'utilisateur des réseaux sociaux ou le bloggeur réussit à développer dans la communauté virtuelle qui le suit et partage ses croyances et ses valeurs. On ne peut pas être influenceur sans toucher une communauté importante. Un site comme *socialbakers.com*[1] propose une typologie des influenceurs selon laquelle ceux ayant au moins 1.000 abonnés rentreraient dans la catégorie des « micro-influenceurs », ceux rassemblant au moins 100.000 abonnés feraient plutôt partie de la catégorie des « macro-influenceurs », tandis que ceux comptant au moins 1 million d'abonnés rentreraient plutôt dans la catégorie des « célébrités ».

On peut encore distinguer entre ceux qui ont simplement quitté les domaines qui leur assuraient déjà une grande notoriété pour devenir aussi des créateurs de contenu en ligne et ceux qui sont « nés » en ligne. Dans le cas de la presse, certains journalistes ont migré des médias traditionnels vers les nouveaux médias en préservant ou pas leurs anciennes positions. Ceux de la deuxième catégorie ont commencé à publier du contenu sur les réseaux sociaux sans bénéficier a

---

1 &lt;https://www.socialbakers.com/blog/micro-influencers-vs-macro-influencers&gt;

priori d'une communauté de fidèles et ont réussi à attirer le public uniquement par le contenu publié – ils ont construit leur réputation exclusivement en ligne.

## 3 L'identité numérique

Dans la présente recherche, nous nous proposons d'étudier comment ces influenceurs en ligne construisent leur identité et quelles sont les stratégies de légitimation mises en place dans leurs discours sur les réseaux sociaux. Nous nous intéressons à une catégorie particulière d'influenceurs – ceux qui sont actifs dans le débat public – et nous retenons pour l'analyse de leurs discours sur les réseaux sociaux une période particulière, celle de la campagne pour les élections européennes de mai 2019 en Roumanie.

Nous mobiliserons dans l'analyse le concept d' « identité numérique », aussi considéré comme « auto-construction », « technologie de soi », « maîtrise de son image », « construction d'une réputation », « construction d'un réseau de sociabilité » (Doueihi 2015 : 35), comme « identité négociée avec de nombreux outils et dispositifs de présence et de présentation de soi qui mettent en scène des formes inédites de lien social et de communication inter-humaine médiée » (Fourmantraux 2015 : 18). Selon Bouquillion/Mathews (2010 : 87), l'élaboration de l'identité numérique permet à l'amateur qui cherche à dépasser son statut d'anonyme dans l'environnement en ligne « de se distinguer, d'être reconnu et de construire des liens ». Sa quête identitaire l'amène à exprimer ses talents, à mettre en scène sa singularité face aux autres, remarquent les auteurs cités. Selon Cardon (2019 : 178), « sur le web, l'identité est largement hétéro-déterminée, c'est-à-dire construite par le regard des autres ». L'auteur ajoute en outre que :

> L'identité numérique est un processus collectif : les participants montrent d'eux des signes que les autres approuvent plutôt que des signes qui ne retiennent pas leur attention. Leur identité est produite par le réseau social d'amis qu'ils ont choisi, par leur utilisation de telle ou telle plateforme, par le fait qu'ils s'exposent aux commentaires et aux likes de personnes qui, elles-mêmes, exposent

et privilégient tel ou tel trait de leur propre identité. Bref, leur identité numérique n'appartient pas totalement aux individus. Elle est la conséquence de l'espace social dans lequel ils interagissent. (Cardon 2019 : 178)

## 4 Les stratégies de légitimation

Pour analyser les stratégies de légitimation, nous ferons appel à un modèle d'analyse inspiré de Van Leeuwen en identifiant quatre grandes catégories qui peuvent apparaître séparément ou dans diverses combinaisons et peuvent être utilisées pour légitimer mais aussi pour dé-légitimer ou critiquer (Van Leeuwen 2007). Parmi ces stratégies, on parle de légitimation par :

- l'autorité, qui peut être celle de l'expert, du modèle ou du leader d'opinion ; l'autorité impersonnelle (des lois et des règles) ; l'autorité de la tradition ou de la conformité ;
- l'évaluation morale, en référence à des systèmes de valeurs ;
- la rationalisation, en fonction des buts et usages et de l'ordre naturel des choses ;
- la mythopoïèse, à savoir les narrations qui récompensent les actions légitimes et sanctionnent celles qui ne le sont pas.

## 5 Corpus d'analyse

Le corpus de notre analyse sera formé par les publications des « influenceurs » actifs dans le débat social et politique pendant la campagne pour les élections européennes sur Facebook et Twitter. Pour réaliser la sélection des influenceurs qui font partie de notre corpus, nous avons utilisé comme critères de sélection :

*Les « influenceurs » : construction d'une légitimité* 211

- avoir au moins 100.000 abonnés sur Facebook et Twitter afin de pouvoir les encadrer dans la catégorie de « macro-influenceurs »,
- avoir publié constamment sur les réseaux sociaux pendant la campagne électorale pour les élections européennes,
- avoir exprimé des positions sur des questions d'intérêt public.

Suite à l'application du premier critère, celui du nombre minimum d'abonnés (résultat de la consultation de plusieurs classements sur socialbakers.com, statista.com, zelist.ro), nous avons obtenu une liste de laquelle nous avons exclu les comptes et les pages des hommes politiques qui ne représentaient pas un intérêt pour cette recherche.

Le paysage de l'utilisation des réseaux sociaux en Roumanie (selon les chiffres d'avril 2019[2]) confirme une particularité, à savoir une utilisation importante de Facebook avec plus de la moitié de la population, soit près de 10 millions utilisateurs, contre une utilisation très restreinte de Twitter, avec moins de 400.000 utilisateurs et uniquement 19.000 comptes actifs. En fait, dans le débat public en général et politique en particulier, Twitter compte très peu en Roumanie ce qui nous a obligée à chercher le corpus d'analyse presque exclusivement sur Facebook.

Ainsi, notre étude a pris en compte les publications sur Facebook (et dans deux cas, M. Guran et V. Petreanu, également sur Twitter) :

- d'un chanteur et acteur qui s'est fait remarquer par ses prises de positions politiques qui lui ont valu une notoriété encore plus grande que celle gagnée par ses performances artistiques : Tudor Chirila (577.000[3] abonnés sur Facebook) ;
- d'un philosophe, ancien ministre de l'Éducation qui a ( !) 103 ans et publie constamment sur Facebook, d'une manière très créative mêlant textes, photos et même des vidéos : Mihai Sora (174.000 abonnés) ;
- de quatre journalistes de la radio et de la télévision qui ont construit en ligne une identité presque aussi forte que celle qu'ils avaient déjà acquise suite à leur carrière dans les médias traditionnels : Mircea Badea (311.000 abonnés sur Facebook), Moïse Guran (300.000

---

2  <www.zelist.ro>
3  Les chiffres sont valables pour fin mai 2019, date de collecte des données.

abonnés sur Facebook et 479.000 abonnés sur Twitter), Lucian Mindruta (188.000 abonnés sur Facebook) et Vlad Petreanu (186.000 abonnés sur Twitter).

Nous avons recueilli les publications de ces influenceurs sur les réseaux sociaux du 27 avril au 27 mai 2019, le lendemain des élections européennes. Le nombre des posts analysés a varié en fonction de la fréquence des publications de chacun sur Facebook pendant la période indiquée : 22 pour M. Sora, 29 pour T. Chirila, 124 pour M. Guran, 169 pour L. Mindruta et 68 pour M. Badea. À ces posts s'ajoutent ceux publiés sur Twitter : 14 pour V. Petreanu et 10 pour M. Guran.

Tous ces posts ont été soumis à une analyse manuelle qui a visé à identifier, dans chaque publication, les constructions censées légitimer l'incitation à voter et, parfois, plus précisément, à voter dans le but de sanctionner le parti au gouvernement. Ainsi, dans chaque publication, nous avons identifié les phrases (l'unité d'analyse prise en compte) qui correspondaient à la légitimation par recours à l'autorité (et à l'intérieur de celle-ci : autorité personnelle/par le statut, autorité de l'expert, autorité par le modèle ou autorité impersonnelle par les règles, la tradition ou la coutume), par évaluation morale, par rationalisation ou par mythopoïèse (des contes moraux ou des contes de mises en garde).

## 6 Analyse

*6.1 La légitimation par mythopoïèse*

Suite à l'analyse des publications de ces influenceurs pendant la campagne pour les élections européennes, on constate que la construction de la légitimation identifiée le plus fréquemment est celle par mythopoïèse – à savoir la création de narrations par lesquelles on essaie de convaincre les abonnés, la communauté qui suit ces influenceurs, à adopter un certain comportement. Mihai Sora, par exemple, crée un personnage (dans l'écrit mais aussi dans un dessin), une girafe, qui devient le personnage principal de plusieurs histoires inventées pour motiver les gens à participer massivement au vote : « J'ai dessiné une girafe sur mon mur pour faire voter les gens »[4], « Allez voter ! (dit la girafe) ».

La narration avec le plus fort impact dans les publications analysées met en scène les files d'attente et même l'impossibilité de voter pour certains Roumains de la diaspora le jour des élections européennes, le 26 mai. Ce jour-là, les publications de presque tous ces leaders d'opinion en ligne sont dominées par des histoires à propos de la difficulté de voter pour la diaspora roumaine, les Roumains qui travaillent (massivement) dans les autres pays de l'UE.

Dans le cas de Lucian Mindruta et de Moïse Guran, l'histoire des longues files d'attente de la diaspora roumaine qui tente d'exprimer son vote (parfois même sans réussir à le faire) a également un but mobilisateur : « Le Bureau Électoral Central devrait avoir honte ! Le programme de vote doit être prolongé ! Non seulement à l'étranger mais aussi en Roumanie ! Voici la file d'attente à Bucarest ! » (L. Mindruta, 26 mai), « Une femme est tombée par terre en attendant pour voter à Hambourg, elle a eu besoin de soins médicaux » (L. Mindruta, 26 mai), « Voici les dernières informations sur les files d'attente en Europe : Milan. Eindhoven. Munich. Athènes. Si vous avez des images, je vous prie de me laisser un commentaire. Merci » (L. Mindruta, 26 mai), « Des photos avec les premières files d'attente dans la diaspora prises par Ilie Lupu, notre correspondant à Copenhague. Également une file d'attente à Rome comme on peut voir sur les photos » (idem), « La diaspora est réveillée et il y a déjà des files d'attente. Oh-là-là ! » (M. Guran, 26 mai). Les photos contribuent pleinement à la construction de cette narration sur la mauvaise organisation des élections pour les Roumains de la diaspora.

La narration à propos des files d'attentes qui rendent le vote de la diaspora difficile, sinon impossible, met également en place une construction sous-entendue « nous » *vs* « eux » (Van Dijk 1993, 2005, Wodak 2009). Dans celle-ci, nous pouvons identifier d'un côté l'électorat impuissant (« une femme », « des personnes », « la diaspora », soit des Roumains qui ont été obligés de quitter leur pays pour trouver

---

4   Pour faciliter la lecture, les exemples cités sont donnés en français, dans la traduction de l'auteure. A l'origine, tous les posts sont en roumain.

de meilleures conditions de vie, etc.) et, de l'autre côté, le plus souvent sans être nommé, le pouvoir politique qui a organisé ces élections et qui est rendu responsable de la mauvaise gestion des élections. L'effet de ces narrations se traduit par une mobilisation qui sanctionne le pouvoir en place.

Sur les pages Facebook des anciens journalistes, on peut remarquer la mise en place de véritables rédactions, similaires aux rédactions d'un journal ou d'une chaîne de télévision, transposées sur les réseaux sociaux. Les abonnés de ces pages deviennent, le jour des élections, des journalistes ad hoc qui font des émissions en direct pour couvrir le vote dans leur ville d'origine, comme s'ils étaient les correspondants sur place d'un journal télévisé.

En plus de cette véritable saga de la difficulté du vote de la diaspora roumaine qui domine le fil d'actualité de la plupart des pages analysées, on trouve des histoires – ayant une valeur d'exemplarité – de personnes qui ont voté, parfois dans des situations particulières : des joueurs de tennis connus comme Simona Halep et Horia Tecau (M. Guran, 26 mai), des parents se trouvant dans un petit village reclus de Roumanie (L. Mindruta, 26 mai) ou, encore, des beaux-parents (M. Guran, 26 mai).

Parmi ces histoires qui prônent la mobilisation au vote, l'un des six cas analysés est totalement différent des autres puisqu'il correspond en fait à la déconstruction du discours à propos des files d'attentes de la diaspora. En effet, il recourt à l'argument tout est « fausse nouvelle », « tout est une conspiration ». Dans ce discours, on parle d'« exaltations stupides à propos de la présence massive au vote » ou, encore « du manque d'imagination de ceux qui veulent relancer ce sujet déjà usé » (M. Badea, 26 mai).

*6.2 La légitimation par le recours à l'autorité du modèle*

Les publications qui visent à construire une légitimation à travers les narrations sont complétées par des publications qui renvoient à la légitimation par le recours à l'autorité et, plus particulièrement, à l'autorité du modèle. Le fait, pour les influenceurs, d'avoir voté et de prouver cette action sur les réseaux sociaux (avec, par exemple, une photo de la carte d'identité sur laquelle il y a le tampon « a voté ») devient un argument pour inciter leurs fidèles à suivre ce comportement. L'engagement (le nombre de réactions) obtenu par les publications dans lesquelles ces influenceurs mettent en scène et rendent public sur les réseaux sociaux leur propre vote est parfois spectaculaire. Par exemple, les deux publications de M. Sora sur ce sujet recueillent respectivement plus de 62.000 et de 42.000 mentions « J'aime ». Le simple fait que ces modèles adoptent un certain comportement est suffisant pour légitimer les actions de ceux qui les suivent. Vu que les célébrités sont reconnues instantanément, l'autorité du modèle peut être transmise visuellement tout simplement en montrant ces célébrités dans des actions qui doivent être légitimées, souligne Van Leeuwen (2007).

Ces influenceurs construisent également leur légitimation par la participation aux différentes actions en vue de la mobilisation pour le vote. « J'ai parlé aux gens, j'ai essayé de les convaincre », écrit M. Sora tandis que T. Chirila fait savoir à ses abonnés qu'il s'est impliqué dans une campagne de persuasion par téléphone mise en place par une ONG ainsi que dans une campagne vidéo en ligne, tout comme M. Guran qui annonce avoir participé à la campagne « YES I vote » ou à un concert organisé dans le même but. Ces influenceurs pensent non seulement avoir l'autorité de mobiliser les autres pour aller voter mais aussi pour accuser les autorités de la manière défectueuse dont elles ont organisé les élections : « J'accuse publiquement les organisateurs de ces élections » (L. Mindruta).

*6.3 La légitimation par la rationalisation*

Enfin, une troisième grande catégorie de construction de la légitimation est réalisée par l'appel aux arguments qui informent sur les conséquences de l'action (ou de la non-action), à savoir le vote ou l'absentéisme au vote. Plusieurs publications analysées essaient de donner des arguments à propos des effets de la présence au vote et du vote même : « Tout vote compte », « Votre vie se décide maintenant », « Chers amis, parlez avec vos parents, vos grands-parents, vos amis pour aller voter. Rien n'est plus dangereux pour la démocratie que d'être insensible au destin de votre pays et de votre peuple » (M. Sora).

Presque toutes les publications du jour du vote adoptent un ton militant et contribuent à créer un état d'urgence. Les conséquences de la non-action (l'absentéisme au vote) ne sont pas expliquées concrètement et restent à un niveau flou, sous-entendu, compréhensible uniquement par contextualisation : le parti au gouvernement pourrait remporter ces élections ce qui aurait un impact négatif sur le destin du pays et sur la démocratie.

Les influenceurs demandent ouvertement à ceux qui les suivent d'agir en employant des actes de langage qui rentrent dans la catégorie des directifs explicites : « N'abandonnez pas, tout vote compte », « Débouchons le champagne plus tard » (L. Mindruta), « Ne prenez pas en compte les rumeurs », « N'abandonnez pas le vote » (M. Guran). En revanche, très peu d'arguments rationnels sont utilisés pour obtenir l'adhésion des abonnés, comme par exemple dans le cas suivant où l'on estime qu'une présence massive au vote signifierait un mauvais résultat pour le parti au gouvernement : « Voici quelques chiffres utiles », « Si vous mobilisez deux millions de personnes pour aller voter, les résultats des élections seront meilleurs » (M. Guran).

# 7 Conclusion

Pour chacun de ces influenceurs qui s'expriment en ligne sur les réseaux sociaux à propos des élections européennes, et qui sont suivis par des centaines de milliers d'abonnés, il y a un type de construction de la légitimation qui semble dominant. Dans le cas de M. Sora, ce sont les narrations allégoriques avec le personnage récurrent de la girafe qui sont censées devenir exemplaires et déterminer la mobilisation de l'électorat. Dans le cas des anciens journalistes (L. Mindruta, M. Guran, V. Petreanu) ce sont les narrations qui construisent (ou déconstruisent dans le cas de M. Badea) la culpabilité du gouvernement dans l'organisation de ces élections pour la diaspora qui restent dominantes, avec pour effet la mobilisation de l'électorat révolté par cette mauvaise gestion de la situation. Pour l'acteur T. Chirila, la figure d'autorité par sa position de modèle et par sa participation à des actions de mobilisation de l'électorat (campagne en ligne et par téléphone, concert, etc.) semble dominante parmi les stratégies discursives utilisées. Certaines constructions sont récurrentes chez (presque) tous les leaders d'opinion analysés comme, par exemple, l'autorité du modèle, la mise en évidence de leur propre vote comme exemplaire et comme porteur de mobilisation pour ceux qui les suivent. Par rapport au modèle de Van Leeuwen, nous n'avons pas identifié de constructions de légitimation par évaluation morale.

Dans la presque totalité des constructions argumentatives analysées il y a un appel à l'émotion : la sympathie que déclenchent en nous les animaux, l'empathie envers les concitoyens qui ne peuvent pas voter dans les meilleures conditions ou, encore, l'admiration par rapport aux prises de positions de ceux qu'on regarde comme modèles. En revanche, les arguments qui font appel à la rationalité sont presque absents.

Les constructions de légitimation mises en place par ces influenceurs ayant un poids dans le débat public en ligne pendant la campagne pour les élections européennes ont eu vraisemblablement leur part de contribution dans la mobilisation au vote en Roumanie, qui a connu l'une des plus fortes augmentations de toute l'Union européenne par rapport aux élections précédentes de 2014[5].

## Bibliographie

Abidin, Crystal 2016. Engaging with Influencers'fashion brands and #OOTD advertorial campaigns on Instagram. *Media International Australia,* 161/1, 86–100.

Berger, Peter L./Luckmann, Thomas 1966. *The social construction of reality.* New York: Doubleday.

---

5  Selon les données présentées par le Parlement européen, aux élections européennes de 2019 se sont présentés au vote 8,21% plus d'Européens qu'aux élections de 2014. Pour la Roumanie, la progression du nombre de votants a été de 16,58%.

Bouquillion, Philippe/Mathews, Jacob T. 2010. *Le web collaboratif.* Grenoble : Presses universitaires de Grenoble.

Bruns, Axel 2008. *Blogs, Wikipedia, Second Life, and beyond: From production to produsage.* New York/Oxford: Peter Lang.

Cardon, Dominique 2010. *La démocratie Internet. Promesses et limites.* Paris : Seuil.

Cardon, Dominique 2019. *Culture numérique.* Paris : Presses de Sciences Po.

Castells, Manuel 2009. *Communication Power.* Oxford: Oxford University Press.

Cusnir, Camelia 2019. Mapping Romanian Influencers' Presence in the Online Environment. In Iancu, Ioana/Balaban, Delia Cristina/Hosu, Ioan (éds) *Communication. Strategic Perspectives.* Cluj-Napoca: Accent, 121–129.

Dahlgren, Peter 2005. The Internet, Public Spheres, and Political Deliberation. *Political Communication.* 22, 147–162.

Dijk, Teun A. van 1993. Principles of Critical Discourse Analysis. *Discourse & Society*, 4/2, 249–283.

Dijk Teun A. van 2001. Critical Discourse Analysis. In Tannen, Deborah/Schiffrin, Deborah/Hamilton, Heidi E. (éds), *Handbook of Discourse Analysis.* Oxford: Blackwell, 352–371.

Dijk, Teun A. van 2005. War Rhetoric of a Little Ally. Political implicatures of Aznar's Legitimization of the War in Iraq. *Journal of Language and Politics.* 4/1, 65–92.

Doueihi, Milad 2015. L'identité à l'ère des Digital Humanities. Entretien avec Jean-Paul Fourmentraux. In J-P. Fourmentraux (éd.), *Identités numériques. Expressions et traçabilités.* Paris : CNRS Éditions, 33–52.

Flichy, Patrice 2010. *Le sacre de l'amateur. Sociologie des passions ordinaires à l'ère numérique.* Paris : Seuil.

Fourmentraux, Jean-Paul 2015. Présentation générale. Identités et liaisons numériques. In J-P. Fourmentraux (éd.), *Identités numériques. Expressions et traçabilités.* Paris : CNRS Éditions, 9–23.

Jenkins, Henry 2006. *Convergence Culture: Where Old and New Media Collide.* New York/London: New York University Press.

Leeuwen, Teun van 2007. Legitimation in discourse and communication. *Discourse & Communication.* 1/1, 91–112.
Levinson, Paul 2013. *New new media.* Boston: Pearson.
Tapscott, Don 2008. *Grown up digital: how the net generation is changing your world.* New York: McGraw-Hill.
Toffler, Alvin 1980. *The Third Wave.* New York: Bantam Books.
Wodak, Ruth 2009. Critical Discourse Analysis: History, Agenda, Theory, and Methodology. In Wodak, Ruth/Meyer, Michael, *Methods of Critical Discours Analysis.* London: Sage, 1–33.

# Die Autorinnen/Les auteures

**Claudia Cagninelli :** doctorante en sciences humaines en cotutelle à l'Université de Modena et Reggio Emilia (Italie) et de CY Cergy Paris Université (France). Ses recherches portent sur l'analyse du discours politique dans une perspective sociodiscursive et argumentative. Elle s'intéresse plus particulièrement à la dimension dialogique du discours, aux phénomènes énonciatifs ainsi qu'à l'analyse des productions numériques, dans une approche pragmatique-énonciative.

**Gabriella Carobbio** ist wissenschaftliche Mitarbeiterin (*ricercatrice*) für Germanistische Linguistik an der Universität Bergamo (Italien). Arbeits- und Forschungsschwerpunkte: mündliche Wissenschaftssprache, Syntax gesprochener Sprache, Persuasionsstrategien im politischen Diskurs, kontrastive Analyse Deutsch-Italienisch.

**Camelia Cusnir :** enseignante-chercheurse à l'Université de Bucarest (Roumanie), elle est l'auteure d'un ouvrage sur *Le discours des intellectuels roumains après 1989*. Elle s'intéresse à la transformation de l'espace public par les nouvelles technologies et au phénomène de l'apparition de nouveaux leaders d'opinion dans l'environnement en ligne.

**Cécile Desoutter :** *professore associato* en langue et linguistique française à l'Université de Bergame (Italie), elle mène ses recherches dans le domaine de la sociolinguistique et de l'analyse des discours. Ses travaux portent sur les usages du français en contexte plurilingue (entreprises, familles, paysage linguistique) ; sur les liens entre discours et support matériel, en particulier sur les objets du quotidien ; sur les aspects sémantiques, morphosyntaxiques et pragmatico-textuels des discours spécialisés.

**Griselda Drouet :** maître de conférences en linguistique française à l'Université Rennes 2 (France), elle mène ses recherches en analyse de discours au sein de l'équipe LIDILE (EA 3874 Linguistique, Ingénierie, Didactique des Langues) et s'intéresse en particulier à l'étude de la langue en contexte, à l'organisation du discours oral et aux marqueurs discursifs.

**Aurora Fragonara** enseigne la linguistique française à l'Université de Bergame et à l'Université de Milan. Elle est membre associée du laboratoire CREM, Université de Lorraine (France). Ses recherches s'inscrivent dans le cadre de l'analyse de discours, la linguistique textuelle et cognitive. Ses travaux portent sur les traitements cognitifs et discursifs des référents, la construction du point de vue et les positionnements discursifs en relation avec l'expression de l'empathie.

**Iris Jammernegg** betreut als wissenschaftliche Mitarbeiterin (*ricercatrice*) an der Universität Udine (Italien) den Fachbereich Deutsche Sprachwissenschaft im Rahmen der Studiengänge für Übersetzungswissenschaft und Öffentlichkeitsarbeit. Ihre Forschungsschwerpunkte sind sprachlich-textuelle Diskurs- und Fachinformationsstrategien in der Unternehmenskommunikation sowie der politischen Öffentlichkeitsarbeit aus kontrastiv-translatorischer Perspektive (Länder-Varietäten innerhalb des deutschen Sprachraums bzw. im Vergleich zu Italien); Wissensvermittlung und Kompetenzaufbau; fachspezifische DaF-Didaktik (begleitetes/autonomes Lernen, Online-Lernumgebungen, Kompetenzevaluation).

**Antonella Nardi**, Dr. phil., ist Professorin (*professore associato*) für Deutsche Sprach- und Übersetzungswissenschaft an der Universität Macerata (Italien). Ihre Forschungsinteressen liegen in folgenden Bereichen und folgender Umsetzung im DaF-Unterricht: linguistische Pragmatik, audiovisuelle Übersetzung (Untertitelung Deutsch-Italienisch), Fachsprache und -übersetzung Deutsch-Italienisch, Wissenschaftskommunikation.

**Maria Francesca Ponzi** ist Doktorandin in Cotutelle an der Universität „La Sapienza" in Rom und an der Technischen Universität Berlin. Zu ihren Forschungsinteressen zählen die Deutsche und die Italienische Linguistik, die Kontrastive Linguistik, die Pragmatik sowie die Korpuslinguistik. In ihrer demnächst erscheinenden Dissertation geht sie auf Beziehungen zwischen Sprache und Emotionen ein.

**Melani Schröter** ist Associate Professor in German Linguistics an der University of Reading, Großbritannien. Ihre Forschungsschwerpunkte liegen in den Bereichen politische Diskursanalyse, Schweigen und Verschweigen in Diskurs und Kommunikation, korpusbasierte Studien zu Lexik und Semantik, insbesondere Schlagwörter in politischen Diskursen und einschließlich sprachübergreifend-vergleichender Analysen.

# Linguistic Insights

Studies in Language and Communication

This series aims to promote specialist language studies in the fields of linguistic theory and applied linguistics, by publishing volumes that focus on specific aspects of language use in one or several languages and provide valuable insights into language and communication research. A cross-disciplinary approach is favoured and most European languages are accepted.

The series includes two types of books:

- Monographs – featuring in-depth studies on special aspects of language theory, language analysis or language teaching.
- Collected papers – assembling papers from workshops, conferences or symposia.

Each volume of the series is subjected to a double peer-reviewing process.

Vol. 1    Maurizio Gotti & Marina Dossena (eds)
Modality in Specialized Texts. Selected Papers of the 1$^{st}$ CERLIS Conference.
421 pages. 2001. ISBN 3-906767-10-8 · US-ISBN 0-8204-5340-4

Vol. 2    Giuseppina Cortese & Philip Riley (eds)
Domain-specific English. Textual Practices across Communities and Classrooms.
420 pages. 2002. ISBN 3-906768-98-8 · US-ISBN 0-8204-5884-8

Vol. 3    Maurizio Gotti, Dorothee Heller & Marina Dossena (eds)
Conflict and Negotiation in Specialized Texts. Selected Papers of the 2$^{nd}$ CERLIS Conference.
470 pages. 2002. ISBN 3-906769-12-7 · US-ISBN 0-8204-5887-2

Vol. 4    Maurizio Gotti, Marina Dossena, Richard Dury, Roberta Facchinetti & Maria Lima
Variation in Central Modals. A Repertoire of Forms and Types of Usage in Middle English and Early Modern English.
364 pages. 2002. ISBN 3-906769-84-4 · US-ISBN 0-8204-5898-8

*Editorial address:*

Prof. Maurizio Gotti    Università di Bergamo, Dipartimento di Lingue, Letterature e Culture Straniere Piazza Rosate 2, 24129 Bergamo, Italy
Fax: +39 035 2052789, E-Mail: m.gotti@unibg.it

| | | |
|---|---|---|
| Vol. | 5 | Stefania Nuccorini (ed.)<br>Phrases and Phraseology. Data and Descriptions.<br>187 pages. 2002. ISBN 3-906770-08-7 · US-ISBN 0-8204-5933-X |
| Vol. | 6 | Vijay Bhatia, Christopher N. Candlin & Maurizio Gotti (eds)<br>Legal Discourse in Multilingual and Multicultural Contexts.<br>Arbitration Texts in Europe.<br>385 pages. 2003. ISBN 3-906770-85-0 · US-ISBN 0-8204-6254-3 |
| Vol. | 7 | Marina Dossena & Charles Jones (eds)<br>Insights into Late Modern English. 2$^{nd}$ edition.<br>378 pages. 2003, 2007.<br>ISBN 978-3-03911-257-9 · US-ISBN 978-0-8204-8927-8 |
| Vol. | 8 | Maurizio Gotti<br>Specialized Discourse. Linguistic Features and Changing Conventions.<br>351 pages. 2003, 2005.<br>ISBN 3-03910-606-6 · US-ISBN 0-8204-7000-7 |
| Vol. | 9 | Alan Partington, John Morley & Louann Haarman (eds)<br>Corpora and Discourse.<br>420 pages. 2004. ISBN 3-03910-026-2 · US-ISBN 0-8204-6262-4 |
| Vol. | 10 | Martina Möllering<br>The Acquisition of German Modal Particles. A Corpus-Based Approach.<br>290 pages. 2004. ISBN 3-03910-043-2 · US-ISBN 0-8204-6273-X |
| Vol. | 11 | David Hart (ed.)<br>English Modality in Context. Diachronic Perspectives.<br>261 pages. 2003. ISBN 3-03910-046-7 · US-ISBN 0-8204-6852-5 |
| Vol. | 12 | Wendy Swanson<br>Modes of Co-reference as an Indicator of Genre.<br>430 pages. 2003. ISBN 3-03910-052-1 · US-ISBN 0-8204-6855-X |
| Vol. | 13 | Gina Poncini<br>Discursive Strategies in Multicultural Business Meetings.<br>2$^{nd}$ edition. 338 pages. 2004, 2007.<br>ISBN 978-3-03911-296-8 · US-ISBN 978-0-8204-8937-7 |
| Vol. | 14 | Christopher N. Candlin & Maurizio Gotti (eds)<br>Intercultural Aspects of Specialized Communication.<br>2$^{nd}$ edition. 369 pages. 2004, 2007.<br>ISBN 978-3-03911-258-6 · US-ISBN 978-0-8204-8926-1 |
| Vol. | 15 | Gabriella Del Lungo Camiciotti & Elena Tognini Bonelli (eds)<br>Academic Discourse. New Insights into Evaluation.<br>234 pages. 2004. ISBN 3-03910-353-9 · US-ISBN 0-8204-7016-3 |
| Vol. | 16 | Marina Dossena & Roger Lass (eds)<br>Methods and Data in English Historical Dialectology.<br>405 pages. 2004. ISBN 3-03910-362-8 · US-ISBN 0-8204-7018-X |
| Vol. | 17 | Judy Noguchi<br>The Science Review Article. An Opportune Genre in<br>the Construction of Science.<br>274 pages. 2006. ISBN 3-03910-426-8 · US-ISBN 0-8204-7034-1 |

Vol. 18   Giuseppina Cortese & Anna Duszak (eds)
         Identity, Community, Discourse. English in Intercultural Settings.
         495 pages. 2005. ISBN 3-03910-632-5 · US-ISBN 0-8204-7163-1

Vol. 19   Anna Trosborg & Poul Erik Flyvholm Jørgensen (eds)
         Business Discourse. Texts and Contexts.
         250 pages. 2005. ISBN 3-03910-606-6 · US-ISBN 0-8204-7000-7

Vol. 20   Christopher Williams
         Tradition and Change in Legal English. Verbal Constructions
         in Prescriptive Texts.
         2nd revised edition. 216 pages. 2005, 2007. ISBN 978-3-03911-444-3.

Vol. 21   Katarzyna Dziubalska-Kolaczyk & Joanna Przedlacka (eds)
         English Pronunciation Models: A Changing Scene.
         2nd edition. 476 pages. 2005, 2008. ISBN 978-3-03911-682-9.

Vol. 22   Christián Abello-Contesse, Rubén Chacón-Beltrán,
         M. Dolores López-Jiménez & M. Mar Torreblanca-López (eds)
         Age in L2 Acquisition and Teaching.
         214 pages. 2006. ISBN 3-03910-668-6 · US-ISBN 0-8204-7174-7

Vol. 23   Vijay K. Bhatia, Maurizio Gotti, Jan Engberg & Dorothee Heller (eds)
         Vagueness in Normative Texts.
         474 pages. 2005. ISBN 3-03910-653-8 · US-ISBN 0-8204-7169-0

Vol. 24   Paul Gillaerts & Maurizio Gotti (eds)
         Genre Variation in Business Letters. 2nd printing.
         407 pages. 2008. ISBN 978-3-03911-681-2.

Vol. 25   Ana María Hornero, María José Luzón & Silvia Murillo (eds)
         Corpus Linguistics. Applications for the Study of English.
         2nd printing. 526 pages. 2006, 2008. ISBN 978-3-03911-726-0

Vol. 26   J. Lachlan Mackenzie & María de los Ángeles Gómez-González (eds)
         Studies in Functional Discourse Grammar.
         259 pages. 2005. ISBN 3-03910-696-1 · US-ISBN 0-8204-7558-0

Vol. 27   Debbie G. E. Ho
         Classroom Talk. Exploring the Sociocultural Structure of Formal ESL Learning.
         2nd edition. 254 pages. 2006, 2007. ISBN 978-3-03911-434-4

Vol. 28   Javier Pérez-Guerra, Dolores González-Álvarez, Jorge L. Bueno-Alonso
         & Esperanza Rama-Martínez (eds)
         'Of Varying Language and Opposing Creed'. New Insights into Late Modern English.
         455 pages. 2007. ISBN 978-3-03910-788-9

Vol. 29   Francesca Bargiela-Chiappini & Maurizio Gotti (eds)
         Asian Business Discourse(s).
         350 pages. 2005. ISBN 3-03910-804-2 · US-ISBN 0-8204-7574-2

Vol. 30   Nicholas Brownlees (ed.)
         News Discourse in Early Modern Britain. Selected Papers of CHINED 2004.
         300 pages. 2006. ISBN 3-03910-805-0 · US-ISBN 0-8204-8025-8

Vol. 31   Roberta Facchinetti & Matti Rissanen (eds)
         Corpus-based Studies of Diachronic English.
         300 pages. 2006. ISBN 3-03910-851-4 · US-ISBN 0-8204-8040-1

Vol. 32 Marina Dossena & Susan M. Fitzmaurice (eds)
Business and Official Correspondence. Historical Investigations.
209 pages. 2006. ISBN 3-03910-880-8 · US-ISBN 0-8204-8352-4

Vol. 33 Giuliana Garzone & Srikant Sarangi (eds)
Discourse, Ideology and Specialized Communication.
494 pages. 2007. ISBN 978-3-03910-888-6

Vol. 34 Giuliana Garzone & Cornelia Ilie (eds)
The Use of English in Institutional and Business Settings.
An Intercultural Perspective.
372 pages. 2007. ISBN 978-3-03910-889-3

Vol. 35 Vijay K. Bhatia & Maurizio Gotti (eds)
Explorations in Specialized Genres.
316 pages. 2006. ISBN 3-03910-995-2 · US-ISBN 0-8204-8372-9

Vol. 36 Heribert Picht (ed.)
Modern Approaches to Terminological Theories and Applications.
432 pages. 2006. ISBN 3-03911-156-6 · US-ISBN 0-8204-8380-X

Vol. 37 Anne Wagner & Sophie Cacciaguidi-Fahy (eds)
Legal Language and the Search for Clarity / Le langage juridique et la quête de clarté. Practice and Tools / Pratiques et instruments.
487 pages. 2006. ISBN 3-03911-169-8 · US-ISBN 0-8204-8388-5

Vol. 38 Juan Carlos Palmer-Silveira, Miguel F. Ruiz-Garrido &
Inmaculada Fortanet-Gómez (eds)
Intercultural and International Business Communication.
Theory, Research and Teaching.
2nd edition. 343 pages. 2006, 2008. ISBN 978-3-03911-680-5

Vol. 39 Christiane Dalton-Puffer, Dieter Kastovsky, Nikolaus Ritt &
Herbert Schendl (eds)
Syntax, Style and Grammatical Norms. English from 1500–2000.
250 pages. 2006. ISBN 3-03911-181-7 · US-ISBN 0-8204-8394-X

Vol. 40 Marina Dossena & Irma Taavitsainen (eds)
Diachronic Perspectives on Domain-Specific English.
280 pages. 2006. ISBN 3-03910-176-0 · US-ISBN 0-8204-8391-5

Vol. 41 John Flowerdew & Maurizio Gotti (eds)
Studies in Specialized Discourse.
293 pages. 2006. ISBN 3-03911-178-7

Vol. 42 Ken Hyland & Marina Bondi (eds)
Academic Discourse Across Disciplines.
320 pages. 2006. ISBN 3-03911-183-3 · US-ISBN 0-8204-8396-6

Vol. 43 Paul Gillaerts & Philip Shaw (eds)
The Map and the Landscape. Norms and Practices in Genre.
256 pages. 2006. ISBN 3-03911-182-5 · US-ISBN 0-8204-8395-4

Vol. 44 Maurizio Gotti & Davide Giannoni (eds)
New Trends in Specialized Discourse Analysis.
301 pages. 2006. ISBN 3-03911-184-1 · US-ISBN 0-8204-8381-8

Vol. 45 Maurizio Gotti & Françoise Salager-Meyer (eds)
Advances in Medical Discourse Analysis. Oral and Written Contexts.
492 pages. 2006. ISBN 3-03911-185-X · US-ISBN 0-8204-8382-6

Vol. 46   Maurizio Gotti & Susan Šarcević (eds)
         Insights into Specialized Translation.
         396 pages. 2006. ISBN 3-03911-186-8 · US-ISBN 0-8204-8383-4

Vol. 47   Khurshid Ahmad & Margaret Rogers (eds)
         Evidence-based LSP. Translation, Text and Terminology.
         584 pages. 2007. ISBN 978-3-03911-187-9

Vol. 48   Hao Sun & Dániel Z. Kádár (eds)
         It's the Dragon's Turn. Chinese Institutional Discourses.
         262 pages. 2008. ISBN 978-3-03911-175-6

Vol. 49   Cristina Suárez-Gómez
         Relativization in Early English (950-1250). the Position of Relative Clauses.
         149 pages. 2006. ISBN 3-03911-203-1 · US-ISBN 0-8204-8904-2

Vol. 50   Maria Vittoria Calvi & Luisa Chierichetti (eds)
         Nuevas tendencias en el discurso de especialidad.
         319 pages. 2006. ISBN 978-3-03911-261-6

Vol. 51   Mari Carmen Campoy & María José Luzón (eds)
         Spoken Corpora in Applied Linguistics.
         274 pages. 2008. ISBN 978-3-03911-275-3

Vol. 52   Konrad Ehlich & Dorothee Heller (Hrsg.)
         Die Wissenschaft und ihre Sprachen.
         323 pages. 2006. ISBN 978-3-03911-272-2

Vol. 53   Jingyu Zhang
         The Semantic Salience Hierarchy Model. The L2 Acquisition of Psych Predicates
         273 pages. 2007. ISBN 978-3-03911-300-2

Vol. 54   Norman Fairclough, Giuseppina Cortese & Patrizia Ardizzone (eds)
         Discourse and Contemporary Social Change.
         555 pages. 2007. ISBN 978-3-03911-276-0

Vol. 55   Jan Engberg, Marianne Grove Ditlevsen, Peter Kastberg & Martin Stegu (eds)
         New Directions in LSP Teaching.
         331 pages. 2007. ISBN 978-3-03911-433-7

Vol. 56   Dorothee Heller & Konrad Ehlich (Hrsg.)
         Studien zur Rechtskommunikation.
         322 pages. 2007. ISBN 978-3-03911-436-8

Vol. 57   Teruhiro Ishiguro & Kang-kwong Luke (eds)
         Grammar in Cross-Linguistic Perspective.
         The Syntax, Semantics, and Pragmatics of Japanese and Chinese.
         304 pages. 2012. ISBN 978-3-03911-445-0

Vol. 58   Carmen Frehner
         Email – SMS – MMS
         294 pages. 2008. ISBN 978-3-03911-451-1

Vol. 59   Isabel Balteiro
         The Directionality of Conversion in English. A Dia-Synchronic Study.
         276 pages. 2007. ISBN 978-3-03911-241-8

Vol. 60   Maria Milagros Del Saz Rubio
         English Discourse Markers of Reformulation.
         237 pages. 2007. ISBN 978-3-03911-196-1

Vol. 61　Sally Burgess & Pedro Martín-Martín (eds)
English as an Additional Language in Research Publication and Communication.
259 pages. 2008. ISBN 978-3-03911-462-7

Vol. 62　Sandrine Onillon
Pratiques et représentations de l'écrit.
458 pages. 2008. ISBN 978-3-03911-464-1

Vol. 63　Hugo Bowles & Paul Seedhouse (eds)
Conversation Analysis and Language for Specific Purposes.
2nd edition. 337 pages. 2007, 2009. ISBN 978-3-0343-0045-2

Vol. 64　Vijay K. Bhatia, Christopher N. Candlin & Paola Evangelisti Allori (eds)
Language, Culture and the Law.
The Formulation of Legal Concepts across Systems and Cultures.
342 pages. 2008. ISBN 978-3-03911-470-2

Vol. 65　Jonathan Culpeper & Dániel Z. Kádár (eds)
Historical (Im)politeness.
300 pages. 2010. ISBN 978-3-03911-496-2

Vol. 66　Linda Lombardo (ed.)
Using Corpora to Learn about Language and Discourse.
237 pages. 2009. ISBN 978-3-03911-522-8

Vol. 67　Natsumi Wakamoto
Extroversion/Introversion in Foreign Language Learning.
Interactions with Learner Strategy Use.
159 pages. 2009. ISBN 978-3-03911-596-9

Vol. 68　Eva Alcón-Soler (ed.)
Learning How to Request in an Instructed Language Learning Context.
260 pages. 2008. ISBN 978-3-03911-601-0

Vol. 69　Domenico Pezzini
The Translation of Religious Texts in the Middle Ages.
428 pages. 2008. ISBN 978-3-03911-600-3

Vol. 70　Tomoko Tode
Effects of Frequency in Classroom Second Language Learning.
Quasi-experiment and stimulated-recall analysis.
195 pages. 2008. ISBN 978-3-03911-602-7

Vol. 71　Egor Tsedryk
Fusion symétrique et alternances ditransitives.
211 pages. 2009. ISBN 978-3-03911-609-6

Vol. 72　Cynthia J. Kellett Bidoli & Elana Ochse (eds)
English in International Deaf Communication.
444 pages. 2008. ISBN 978-3-03911-610-2

Vol. 73　Joan C. Beal, Carmela Nocera & Massimo Sturiale (eds)
Perspectives on Prescriptivism.
269 pages. 2008. ISBN 978-3-03911-632-4

Vol. 74　Carol Taylor Torsello, Katherine Ackerley & Erik Castello (eds)
Corpora for University Language Teachers.
308 pages. 2008. ISBN 978-3-03911-639-3

Vol. 75  María Luisa Pérez Cañado (ed.)
         English Language Teaching in the European Credit Transfer System.
         Facing the Challenge.
         251 pages. 2009. ISBN 978-3-03911-654-6

Vol. 76  Marina Dossena & Ingrid Tieken-Boon van Ostade (eds)
         Studies in Late Modern English Correspondence. Methodology and Data.
         291 pages. 2008. ISBN 978-3-03911-658-4

Vol. 77  Ingrid Tieken-Boon van Ostade & Wim van der Wurff (eds)
         Current Issues in Late Modern English.
         436 pages. 2009. ISBN 978-3-03911-660-7

Vol. 78  Marta Navarro Coy (ed.)
         Practical Approaches to Foreign Language Teaching and Learning.
         297 pages. 2009. ISBN 978-3-03911-661-4

Vol. 79  Qing Ma
         Second Language Vocabulary Acquisition.
         333 pages. 2009. ISBN 978-3-03911-666-9

Vol. 80  Martin Solly, Michelangelo Conoscenti & Sandra Campagna (eds)
         Verbal/Visual Narrative Texts in Higher Education.
         384 pages. 2008. ISBN 978-3-03911-672-0

Vol. 81  Meiko Matsumoto
         From Simple Verbs to Periphrastic Expressions:
         The Historical Development of Composite Predicates, Phrasal Verbs,
         and Related Constructions in English.
         235 pages. 2008. ISBN 978-3-03911-675-1

Vol. 82  Melinda Dooly
         Doing Diversity. Teachers' Construction of Their Classroom Reality.
         180 pages. 2009. ISBN 978-3-03911-687-4

Vol. 83  Victoria Guillén-Nieto, Carmen Marimón-Llorca & Chelo Vargas-Sierra (eds)
         Intercultural Business Communication and
         Simulation and Gaming Methodology.
         392 pages. 2009. ISBN 978-3-03911-688-1

Vol. 84  Maria Grazia Guido
         English as a Lingua Franca in Cross-cultural Immigration Domains.
         285 pages. 2008. ISBN 978-3-03911-689-8

Vol. 85  Erik Castello
         Text Complexity and Reading Comprehension Tests.
         352 pages. 2008. ISBN 978-3-03911-717-8

Vol. 86  Maria-Lluisa Gea-Valor, Isabel García-Izquierdo & Maria-José Esteve (eds)
         Linguistic and Translation Studies in Scientific Communication.
         317 pages. 2010. ISBN 978-3-0343-0069-8

Vol. 87  Carmen Navarro, Rosa Mª Rodríguez Abella, Francesca Dalle Pezze
         & Renzo Miotti (eds)
         La comunicación especializada.
         355 pages. 2008. ISBN 978-3-03911-733-8

Vol. 88    Kiriko Sato
          The Development from Case-Forms to Prepositional Constructions
          in Old English Prose.
          231 pages. 2009. ISBN 978-3-03911-763-5

Vol. 89    Dorothee Heller (Hrsg.)
          Formulierungsmuster in deutscher und italienischer Fachkommunikation.
          Intra- und interlinguale Perspektiven.
          315 pages. 2008. ISBN 978-3-03911-778-9

Vol. 90    Henning Bergenholtz, Sandro Nielsen & Sven Tarp (eds)
          Lexicography at a Crossroads. Dictionaries and Encyclopedias Today,
          Lexicographical Tools Tomorrow.
          372 pages. 2009. ISBN 978-3-03911-799-4

Vol. 91    Manouchehr Moshtagh Khorasani
          The Development of Controversies. From the Early Modern Period
          to Online Discussion Forums.
          317 pages. 2009. ISBN 978-3-3911-711-6

Vol. 92    María Luisa Carrió-Pastor (ed.)
          Content and Language Integrated Learning. Cultural Diversity.
          178 pages. 2009. ISBN 978-3-3911-818-2

Vol. 93    Roger Berry
          Terminology in English Language Teaching. Nature and Use.
          262 pages. 2010. ISBN 978-3-0343-0013-1

Vol. 94    Roberto Cagliero & Jennifer Jenkins (eds)
          Discourses, Communities, and Global Englishes
          240 pages. 2010. ISBN 978-3-0343-0012-4

Vol. 95    Facchinetti Roberta, Crystal David, Seidlhofer Barbara (eds)
          From International to Local English – And Back Again.
          268 pages. 2010. ISBN 978-3-0343-0011-7

Vol. 96    Cesare Gagliardi & Alan Maley (eds)
          EIL, ELF, Global English. Teaching and Learning Issues
          376 pages. 2010. ISBN 978-3-0343-0010-0

Vol. 97    Sylvie Hancil (ed.)
          The Role of Prosody in Affective Speech.
          403 pages. 2009. ISBN 978-3-03911-696-6

Vol. 98    Marina Dossena & Roger Lass (eds)
          Studies in English and European Historical Dialectology.
          257 pages. 2009. ISBN 978-3-0343-0024-7

Vol. 99    Christine Béal
          Les interactions quotidiennes en français et en anglais.
          De l'approche comparative à l'analyse des situations interculturelles.
          424 pages. 2010. ISBN 978-3-0343-0027-8

Vol. 100   Maurizio Gotti (ed.)
          Commonality and Individuality in Academic Discourse.
          398 pages. 2009. ISBN 978-3-0343-0023-0

Vol. 101   Javier E. Díaz Vera & Rosario Caballero (eds)
          Textual Healing. Studies in Medieval English Medical, Scientific and Technical Texts.
          213 pages. 2009. ISBN 978-3-03911-822-9

Vol. 102    Nuria Edo Marzá
            The Specialised Lexicographical Approach. A Step further in Dictionary-making.
            316 pages. 2009. ISBN 978-3-0343-0043-8

Vol. 103    Carlos Prado-Alonso, Lidia Gómez-García, Iria Pastor-Gómez &
            David Tizón-Couto (eds)
            New Trends and Methodologies in Applied English Language Research.
            Diachronic, Diatopic and Contrastive Studies.
            348 pages. 2009. ISBN 978-3-0343-0046-9

Vol. 104    Françoise Salager-Meyer & Beverly A. Lewin
            Crossed Words. Criticism in Scholarly Writing?
            371 pages. 2011. ISBN 978-3-0343-0049-0.

Vol. 105    Javier Ruano-García
            Early Modern Northern English Lexis. A Literary Corpus-Based Study.
            611 pages. 2010. ISBN 978-3-0343-0058-2

Vol. 106    Rafael Monroy-Casas
            Systems for the Phonetic Transcription of English. Theory and Texts.
            280 pages. 2011. ISBN 978-3-0343-0059-9

Vol. 107    Nicola T. Owtram
            The Pragmatics of Academic Writing.
            A Relevance Approach to the Analysis of Research Article Introductions.
            311 pages. 2009. ISBN 978-3-0343-0060-5

Vol. 108    Yolanda Ruiz de Zarobe, Juan Manuel Sierra &
            Francisco Gallardo del Puerto (eds)
            Content and Foreign Language Integrated Learning.
            Contributions to Multilingualism in European Contexts
            343 pages. 2011. ISBN 978-3-0343-0074-2

Vol. 109    Ángeles Linde López & Rosalía Crespo Jiménez (eds)
            Professional English in the European context. The EHEA challenge.
            374 pages. 2010. ISBN 978-3-0343-0088-9

Vol. 110    Rosalía Rodríguez-Vázquez
            The Rhythm of Speech, Verse and Vocal Music. A New Theory.
            394 pages. 2010. ISBN 978-3-0343-0309-5

Vol. 111    Anastasios Tsangalidis & Roberta Facchinetti (eds)
            Studies on English Modality. In Honour of Frank Palmer.
            392 pages. 2009. ISBN 978-3-0343-0310-1

Vol. 112    Jing Huang
            Autonomy, Agency and Identity in Foreign Language Learning and Teaching.
            400 pages. 2013. ISBN 978-3-0343-0370-5

Vol. 113    Mihhail Lotman & Maria-Kristiina Lotman (eds)
            Frontiers in Comparative Prosody. In memoriam: Mikhail Gasparov.
            426 pages. 2011. ISBN 978-3-0343-0373-6

Vol. 114    Merja Kytö, John Scahill & Harumi Tanabe (eds)
            Language Change and Variation from Old English to Late Modern English.
            A Festschrift for Minoji Akimoto
            422 pages. 2010. ISBN 978-3-0343-0372-9

Vol. 115    Giuliana Garzone & Paola Catenaccio (eds)
            Identities across Media and Modes. Discursive Perspectives.
            379 pages. 2009. ISBN 978-3-0343-0386-6

Vol. 116   Elena Landone
          Los marcadores del discurso y cortesía verbal en español.
          390 pages. 2010. ISBN 978-3-0343-0413-9

Vol. 117   Maurizio Gotti & Christopher Williams (eds)
          Legal Discourse across Languages and Cultures.
          339 pages. 2010. ISBN 978-3-0343-0425-2

Vol. 118   David Hirsh
          Academic Vocabulary in Context.
          217 pages. 2010. ISBN 978-3-0343-0426-9

Vol. 119   Yvonne Dröschel
          Lingua Franca English. The Role of Simplification and Transfer.
          358 pages. 2011. ISBN 978-3-0343-0432-0

Vol. 120   Tengku Sepora Tengku Mahadi, Helia Vaezian & Mahmoud Akbari
          Corpora in Translation. A Practical Guide.
          135 pages. 2010. ISBN 978-3-0343-0434-4

Vol. 121   Davide Simone Giannoni & Celina Frade (eds)
          Researching Language and the Law. Textual Features and Translation Issues.
          278 pages. 2010. ISBN 978-3-0343-0443-6

Vol. 122   Daniel Madrid & Stephen Hughes (eds)
          Studies in Bilingual Education.
          472 pages. 2011. ISBN 978-3-0343-0474-0

Vol. 123   Vijay K. Bhatia, Christopher N. Candlin & Maurizio Gotti (eds)
          The Discourses of Dispute Resolution.
          290 pages. 2010. ISBN 978-3-0343-0476-4

Vol. 124   Davide Simone Giannoni
          Mapping Academic Values in the Disciplines. A Corpus-Based Approach.
          288 pages. 2010. ISBN 978-3-0343-0488-7

Vol. 125   Giuliana Garzone & James Archibald (eds)
          Discourse, Identities and Roles in Specialized Communication.
          419 pages. 2010. ISBN 978-3-0343-0494-8

Vol. 126   Iria Pastor-Gómez
          The Status and Development of N+N Sequences in
          Contemporary English Noun Phrases.
          216 pages. 2011. ISBN 978-3-0343-0534-1

Vol. 127   Carlos Prado-Alonso
          Full-verb Inversion in Written and Spoken English.
          261 pages. 2011. ISBN 978-3-0343-0535-8

Vol. 128   Tony Harris & María Moreno Jaén (eds)
          Corpus Linguistics in Language Teaching.
          214 pages. 2010. ISBN 978-3-0343-0524-2

Vol. 129   Tetsuji Oda & Hiroyuki Eto (eds)
          Multiple Perspectives on English Philology and History of Linguistics.
          A Festschrift for Shoichi Watanabe on his 80th Birthday.
          378 pages. 2010. ISBN 978-3-0343-0480-1

Vol. 130   Luisa Chierichetti & Giovanni Garofalo (eds)
         Lengua y Derecho. líneas de investigación interdisciplinaria.
         283 pages. 2010. 978-3-0343-0463-4

Vol. 131   Paola Evangelisti Allori & Giuliana Garzone (eds)
         Discourse, Identities and Genres in Corporate Communication.
         Sponsorship, Advertising and Organizational Communication.
         324 pages. 2011. 978-3-0343-0591-4

Vol. 132   Leyre Ruiz de Zarobe & Yolanda Ruiz de Zarobe (eds)
         Speech Acts and Politeness across Languages and Cultures.
         402 pages. 2012. 978-3-0343-0611-9

Vol. 133   Thomas Christiansen
         Cohesion. A Discourse Perspective.
         387 pages. 2011. 978-3-0343-0619-5

Vol. 134   Giuliana Garzone & Maurizio Gotti
         Discourse, Communication and the Enterprise. Genres and Trends.
         451 pages. 2011. ISBN 978-3-0343-0620-1

Vol. 135   Zsuzsa Hoffmann
         Ways of the World's Words.
         Language Contact in the Age of Globalization.
         334 pages 2011. ISBN 978-3-0343-0673-7

Vol. 136   Cecilia Varcasia (ed.)
         Becoming Multilingual.
         Language Learning and Language Policy between Attitudes and Identities.
         213 pages. 2011. ISBN 978-3-0343-0687-5

Vol. 137   Susy Macqueen
         The Emergence of Patterns in Second Language Writing.
         A Sociocognitive Exploration of Lexical Trails.
         325 pages. 2012. ISBN 978-3-0343-1010-9

Vol. 138   Maria Vittoria Calvi & Giovanna Mapelli (eds)
         La lengua del turismo. Géneros discursivos y terminología.
         365 pages. 2011. ISBN 978-3-0343-1011-6

Vol. 139   Ken Lau
         Learning to Become a Professional in a Textually-Mediated World.
         A Text-Oriented Study of Placement Practices.
         261 pages. 2012. ISBN 978-3-0343-1016-1

Vol. 140   Sandra Campagna, Giuliana Garzone, Cornelia Ilie & Elizabeth Rowley-Jolivet (eds)
         Evolving Genres in Web-mediated Communication.
         337 pages. 2012. ISBN 978-3-0343-1013-0

Vol. 141   Edith Esch & Martin Solly (eds)
         The Sociolinguistics of Language Education in International Contexts.
         263 pages. 2012. ISBN 978-3-0343-1009-3

Vol. 142   Forthcoming.

Vol. 143   David Tizón-Couto
         Left Dislocation in English. A Functional-Discoursal Approach.
         416 pages. 2012. ISBN 978-3-0343-1037-6

Vol. 144  Margrethe Petersen & Jan Engberg (eds)
Current Trends in LSP Research. Aims and Methods.
323 pages. 2011. ISBN 978-3-0343-1054-3

Vol. 145  David Tizón-Couto, Beatriz Tizón-Couto, Iria Pastor-Gómez & Paula Rodríguez-Puente (eds)
New Trends and Methodologies in Applied English Language Research II.
Studies in Language Variation, Meaning and Learning.
283 pages. 2012. ISBN 978-3-0343-1061-1

Vol. 146  Rita Salvi & Hiromasa Tanaka (eds)
Intercultural Interactions in Business and Management.
306 pages. 2011. ISBN 978-3-0343-1039-0

Vol. 147  Francesco Straniero Sergio & Caterina Falbo (eds)
Breaking Ground in Corpus-based Interpreting Studies.
254 pages. 2012. ISBN 978-3-0343-1071-0

Vol. 148  Forthcoming.

Vol. 149  Vijay K. Bhatia & Paola Evangelisti Allori (eds)
Discourse and Identity in the Professions. Legal, Corporate and Institutional Citizenship.
352 pages. 2011. ISBN 978-3-0343-1079-6

Vol. 150  Maurizio Gotti (ed.)
Academic Identity Traits. A Corpus-Based Investigation.
363 pages. 2012. ISBN 978-3-0343-1141-0

Vol. 151  Priscilla Heynderickx, Sylvain Dieltjens, Geert Jacobs, Paul Gillaerts &
Elizabeth de Groot (eds)
The Language Factor in International Business.
New Perspectives on Research, Teaching and Practice.
320 pages. 2012. ISBN 978-3-0343-1090-1

Vol. 152  Paul Gillaerts, Elizabeth de Groot, Sylvain Dieltjens, Priscilla Heynderickx &
Geert Jacobs (eds)
Researching Discourse in Business Genres. Cases and Corpora.
215 pages. 2012. ISBN 978-3-0343-1092-5

Vol. 153  Yongyan Zheng
Dynamic Vocabulary Development in a Foreign Language.
262 pages. 2012. ISBN 978-3-0343-1106-9

Vol. 154  Carmen Argondizzo (ed.)
Creativity and Innovation in Language Education.
357 pages. 2012. ISBN 978-3-0343-1080-2

Vol. 155  David Hirsh (ed.)
Current Perspectives in Second Language Vocabulary Research.
180 pages. 2012. ISBN 978-3-0343-1108-3

Vol. 156  Seiji Shinkawa
Unhistorical Gender Assignment in Lahamon's *Brut*. A Case Study of a Late Stage
in the Development of Grammatical Gender toward its Ultimate Loss.
186 pages. 2012. ISBN 978-3-0343-1124-3

Vol. 157  Yeonkwon Jung
Basics of Organizational Writing: A Critical Reading Approach.
151 pages. 2014. ISBN 978-3-0343-1137-3.

Vol. 158   Bárbara Eizaga Rebollar (ed.)
Studies in Linguistics and Cognition.
301 pages. 2012. ISBN 978-3-0343-1138-0

Vol. 159   Giuliana Garzone, Paola Catenaccio, Chiara Degano (eds)
Genre Change in the Contemporary World. Short-term Diachronic Perspectives.
329 pages. 2012. ISBN 978-3-0343-1214-1

Vol. 160   Carol Berkenkotter, Vijay K. Bhatia & Maurizio Gotti (eds)
Insights into Academic Genres.
468 pages. 2012. ISBN 978-3-0343-1211-0

Vol. 161   Beatriz Tizón-Couto
Clausal Complements in Native and Learner Spoken English. A corpus-based study with Lindsei and Vicolse. 357 pages. 2013. ISBN 978-3-0343-1184-7

Vol. 162   Patrizia Anesa
Jury Trials and the Popularization of Legal Language. A Discourse Analytical Approach.
247 pages. 2012. ISBN 978-3-0343-1231-8

Vol. 163   David Hirsh
Endangered Languages, Knowledge Systems and Belief Systems.
153 pages. 2013. ISBN 978-3-0343-1232-5

Vol. 164   Eugenia Sainz (ed.)
De la estructura de la frase al tejido del discurso. Estudios contrastivos español/italiano.
305 pages. 2014. ISBN 978-3-0343-1253-0

Vol. 165   Julia Bamford, Franca Poppi & Davide Mazzi (eds)
Space, Place and the Discursive Construction of Identity.
367 pages. 2014. ISBN 978-3-0343-1249-3

Vol. 166   Rita Salvi & Janet Bowker (eds)
Space, Time and the Construction of Identity.
Discursive Indexicality in Cultural, Institutional and Professional Fields.
324 pages. 2013. ISBN 978-3-0343-1254-7

Vol. 167   Shunji Yamazaki & Robert Sigley (eds)
Approaching Language Variation through Corpora. A Festschrift in Honour of Toshio Saito.
421 pages. 2013. ISBN 978-3-0343-1264-6

Vol. 168   Franca Poppi
Global Interactions in English as a Lingua Franca. How written communication is changing under the influence of electronic media and new contexts of use.
249 pages. 2012. ISBN 978-3-0343-1276-9

Vol. 169   Miguel A. Aijón Oliva & María José Serrano
Style in syntax. Investigating variation in Spanish pronoun subjects.
239 pages. 2013. ISBN 978-3-0343-1244-8

Vol. 170   Inés Olza, Óscar Loureda & Manuel Casado-Velarde (eds)
Language Use in the Public Sphere. Methodological Perspectives and Empirical Applications
564 pages. 2014. ISBN 978-3-0343-1286-8

Vol. 171   Aleksandra Matulewska
Legilinguistic Translatology. A Parametric Approach to Legal Translation.
279 pages. 2013. ISBN 978-3-0343-1287-5

Vol. 172    Maurizio Gotti & Carmen Sancho Guinda (eds)
Narratives in Academic and Professional Genres.
513 pages. 2013. ISBN 978-3-0343-1371-1

Vol. 173    Madalina Chitez
Learner corpus profiles. The case of Romanian Learner English.
244 pages. 2014. ISBN 978-3-0343-1410-7

Vol. 174    Chihiro Inoue
Task Equivalence in Speaking Tests.
251 pages. 2013. ISBN 978-3-0343-1417-6

Vol. 175    Gabriel Quiroz & Pedro Patiño (eds.)
LSP in Colombia: advances and challenges.
339 pages. 2014. ISBN 978-3-0343-1434-3

Vol. 176    Catherine Resche
Economic Terms and Beyond: Capitalising on the Wealth of Notions.
How Researchers in Specialised Varieties of English Can Benefit from Focusing on Terms.
332 pages. 2013. ISBN 978-3-0343-1435-0

Vol. 177    Wei Wang
Media representation of migrant workers in China. Identities and stances
198 pages. 2018. 978-3-0343-1436-7

Vol. 178    Cécile Desoutter & Caroline Mellet (dir.)
Le discours rapporté: approches linguistiques et perspectives didactiques.
270 pages. 2013. ISBN 978-3-0343-1292-9

Vol. 179    Ana Díaz-Negrillo & Francisco Javier Díaz-Pérez (eds)
Specialisation and Variation in Language Corpora.
341 pages. 2014. ISBN 978-3-0343-1316-2

Vol. 180    Pilar Alonso
A Multi-dimensional Approach to Discourse Coherence. From Standardness to Creativity.
247 pages. 2014. ISBN 978-3-0343-1325-4

Vol. 181    Alejandro Alcaraz-Sintes & Salvador Valera-Hernández (eds)
Diachrony and Synchrony in English Corpus Linguistics.
393 pages. 2014. ISBN 978-3-0343-1326-1

Vol. 182    Runhan Zhang
Investigating Linguistic Knowledge of a Second Language.
207 pages. 2015. ISBN 978-3-0343-1330-8

Vol. 183    Hajar Abdul Rahim & Shakila Abdul Manan (eds.)
English in Malaysia. Postcolonial and Beyond.
267 pages. 2014. ISBN 978-3-0343-1341-4

Vol. 184    Virginie Fasel Lauzon
Comprendre et apprendre dans l'interaction. Les séquences d'explication en classe
de français langue seconde.
292 pages. 2014. ISBN 978-3-0343-1451-0

Vol. 185    Forthcoming.

Vol. 186    Wei Ren
L2 Pragmatic Development in Study Abroad Contexts
256 pages. 2015. ISBN 978-3-0343-1358-2

Vol. 187    Marina Bondi & Rosa Lorés Sanz (eds)
Abstracts in Academic Discourse. Variation and Change.
361 pages. 2014. ISBN 978-3-0343-1483-1

| Vol. | 188 | Giuditta Caliendo<br>Rethinking Community. Discourse, Identity and Citizenship in the European Union.<br>240 pages. 2017. ISBN 978-3-0343-1561-6 |
|---|---|---|
| Vol. | 189 | Paola Evangelisti Allori (ed.)<br>Identities in and across Cultures.<br>315 pages. 2014. ISBN 978-3-0343-1458-9 |
| Vol. | 190 | Erik Castello, Katherine Ackerley & Francesca Coccetta (eds).<br>Studies in Learner Corpus Linguistics. Research and Applications for Foreign Language Teaching and Assessment.<br>358 pages. 2015. ISBN 978-3-0343-1506-7 |
| Vol. | 191 | Ruth Breeze, Maurizio Gotti & Carmen Sancho Guinda (eds)<br>Interpersonality in Legal Genres.<br>389 pages. 2014. ISBN 978-3-0343-1524-1 |
| Vol. | 192 | Paola Evangelisti Allori, John Bateman & Vijay K. Bhatia (eds)<br>Evolution in Genre. Emergence, Variation, Multimodality.<br>364 pages. 2014. ISBN 978-3-0343-1533-3 |
| Vol. | 193 | Jiyeon Kook<br>Agency in Arzt-Patient-Gesprächen. Zur interaktionistischen Konzeptualisierung von Agency<br>271 pages. 2015. ISBN 978-3-0343-1666-8 |
| Vol. | 194 | Susana Nicolás Román & Juan José Torres Núñez (eds)<br>Drama and CLIL. A new challenge for the teaching approaches in bilingual education.<br>170 pages. 2015. ISBN 978-3-0343-1629-3 |
| Vol. | 195 | Alessandra Molino & Serenella Zanotti (eds)<br>Observing Norm, Observing Usage. Lexis in Dictionaries and in the Media.<br>430 pages. 2015. ISBN 978-3-0343-1584-5 |
| Vol. | 196 | Begoña Soneira<br>A Lexical Description of English for Architecture. A Corpus-based Approach.<br>267 pages. 2015. ISBN 978-3-0343-1602-6 |
| Vol. | 197 | M Luisa Roca-Varela<br>False Friends in Learner Corpora. A corpus-based study of English false friends in the written and spoken production of Spanish learners.<br>348 pages. 2015. ISBN 978-3-0343-1620-0 |
| Vol. | 198 | Rahma Al-Mahrooqi & Christopher Denman<br>Bridging the Gap between Education and Employment. English Language Instruction in EFL Contexts.<br>416 pages. 2015. ISBN 978-3-0343-1681-1 |
| Vol. | 199 | Rita Salvi & Janet Bowker (eds)<br>The Dissemination of Contemporary Knowledge in English. Genres, discourse strategies and professional practices.<br>171 pages. 2015. ISBN 978-3-0343-1679-8 |
| Vol. | 200 | Maurizio Gotti & Davide S. Giannoni (eds)<br>Corpus Analysis for Descriptive and Pedagogical Purposes. ESP Perspectives.<br>432 pages. 2014. ISBN 978-3-0343-1516-6 |
| Vol. | 201 | Ida Ruffolo<br>The Perception of Nature in Travel Promotion Texts. A Corpus-based Discourse Analysis.<br>148 pages. 2015. ISBN 978-3-0343-1521-0 |

Vol. 202    Ives Trevian
            English suffixes. Stress-assignment properties, productivity, selection and combinatorial processes.
            471 pages. 2015. ISBN 978-3-0343-1576-0

Vol. 203    Maurizio Gotti, Stefania Maci & Michele Sala (eds)
            Insights into Medical Communication.
            422 pages. 2015. ISBN 978-3-0343-1694-1

Vol. 204    Carmen Argondizzo (ed.)
            European Projects in University Language Centres. Creativity, Dynamics, Best Practice.
            371 pages. 2015. ISBN 978-3-0343-1696-5

Vol. 205    Aura Luz Duffé Montalván (ed.)
            Estudios sobre el léxico. Puntos y contrapuntos.
            502 pages. 2016. ISBN 978-3-0343-2011-5

Vol. 206    Maria Pavesi, Maicol Formentelli & Elisa Ghia (eds)
            The Languages of Dubbing. Mainstream Audiovisual Translation in Italy.
            275 pages. 2014. ISBN 978-3-0343-1646-0

Vol. 207    Ruth Breeze & Inés Olza (eds)
            Evaluation in media discourse. European perspectives.
            268 pages. 2017. ISBN 978-3-0343-2014-6

Vol. 208    Vijay K. Bhatia & Maurizio Gotti (eds)
            Arbitration Discourse in Asia.
            331 pages. 2015. ISBN 978-3-0343-2032-0

Vol. 209    Sofía Bemposta-Rivas, Carla Bouzada-Jabois, Yolanda Fernández-Pena,
            Tamara Bouso, Yolanda J. Calvo-Benzies, Iván Tamaredo (eds)
            New trends and methodologies in applied English language research III.
            Synchronic and diachronic studies on discourse, lexis and grammar processing.
            280 pages. 2017. ISBN 978-3-0343-2039-9

Vol. 210    Francisco Alonso Almeida, Laura Cruz García & Víctor González Ruiz (eds)
            Corpus-based studies on language varieties.
            285 pages. 2016. ISBN 978-3-0343-2044-3

Vol. 211    Juan Pedro Rica Peromingo
            Aspectos lingüísticos y técnicos de la traducción audiovisual (TAV).
            177 pages. 2016. ISBN 978-3-0343-2055-9

Vol. 212    Maria Vender
            Disentangling Dyslexia. VenderPhonological and Processing Deficit in Developmental Dyslexia.
            338 pages. 2017. ISBN 978-3-0343-2064-1

Vol. 213    Zhilong Xie
            Bilingual Advantages. Contributions of Different Bilingual Experiences to Cognitive Control Differences Among Young-adult Bilinguals.
            221 pages. 2016. ISBN 978-3-0343-2081-8

Vol. 214    Larissa D'Angelo
            Academic posters. A textual and visual metadiscourse analysis.
            367 pages. 2016. ISBN 978-3-0343-2083-2

Vol. 215    Evelyne Berger
            Prendre la parole en L2. Regard sur la compétence d'interaction en classe de langue.
            246 pages. 2016. ISBN 978-3-0343-2084-9

Vol. 216  David Lasagabaster and Aintzane Doiz (eds)
CLIL experiences in secondary and tertiary education: In search of good practices.
262 pages. 2016. ISBN 978-3-0343-2104-4

Vol. 217  Elena Kkese
Identifying Plosives in L2 English: The Case of L1 Cypriot Greek Speakers.
317 pages. 2016. ISBN 978-3-0343-2060-3

Vol. 218  Sandra Campagna, Elana Ochse, Virginia Pulcini & Martin Solly (eds)
Languaging in and across Communities: New Voices, New Identities. Studies in Honour of Giuseppina Cortese.
507 pages. 2016. ISBN 978-3-0343-2073-3

Vol. 219  Adriana Orlandi & Laura Giacomini (ed.)
Defining collocation for lexicographic purposes. From linguistic theory to lexicographic practice.
328 pages. 2016. ISBN 978-3-0343-2054-2

Vol. 220  Pietro Luigi Iaia
Analysing English as a Lingua Franca in Video Games. Linguistic Features, Experiential and Functional Dimensions of Online and Scripted Interactions.
139 pages. 2016. ISBN 978-3-0343-2138-9

Vol. 221  Dimitrinka G. Níkleva (ed.)
La formación de los docentes de español para inmigrantes en distintos contextos educativos.
390 pages. 2017. ISBN 978-3-0343-2135-8

Vol. 222  Katherine Ackerley, Marta Guarda & Francesca Helm (eds)
Sharing Perspectives on English-Medium Instruction.
308 pages. 2017. ISBN 978-3-0343-2537-0

Vol. 223  Juana I. Marín-Arrese, Julia Lavid-López, Marta Carretero, Elena Domínguez Romero, Mª Victoria Martín de la Rosa & María Pérez Blanco (eds)
Evidentiality and Modality in European Languages. Discourse-pragmatic perspectives.
427 pages. 2017. ISBN 978-3-0343-2437-3

Vol. 224  Gilles Col
Construction du sens : un modèle instructionnel pour la sémantique.
292 pages. 2017. ISBN 978-3-0343-2572-1

Vol. 225  Ana Chiquito & Gabriel Quiroz (eds)
Pobreza, Lenguaje y Medios en América Latina.
362 pages. 2017. ISBN 978-3-0343-2142-6

Vol. 226  Xu Zhang
English Quasi-Numeral Classifiers. A Corpus-Based Cognitive-Typological Study.
360 pages. 2017. ISBN 978-3-0343-2818-0

Vol. 227  María Ángeles Orts, Ruth Breeze & Maurizio Gotti (eds)
Power, Persuasion and Manipulation in Specialised Genres. Providing Keys to the Rhetoric of Professional Communities.
368 pages. 2017. ISBN 978-3-0343-3010-7

Vol. 228  Maurizio Gotti, Stefania Maci & Michele Sala (eds)
Ways of Seeing, Ways of Being: Representing the Voices of Tourism.
453 pages. 2017. ISBN 978-3-0343-3031-2

Vol. 229  Dino Selvaggi
Plurilingual Code-Switching between Standard and Local Varieties.
A Socio-Psycholinguistic Approach
371 pages. 2018. ISBN 978-3-0343-2663-6

Vol. 230　Anca-Cristina Sterie
　　　　　Interprofessional interactions at the hospital. Nurses' requests and reports
　　　　　of problems in calls with physicians.
　　　　　371 pages. 2017. ISBN 978-3-0343-2734-3

Vol. 231　Xiaodong Zhang
　　　　　Understanding Chinese EFL Teachers' Beliefs and Practices in the Textbook-Based Classroom.
　　　　　189 pages. 2017. ISBN 978-3-0343-3053-4

Vol. 232　Manuela Caterina Moroni & Federica Ricci Garotti (Hrsg.)
　　　　　Brücken schlagen zwischen Sprachwissenschaft und DaF-Didaktik.
　　　　　345 pages. 2017. ISBN 978-3-0343-2667-4

Vol. 233　Dimitrinka Georgieva Níkleva
　　　　　Necesidades y tendencias en la formación del profesorado de español
　　　　　como lengua extranjera
　　　　　401 pages. 2017. ISBN 978-3-0343-2946-0

Vol. 234　Juan Santana-Lario & Salvador Valera (Hrsg.)
　　　　　Competing patterns in English affixation.
　　　　　272 pages. 2017. ISBN 978-3-0343-2701-5

Vol. 235　Francisco Salgado-Robles
　　　　　Desarrollo de la competencia sociolingüística por aprendices de español
　　　　　en un contexto de inmersión en el extranjero
　　　　　241 pages. 2018. ISBN 978-3-0343-2323-9

Vol. 236　Maria Chiara Janner
　　　　　Sguardi linguistici sulla marca. Analisi morfosintattica dei nomi commerciali in italiano
　　　　　345 pages. 2017. ISBN 978-3-0343-2667-4

Vol. 237　Bárbara Herrero Muñoz-Cobo & Otman El Azami Zalachi
　　　　　La primavera del árabe marroquí.
　　　　　192 pages. 2017. ISBN 978-3-0343-3104-3

Vol. 238　Consuelo Pascual Escagedo
　　　　　El papel del oyente en la construcción de la conversación espontánea de estudiantes
　　　　　italianos en su interlengua y en su lengua materna
　　　　　295 pages. 2017. ISBN 978-3-0343-3186-9

Vol. 239　Stefania M. Maci
　　　　　The MS Digby 133 *Mary Magdalene*. Beyond scribal practices:
　　　　　language, discourse, values and attitudes.
　　　　　336 pages. 2017. ISBN 978-3-0343-3256-9

Vol. 240　Eliecer Crespo-Fernández
　　　　　Taboo in Discourse. Studies on Attenuation and Offence in Communication.
　　　　　326 pages. 2018. ISBN 978-3-0343-3018-3

Vol. 241　Jana Altmanova, Maria Centrella, Katherine E. Russo (eds)
　　　　　Terminology & Discourse / Terminologie et discours.
　　　　　424 pages. 2018. ISBN 978-3-0343-2417-5

Vol. 242　Xavier Blanco et Inès Sfar (dir.)
　　　　　Lexicologie(s) : approches croisées en sémantique lexicale.
　　　　　442 pages. 2018. ISBN 978-3-0343-3056-5

Vol. 243 Yunfeng Ge
Resolution of Conflict of Interest in Chinese Civil Court Hearings.
A Perspective of Discourse Information Theory.
302 pages. 2018. ISBN 978-3-0343-3313-9

Vol. 244 Carla Vergaro
Illocutionary Shell Nouns in English
322 pages. 2018. ISBN 978-3-0343-3069-5

Vol. 245 Paolo Frassi
L'adjectif en français et sa définition lexicographique.
270 pages. 2018. ISBN 978-3-0343-3394-8

Vol. 246 Suwilai Premsrirat and David Hirsh (eds)
Language Revitalization. Insights from Thailand
328 pages. 2018. ISBN 978-3-0343-3497-6

Vol. 247 Wei Wang
Researching Learning and Learners in Genre-based Academic Writing Instruction
282 pages. 2018. ISBN 978-3-0343-3297-2

Vol. 248 Isusi Alabarte, Alberto & Lahuerta Martínez, Ana Cristina (eds)
La comprensión lectora de lengua extranjera
Estudio de los factores de familiaridad, interés, género y métodos de evaluación
336 pages. 2018. ISBN 978-3-0343-3493-8

Vol. 249 Mercedes Eurrutia Cavero
Approche didactique du langage techno-scientifique
Terminologie et discours
374 pages. 2018. ISBN 978-3-0343-3512-6

Vol. 250 Aurora Ruiz Mezcua (ed.)
Approaches to Telephone Interpretation
Research, Innovation, Teaching and Transference
268 pages. 2018. ISBN 978-3-0343-3330-6

Vol. 251 Morini Massimiliano
A Day in the News
A Stylistic Analysis of Newsspeak
188 pages. 2018. ISBN 978-3-0343-3507-2

Vol. 252 Ignacio Guillén-Galve & Ignacio Vázquez-Orta (eds.)
English as a Lingua Franca and Intercultural Communication
Implications and Applications in the Field of English Language Teaching
414 pages. 2018. ISBN 978-3-0343-2763-3

Vol. 253 Bianca Del Villano
Using the Devil with Courtesy
Shakespeare and the Language of (Im)Politeness
216 pages. 2018. ISBN 978-3-0343-2315-4

Vol. 254 David Hirsh (ed.)
Explorations in Second Language Vocabulary Research
252 pages. 2018. ISBN 978-3-0343-2940-8

Vol. 255　Tania Baumann (ed.)
Reiseführer - Sprach- und Kulturmittlung im Tourismus / Le guide turistiche - mediazione linguistica e culturale in ambito turistico
270 pages. 2018. ISBN 978-3-0343-3402-0

Vol. 256　Ariadna Sánchez-Hernández & Ana Herraiz-Martínez (eds)
Learning second language pragmatics beyond traditional contexts
376 pages. 2018. ISBN 978-3-0343-3437-2

Vol. 257　Albert Bastardas-Boada, Emili Boix-Fuster, Rosa Maria Torrens (eds)
Family Multilingualism in Medium-Sized Linguistic Communities
336 pages. 2019. ISBN 978-3-0343-2536-3

Vol. 258　Yuyang Cai
Examining the Interaction among Components of English for Specific Purposes Ability in Reading. The Triple-Decker Model
296 pages. 2020. 978-3-0343-2913-2

Vol. 259　Catia Nannoni
Participe présent et gérondif dans la presse française contemporaine
176 pages. 2019. ISBN 978-3-0343-3631-4

Vol. 260　Nieves Rodríguez Pérez & Bárbara Heinsch (eds.)
Contextos multilingües. Mediadores interculturales, formación del profesorado de lenguas extranjeras
289 pages. 2019. ISBN 978-3-0343-3768-7

Vol. 261　Giuliana Elena Garzone, Mara Logaldo, Francesca Santulli (eds.)
Investigating Conflict Discourses in the Periodical Press
244 pages. 2020. ISBN 978-3-0343-3668-0

Vol. 262　Laura Nadal
Lingüística experimental y contraargumentación
233 pages. 2019. ISBN 978-3-0343-3791-5

Vol. 263　Claudia Claridge & Merja Kytö (eds.)
Punctuation in Context – Past and Present Perspectives
288 pages. 2019. ISBN 978-3-0343-3790-8

Vol. 264　Maurizio Gotti, Stefania Maci, Michele Sala (eds.)
Scholarly Pathways
530 pages. 2020. ISBN 978-3-0343-3860-8

Vol. 265　Ruth Breeze, Ana M. Fernández Vallejo (eds.)
Politics and populism across modes and media
350 pages. 2020. ISBN 978-3-0343-3707-6

Vol. 266　Jean Marguerite Jimenez
Understanding the Effects of Immediate Electronic Corrective Feedback on Second Language Development
252 pages. 2020. ISBN 978-3-0343-3815-8

Vol. 267　Sergio Rodríguez-Tapia, Adela González-Fernández (eds)
Lenguas y turismo: estudios en torno al discurso, la didáctica y la divulgación
380 pages. 2020. ISBN 978-3-0343-3881-3

Vol. 268　Ana Bocanegra-Valle (ed.)
　　　　　Applied Linguistics and Knowledge Transfer. Employability, Internationalisation and Social Challenges
　　　　　344 pages. 2020. ISBN 978-3-0343-3714-4

Vol. 269　Beatrice Garzelli
　　　　　La traducción audiovisual español-italiano.Películas y cortos entre humor y habla soez
　　　　　202 pages. 2020. ISBN 978-3-0343-4013-7

Vol. 270　Iván Tamaredo
　　　　　Complexity, Efficiency, and Language Contact. Pronoun Omission in World Englishes
　　　　　292 pages. 2020. ISBN 978-3-0343-3902-5

Vol. 271　Silvia Domenica Zollo,
　　　　　Origine et histoire du vocabulaire des arts de la table. Analyse lexicale et exploitation de corpus textuels
　　　　　239 pages. 2020. ISBN 978-3-0343-3890-5

Vol. 272　Forthcoming

Vol. 273　María Martínez-Atienza de Dios,
　　　　　Entre el léxico y la sintaxis: las fases de los eventos
　　　　　178 pages. 2021. 978-3-0343-4173-8

Vol. 274　Forthcoming

Vol. 275　Gabriella Carobbio, Cécile Desoutter, Aurora Fragonara (eds.)
　　　　　Macht, Ratio und Emotion: Diskurse im digitalen Zeitalter / Pouvoir, raison et émotion: les discours à l'ère du numérique
　　　　　246 pages. 2020. 978-3-0343-4184-4

www.ingramcontent.com/pod-product-compliance
Ingram Content Group UK Ltd.
Pitfield, Milton Keynes, MK11 3LW, UK
UKHW021824140426
5217IPUK00004B/90